U0894009

饥渴的巨龙

[法]苏珊娜·木塔西奇 著
十口 译

THIRSTY DRAGON

海峡出版发行集团
THE STRAITS PUBLISHING & DISTRIBUTING GROUP
鹭江出版社
LUJIANG PUBLISHING HOUSE
2017年·厦门

图书在版编目（CIP）数据

饥渴的巨龙 / [法] 苏珊娜·木塔西奇 (Suzanne Mustacichi) 著；十口译．—厦门：鹭江出版社，2017.6

ISBN 978-7-5459-1272-2

Ⅰ. ①饥… Ⅱ. ①苏… ②十… Ⅲ. ①葡萄酒—市场营销—研究—中国 Ⅳ. ① F724.782

中国版本图书馆 CIP 数据核字（2016）第 289076 号

Copyright © MUSTACICH SUZANNE 2015
THIRSTY DRAGON:CHINA'S LUST FOR BORDEAUX AND THE THREAT TO THE WORLD'S BEST WINES By MUSTACICH SUZANNE
was first published in 2015 by Henry Holt and Company,LLC
Simplified Chinese rights arranged throuth Tessler Literary Agency,Andrew Nurnberg Associates International Ltd.

JIKE DE JULONG

饥渴的巨龙

[法] 苏珊娜·木塔西奇 著　　十口 译

出版发行：海峡出版发行集团
鹭 江 出 版 社
地　　址：厦门市湖明路 22 号　　**邮政编码**：361004
印　　刷：北京市十月印刷有限公司
地　　址：北京市通州区马驹桥北门口民族工业园 9 号　　**邮政编码**：101102
开　　本：710mm × 1000mm　1/16
插　　页：2
印　　张：26
字　　数：268 千字
版　　次：2017 年 6 月第 1 版　2017 年 6 月第 1 次印刷
书　　号：ISBN 978-7-5459-1272-2
定　　价：58.00 元

如有发现印装质量问题，请寄承印厂调换。

目　录

第一章　一级酒庄

1

2009年的早春，不安笼罩着“波尔多广场”。

让–皮埃尔·卢梭希望一级酒庄尽早公布定价，从而奠定这一年销售战的基调。在行情看涨的一年中，被称为一级酒庄的五个最具声望的波尔多酒堡按兵不动，计算着他们的葡萄酒到底能卖到多高的价格，将这场销售战一直拖到了人们本该享受阳光沙滩的6月末。在行情不佳的年份——2008年被认为是一个尤其糟糕的酒产年——商人们希望一级酒庄尽早公布定价，因为波尔多的定价没有价格战可言，其等级结构就是自上而下建立起来的。然而，这一年，美国和欧洲的银行业崩溃，经济像是在做自由落体运动，谁也不知道一级酒庄会怎么做。

“波尔多广场”并不是一个真正的广场，也不是一个枝繁叶茂的长廊，它甚至连一个建筑实体都算不上。它是几个世纪以来波尔多葡萄酒贸易依赖的虚拟交易渠道。卢梭是一个酒商、一个葡萄酒批发商。依照惯例，他从持有执照的中介那里收购葡萄酒。这些葡萄酒中介出了名的守口如瓶，他们安排葡萄酒交易的价格和数量，从每一桩交易中抽取2%的利润——这被称为“配额”——把葡萄酒从酒农处转手给酒商，确保葡萄酒的品质和产地。葡萄酒交易这种保持距离的特性缓冲了酒农与酒商之间天然的疑虑与敌意。因为在八百多年的交易史中，酒商一直在试图压低价格，而酒农则倾尽全力地抬高酒价。酒商们需要采用较低的价格来保证他们可以毫无亏损地向全世界的客户销售葡萄酒。在某些酒产年，葡萄酒很快即销售一空，但在另一些年份，葡萄酒时隔两年即将被装瓶运走时才找到买家。还有一些时候，葡萄酒甚至被装瓶运走，也无人问津。

2009年的春天，葡萄酒中介和酒商们焦虑地祈祷着他们的事业不会毁于一旦，因为在此前的几个月，波尔多葡萄酒市场受到全球经济危机的影响而一直处于崩溃状态：进口商因信用额度被冻结而不能下单；餐厅因客源稀少而停止营业；葡萄酒收藏者们因资金问题而受到沉重打击，不得不以甩卖价清空他们酒窖中的藏品。自20世纪90年代的亚洲金融危机以来，被取消的订单首次涌入了“波尔多广场”。在短短几天之内，酒堡将会有6亿瓶新酒上市，顾客们正翘首以盼。压抑的气氛盘旋在“波尔多广场”的上空。

卢梭心想：“我们面前一个顾客也没有。”

他知道自己能付出多少，也知道许多小一些的酒商没有积蓄的现金来买入他们的葡萄酒，而这些葡萄酒是不能马上重新销售的。当市场出现这种状况时，大的酒商们——波尔多以及吉伦特省葡萄酒协会、吉娜斯酒庄、乔安妮酒庄、施罗德席勒酒庄和卢梭自己的公司葡萄酒及烈酒国际配额公司——会增加某些特定品种葡萄酒的配额。这样一来，当市场情况发生变化时（而它终究会改变），他们就可以控制大量最受追捧的商标。“总会有人想将你取而代之，”[1] 卢梭说，“得到顶级酒堡的配额是如此困难，以至于没人愿意离开这个舞台。”

这是一场豪赌，但不想冒险的人也不会踏入“波尔多广场”。

2009 年 4 月 16 日下午的晚些时候，五大一级酒庄之一的罗斯柴尔德拉菲酒堡，公布其 2008 年所产的葡萄酒定价为每瓶 130 欧元（约合 166 美元）。对于任何一个仍有资金的酒商而言，这确实是一笔非常好的买卖：这个价格比市场上任何年份的拉菲葡萄酒都要便宜 30%。其他酒堡也依样画瓢，在疲软的市场面前降低了它们的定价。但这种让步仍不能使美国配额巨头——酒堡与酒庄酒业满足。35 年以来，这家公司首次拒绝了波尔多的配额，这使得大量的世界顶级葡萄酒陷入闲置和滞销的状态。这一背叛造成了跨区域的震荡。

葡萄酒及烈酒国际配额公司的办公室位于巴克隆码头 34 号。此时，在办公室内，卢梭正怀着忍耐、满足和好奇的复杂心情静观其变。这是一场可以预见的微妙的竞赛，而他利用较低的价格及其他竞争者们举棋不定的心态提高了自己的配额。离葡萄酒装瓶还有 18 个月，但他认为自己可以坚持到市场状况发生变化的时候，而且所付出的并不如预想的那么多。他已经向那些经受住金融危机的常客重新销售了部分葡萄酒，这也有助于减少风险。而正在此时，他的香港客户隆重登场，随后力挽狂澜，他们的交易额所占的百分比翻了倍。这非比寻常。

"我把 20% 的葡萄酒卖给了福尧贸易。"他如释重负而又惊奇不已地说道。[2]

这对波尔多的影响是立竿见影的，虽然轻微，但是滴水成河，积水成渊。

2

福尧贸易是一家基于香港地区的葡萄酒进口商，其所有者是具有传奇色彩的港商叶福章。叶家是在新中国成立后不久从四川迁到香港的。叶家世代经商，20 世纪 60 年代，当叶福章才 20 多岁时，他就自己做生意。当妻子劝他找一个更稳定的生计时，他便在正广和洋行的仓库找了一份工作。而这家洋行正是东亚酒类进口行业的领航者。

新中国成立之前，以地处上海外滩福州路 4 号的办公楼为据点，正广和洋行主导了这座城市公共租界内的高档葡萄酒市场。1949 年以后，这家公司的香港办事处满足了很多英属殖民地的外交官和商人的需求。叶福章很快被提升为该公司葡萄酒部门的负责人，他在这个职位上获得了成功，建立了涵盖欧洲的酒窖和香港的酒店、餐厅及免税商店在内的人脉。

在几年之内，香港上海大酒店集团，亦即通常被非正式地称为"半岛酒店"的集团，聘请叶福章为其旗下的酒店供应葡萄酒。

得益于他突出的表现，半岛集团拓展了业务，开始向其他的酒店和餐厅供应葡萄酒。1976 年，这家公司又创立了龙岛公司，主营葡萄酒和食品，由叶福章管理。

没有什么比半岛酒店更能象征中国内地、香港之间的历史和纠葛纷纭的贸易。这个酒店集团由嘉道理家族所有，该家族属于西班牙系犹太人，祖籍巴格达，19 世纪时从孟买来到上海，成了声名远扬的国际商人。随着影响的扩大和财富的增长，嘉道理家族分别在房地产和公用设施两大领域崭露头角，[3] 在 1901 年建立了香港的第一家电力公司——中华电力公司。在第二次世界大战期间，日本人占领了香港，英国人在嘉道理家族位于九龙的半岛酒店向他们的征服者投降。战争期间，嘉道理家族的一些成员锒铛入狱。然而，更大的打击是在新中国成立后，嘉道理家族售卖了他们位于上海的最有价值的两大财产——汇中饭店和礼查饭店的股权，这导致了严重的亏损。尽管如此，嘉道理家族还是决定留守香港，着手重建，扩大投资。

30 年后的 1979 年，嘉道理家族商定开始管理拥有 528 个房间的建国饭店，这是一家地处北京的五星级酒店，是中华人民共和国境内的首家合资酒店。1978 年 12 月，邓小平开始推行他的改革开放政策，向西方世界打开中国的国门，很少有人相信邓小平会实现他让中国的国内生产总值在 20 年内翻两番的目标。邓小平敢于为前人之不敢为：他承认自己的国家可以从西方的科学、技术、制造业、银行业和贸易中受益。中国将进口并吸收所有西方世界所知的东西，并出口所有西方人渴望购买的东西。[4] 为了加速这一进程，邓小平允许西方企业和中国的国家机构共建合资企业，建国饭店就是其中一例。

在建国饭店，叶福章负责了第一份向中国进口葡萄酒的私人合约。当他正在为建国饭店及其下属的杰斯汀法餐厅（新中国的第一家法国餐厅）准备订单时，叶福章意识到他应该为能在这样一个奢华的酒店消费一晚或一周的外国人，而不是习惯于喝“白酒”这种烈酒的中国工人，精选一份酒水单。当时中国还没有进口葡萄酒的消费者，这个国家仍是一个极端贫穷的农业国。中国人没有高脚杯、醒酒器或是开瓶器，他们也并不陶醉于葡萄酒庄园的美景和酒窖中产自一级酒庄的陈酿。当时中国的人均年收入约合 182 美元，[5] 而建国饭店一晚的房价在 90 美元到 120 美元之间。[6] 即使是一滴波尔多最基本品类的葡萄酒，也大大超出了绝大多数中国地方政府的购买力，更不用说普通的中国家庭了。

但是叶福章完全了解中华人民共和国第一家奢华酒店的酒水单上应该有什么，那正是波尔多。五星级酒店、为外籍人士和企业大亨们开设的酒吧，永远是波尔多在全世界范围内可靠的客户群。那时，全中国的波尔多交易额仅一万美元，直接运到外国使馆的只有区区 311 箱。但是波尔多的商业结构意味着诸如拉菲酒堡的名酒也可以成为任何人、任何地区都能消费的日用品。

对于叶福章而言，让波尔多销路大开的正是 1855 年的分级，这次分级挑选出了 61 个酒堡，绝大多数位于法国最大最好的葡萄酒产区梅多克半岛，它对于行家和新手都极富吸引力，每个人都可以轻易地掌握五个等级的分别。不仅如此，这一分级也使调整葡萄酒价格的等级结构变得容易。它读起来就像是一份以浮华和历史为佐证的供给和价格的清单，而事实上也正是如此。

这次分级原本是为当年在巴黎举办的万国博览会而做。在博览会开幕式之前的几个月里，波尔多地区的重要人物们热烈地讨论着应该送哪些葡萄酒去参展。[7] 在前一年的 11 月，他们收到了一封来自第戎的信，信中称勃艮第和香槟的酒农都准备向全世界的来访者展示他们的葡萄酒。而在此之前，波尔多的精英中，没有一人想过把他们的葡萄酒送去巴黎参展。[8] 葡萄酒是一种传统的农业产品，与法国的工业化几乎毫无关联。但波尔多的酒农们得知来自勃艮第和香槟的竞争者将要在博览会上进行展示，他们同样也想抓住这个机会。

这就形成了一个巧妙的状况，如何向预计参观博览会的 500 万人展示：葡萄酒关系着酒农和酒商双方的经济利益，而他们并没有完全结盟。那时，几乎所有的葡萄酒都由酒商负责装瓶，他们从各家酒堡处买入桶装的葡萄酒，储存在酒窖中，上市时再在酒瓶上贴上标签。[9] 各年的葡萄酒在品质和数量上都有所差别，这个系统使酒商可以将同一市镇或村庄的不同庄园所产的酒混合，以确保得到足够瓶数的某种葡萄酒。成功的酒商不仅拥有敏锐的商业触觉，还具备调配和窖藏葡萄酒的出色技能。酒瓶标签上酒商的名字比酒庄的名字或市镇的地理位置都更重要。也有一些酒庄致力于为他们所产的酒赢得声名，这类葡萄酒作为“庄园酒”出售。有的酒商可能只售卖产自同一个酒堡的葡萄酒，酒瓶上只有酒商的商标，酒商拥有绝对的权力。

博览会既是机遇，也是挑战。一些酒农认为他们可以利用博览会的聚光灯提升他们的葡萄酒在中介价格列表上的排名。[10] 另外一些则甚至希望排除酒商，规避“波尔多广场”，直接联系买家。酒商们对此不能容忍，因为这会断了他们的生计。

如何对葡萄酒进行标记和排名的问题使紧张的局面进一步加剧。大家都认为展示所有的波尔多葡萄酒是不可能的，应该精选最好的葡萄酒来代表本地区。他们也都一致同意将统一样式的酒瓶简单地列成一排并不是可取的陈列方式，这会掩盖波尔多葡萄酒的独特和华丽，而使它归于平凡。葡萄酒的挑选和商标的设计需要巧妙处理，例如不能让天平向任何一方倾斜，也不能单独突出某一个酒堡。最后，葡萄酒以酒堡和其所有者的名字标记，他们还在博览会的陈列上使用了一张涵盖整个波尔多地区的大幅地图作为图解，对各个出产葡萄酒的村庄进行推广。[11]

为葡萄酒排名的任务被分配给了中介们，因为他们的笔记本上仔细地记录着每一年葡萄酒交易的情况。不同年份的葡萄酒价格各不相同，这是理所当然的，但各种葡萄酒相对的价格等级却比较稳定。对葡萄酒中介而言，在当许多葡萄酒已经树立起良好声望的情况下，每年对酒价进行重新商议是不切实际且效率低下的。中介们知道一些酒庄一直致力于提高葡萄酒的品质，因而这些葡萄酒以庄园而非市镇的名义被出售。这激励了其他酒农也同样试着提升自家葡萄酒的品质。

中介们已经开始将最昂贵的葡萄酒称为“一级酒庄”。所以当中介联盟得到为了陈列而对波尔多红葡萄酒进行排名的任务时，他们迅速地根据自己笔记本上详尽的记录，以声望和典型价格为标准，选出了 60 种酒，并将它们归入了五个庄园。这些葡萄酒全部产自吉伦特河流入大西洋的河口左岸。在地图的图解上，每个庄园内以字母顺序列出各种酒的名称，中介们强调每个序列都具有同等价值。他们还发表了每个庄园的价格区间来证实其排名。四种产自梅多克半岛的红葡萄酒被归为一级酒庄：拉菲酒堡、拉图酒堡、玛歌酒堡，后来又加入了产自格拉夫区的奥比昂酒堡，它们成了能获得比波尔多所产的其他葡萄酒更高价格的一级庄。[12]

1855 年的分级并不是对波尔多官方的、永恒的指南，甚至当中介们提交他们的名单时，也反对将其视为一个“官方名单”，因为分级是一件“微妙的事，且可能引发敏感问题”。[13] 但这份指南是如此成功，迄今为止，它仅被修改过两次。博览会闭幕后不久，佳得美酒堡被增补进了五级酒庄的名单。[14] 直到 1973 年，一切毫无变化。这一年，所有者菲利普·罗斯柴尔德男爵通过几十年的游说，终于使罗斯柴尔德木桐酒堡从二级庄上升至一级庄。从中介的价格排名表成为一个不变的宣传工具——一种超越某一年恶劣天气的品质象征和一个由表面看似中立的权威所写的简略的购买指南，他就开始了游说。这份排名表挫败了排名较低的酒堡们提高排名的渴望，却使波尔多成为全世界葡萄酒产区所艳羡的对象。虽然此后其他地区也进行了分级，但 1855 年的分级仍被视为波尔多的名片，成为酒商将葡萄酒引入新市场时常用的工具。

叶福章洞察了 1855 年分级与中国市场的契合，因为它正好满足了一种深层的文化渴望：对“面子”的讲究，也就是中国人常说的“给面子”和“留面子”。[15]“给面子”是指中国人相信你用某些行动向他表示你内心对他的尊重，最常见的例子就是送给某人一件与其身份、地位相称的礼品。“留面子”则是指你通过避免某些不适宜的举动来保留“面子”，举止得体能提高你的荣誉和声望。

分级不仅具有历史的内涵和独特的魅力，还提供了一个精确的等级排名。这正是送礼者们梦寐以求的。

3

叶福章新公司的办公室就在离港岛线柴湾地铁站不远的地方，夹在轮胎店和机修工的地盘之间。宽阔的道路经常被维修的车辆所掩盖，丰业街 10 号业昌中心的大门也很不起眼，稍不留神就容易错过。这座建筑的名字、这条街的名字和叶福章及他们叶家毫无关系，只是偶然的巧合。与周边环境一致，业昌中心所在建筑的大堂不过是一个昏暗的入口。访客要乘坐客服电梯到 13 层，再爬一段台阶，经过标有“福尧贸易有限责任公司”牌子的门口，才能到达叶福章的办公室。

1982 年，基于为半岛酒店集团供应葡萄酒时所建立的人脉，叶福章创立了他的公司。他意识到收购升值空间大的葡萄酒有良好的盈利前景，而波尔多葡萄酒正是他的首选。因为其品质可以得到保证，且具有难以比拟的国际声望。不仅如此，波尔多的配额制度也使他只从为数不多的酒商处便能买到大量不同的葡萄酒。

而最大的商机就在于收购期酒，即在葡萄酒酿成装瓶前两年购入一批酒。时机成熟，这些酒就能以高价出售给香港和内地富有的顾客们。最初的十年，叶福章没有足够的准备金来收购期酒，但他给自己破了两次例：第一次是在 1983 年的春季，福尧贸易创立后不久，他从他半岛酒店时期的老友莫艾克斯家族处预订了 5 箱柏图斯酒堡 1982 年产酒和 10 箱柏图斯之花酒堡 1982 年产酒。他回忆自己当时买入的价格是每瓶柏图斯期酒 180 法郎（约合 34 美元），这是一个很实惠的价格。15 个月之后，这批酒到了，每瓶酒标签的下部都印着中英文的“福尧贸易”字样——那是叶福章永生难忘的具有里程碑意义的时刻。

1994 年，出现了第一个局势发生转变的信号。至少可以说，波尔多的期酒交易趋于冷淡。克里斯多夫 · 雷布尔 · 萨尔兹是一个在最大的酒商公司——波尔多以及吉伦特省葡萄酒协会——工作的年轻的葡萄酒商人。雷布尔 · 萨尔兹所售出的优质葡萄酒仅占波尔多产量的不到 5%，但这些酒曾经赋予了这个地区魅力，也曾为酿造和售卖它们的人带来财富。而现在，它们在酒窖中堆积成山，既没有诱惑力，也不能变成财富，已经毫无利润可言了。雷布尔 · 萨尔兹以每瓶 13.71 美元的低价卖出了碧尚拉龙酒堡 1993 年产酒，这是一座很好的波亚克酒庄。[16] 他在这笔交易中的盈利仅是收购价的 4%，甚至不够糊口。他并不是“波尔多广场”上的孤例。各家酒堡和酒商们都迫切地渴望能成功交易。

通过一系列谨慎的电话沟通，中介们为波尔多以及吉伦特省葡萄酒协会的代表和酒农们安排了会面。酒堡平静地承认他们准备出售大单的某些年份的酒来清空酒窖。这是一笔数额巨大的买卖——这里有 1000 箱，那里又有 500 箱。波尔多以及吉伦特省葡萄酒协会雇用了 7 辆卡车来拖走这笔意外之财。

但清理窖藏的行动并不是仅此而已。罗斯柴尔德男爵拉菲集团的董事长兼总经理克里斯多夫・赛林联系波尔多以及吉伦特省葡萄酒协会的总经理让－保罗・若弗，在雷布尔・萨尔兹之前敲定了一大笔买卖，注定了他的困境：1000 箱 1982 年产的拉菲，20 世纪最伟大的葡萄酒之一。如果能将它们顺利卖出，这对酒商而言无疑是一次美妙的成功。波尔多以及吉伦特省葡萄酒协会的出口经理拥有亚洲客户的人脉网，叶福章正是其中的一环。雷布尔・萨尔兹在内心也盘算着自己的关系网："我应该给谁打电话？谁又有足够的资金来接手如此大宗的生意？"

电话铃响起，叶福章听雷布尔・萨尔兹说有一笔来自拉菲的生意，便示意他的儿子叶诗乐也接入通话。叶诗乐刚刚从学校毕业，目前在为父亲工作，这将是他关于波尔多葡萄酒贸易的第一课。

"托马斯*，"雷布尔・萨尔兹开始说道，"我手里有一桩生意，想问问你是否有兴趣：从酒堡的窖里出来的 1000 箱 1982 年的拉菲，咱们一人一半，保证金平分。"

1982 年出产的拉菲可以说是波尔多迄今所产的葡萄酒中顶尖

---

* 译者按：叶福章英文名

的好酒。不仅如此，这批酒的来源也完全可靠——直接来自酒堡。

“成交。”叶福章毫不迟疑地答道。[17]

挂断电话，他能切实地感受到，这是一次巨大的突破。

1994 年，中国仍是一个极小的葡萄酒市场，没人能想象那里会有能收购波尔多酒窖中堆积的葡萄酒的买家。当然，波尔多也不需要中国。它虔诚的追捧者遍及欧美，一旦 1995 年出产的葡萄酒品质出众，堪称波尔多地区多年来最好的葡萄酒之一的消息传播开，他们就会闻风而来。另一方面，波尔多也在宣传这一年创纪录的惊人的 8.72 亿瓶。尽管让 – 皮埃尔 · 卢梭没能将收购的期酒卖光，剩下的酒却开始盈利，这已是多年未见的场景。波尔多商业的核心——投机——获得了成功。“波尔多广场”大大地松了一口气。

叶福章从一开始就知道内地对他的波尔多配额没有需求。他首先要做的就是劝服内地接受它。他办了大量的聚会和活动来营造他认为适合葡萄酒的氛围，当奉上葡萄酒时，他向客人解释说它由葡萄汁酿造而成，所以有一点酒精含量；同时，他告诉人们葡萄酒有益于健康。不仅如此，他还礼貌地向来宾展示如何储存、开瓶、醒酒和倒酒。他从不劝阻任何人饮用传统的中国酒，而是向人们暗示，他们可以换换口味来得到更多的享受。他对法国葡萄酒如数家珍，人们也开始好奇他的这项生计。过了一段时间，有人来电向他订购他所介绍的几种葡萄酒。

商业人士和需要宴请重要客人的中国客户开始向叶家下订单。他们对葡萄酒一无所知，但叶家以谨慎和专业为自己赢得了声誉。委托人自己没有葡萄酒窖，也不认识任何酒窖的所有者，所以叶福章将叶诗乐派到北京监督一个小型酒窖的建造。但他们真正关心的并不是葡萄酒的品质。政府正在努力地吸引尽可能多的来自西方的投资。那时还没有很多合资企业，而大家的信息完全一致：我需要给他们留下深刻的印象。我需要他们来投资。[18]

叶福章向一名客户保证，自己正好有他所需要的葡萄酒，一种出身高贵的酒——拉菲，一种传奇的葡萄酒，产自最早的四大一级酒庄之一。对这样一件礼物，没有人能有所挑剔。而他的库存中碰巧有直接来自酒堡窖藏的 1982 年的拉菲，而且价格并不昂贵，也许就 2000 港币一瓶。这位客户最终买下了这些葡萄酒。

从雷布尔·萨尔兹处买入的 500 箱拉菲对叶福章来说是如此大的成功，因而他重返“波尔多广场”买入了更多的酒，虽然价格比之前稍高。他也让其他酒商知道他可以做更多的大单生意。后来雷布尔·萨尔兹又以每瓶 485 法郎（约合 91 美元）的价格向叶福章出售了 1000 箱 1989 年产的拉菲。接下这单生意时，叶福章就意识到这个价位恐怕会让他的大部分客户都难以接受，所以他又开始寻找一些价位较低的酒来平衡他的库存。

福尧贸易已经使三种葡萄酒在中国更广大的范围内打开了市场：龙船酒堡、大宝酒堡和靓茨伯酒堡。叶福章发现虽然靓茨伯酒堡只是一个五级庄，但其出产的酒尤其畅销，因为香港的旗舰航空公司国泰航空为其头等舱的乘客提供这种葡萄酒。

1989 年，靓茨伯酒堡的堡主——让－米歇尔·凯泽斯，还从未听说过国泰航空，也未曾去过香港，但他继承获得了一座需要大量投资的庄园的经营权。所以当他接到他们家族的路易王妃水晶香槟集团的负责人让－克劳德·罗佐的电话，说国泰航空需要大量列级酒庄的红葡萄酒来拉开与其他竞争者的差距时，他毫不犹豫地接下了这单生意。他不会错过一个潜在的客户，即使他在此前对其尚未听闻。酒商们在订单问题上是出了名的谨小慎微。凯泽斯联系到法兰西对外贸易银行来确认他的新客户不涉嫌洗钱。国泰航空坚持其所订购的酒箱要被存放在酒堡地窖中的一个隔离区域，葡萄酒须经过公证人的核实，来确保自己接收的是当初所订的酒。

最后，凯泽斯签下了他们酒堡史无前例的一单大生意：2.3 万箱靓茨伯。作为买家，国泰航空自然想买到最好年份的葡萄酒，比如 1982 年出产的酒。而凯泽斯却委婉地说服国泰航空买入 1980 年到 1988 年连续九年出产的葡萄酒，否则，这笔交易就做不成。他甚至让步以“波尔多广场”的现价出售年份更早的陈酿。最后，这笔交易的数额达到了 3500 万法郎。凯泽斯被这笔巨款惊呆了。这真是一笔超乎想象的生意。[19]

这种植入性营销使叶福章的生意更加顺利。但并非所有的波尔多人都有这种运气，叶诗乐就需要自己选出他的幸运儿。他查看了雷布尔·萨尔兹传真过来的价格清单，注意到一款名叫“卡旭德拉菲”的酒，它的名称中也包含魔法般的“拉菲”字样。这种酒价格低廉——远比他刚刚买入的 1982 年拉菲便宜。他没听说过这种酒，所以决定打电话给雷布尔·萨尔兹询问情况。雷布尔·萨尔兹承认这个价格没错，但这种酒品质一般。它是拉菲酒堡的副牌，以 1845 年并入庄园的卡旭德高原命名。它原本叫“卡旭德磨坊”，拉菲酒堡给它换了一个新名字来提高其销量。

叶诗乐刚开始学习打理这门生意，所以他试着想，如果是父亲，接下来会问些什么。这种酒出口吗？是的，可能每年有十箱被卖到德国。接着，叶诗乐问道，波尔多以及吉伦特省葡萄酒协会库存有多少箱这种酒？当他听到答案是700箱的时候，便会心一笑。但无论如何，他还是要抑制住内心的波澜，虽然他告诉雷布尔·萨尔兹这批酒他全要了。

“我们当时买入的价格是每瓶60法郎。”叶福章回忆道。[20] 约合11美元一瓶的价格，卡旭德拉菲着实便宜。为了控制更大的量，叶家开始收购卡旭德拉菲的期酒，最后他们不仅从雷布尔·萨尔兹手里，也从其他酒商处订购，锁定了总计1000箱的配额。

在短短两年之内，福尧贸易已经向拉菲酒堡注资超过200万美元。进口商将拉菲放在了边境的免税店里、政府官员的手里以及签订商业合约的宴会桌上。在香港还开设了一家酒吧，只供应福尧贸易所经销的拉菲。拉菲也逐渐成为内地广受推崇的礼品。

但福尧贸易的关键时刻或许还要数1996年3月，在北京举行的全国人民代表大会上，第九个五年计划通过了将中国变成世界经济发动机的决议。从1980年到1990年，邓小平的目标是使中国的国内生产总值翻一倍，让中国人满足温饱。在接下来的十年中，随着国内生产总值的再次翻倍，邓小平说，中国人将能过上更加舒适的生活。

一个容易达成的目标以一瓶白酒的形式到来。为了制造这种无处不在的烈酒，中国的酒业公司将大米、高粱等这些主要粮食作物进行蒸馏。两千克谷物蒸馏之后能得到一升白酒，每年有250

亿千克谷物用于制酒。这是惊人的浪费，但领导人们知道禁酒是不现实的。不仅如此，人人都听说过政府官员们喝多了干邑和茅台。双重标准是不可行的。所以，在大会上，总理站起来，指出了白酒及其他粮食酒对人们身体健康的消极影响，与此同时，他还称赞了红葡萄酒的益处。他说，中国已经有巨大的鲜食葡萄产量。葡萄是绝妙的植物，它们生长在山地和贫瘠的土壤中，而其他作物在这种环境下难以成长。接下来，总理出人意料地向大家举起一杯红酒，并建议在座的其他人以后也在宴会中这样做。[21] 这是对每位政府官员、行政人员和企业家们明确无误的信号——中共领导层认可了红酒。邓小平向西方世界打开了中国的国门，而李鹏为葡萄酒再次打开了中国的国门。

在“波尔多广场”，没有人了解叶家是如何销售葡萄酒的——或者确切地说，他们将葡萄酒卖给谁。他们只知道福尧贸易似乎是第一家在中国市场成功卖出高级波尔多的公司。当让－皮埃尔·卢梭向叶福章提出他将葡萄酒卖到哪里的问题，这位平日里十分健谈的商人却三缄其口：“我自有办法。虽然不快，但行得通。”[22] 看到他这样的态度，卢梭也不便多问。几百年来，波尔多通过为值得信赖的合作伙伴供应葡萄酒而建立起市场，而叶家已经证明了他们的可信度。

福尧贸易集中关注的是列级庄园所产的葡萄酒，而北京对红酒的推崇为价格低廉的佐餐葡萄酒制造了一个短暂的热潮。不论是在内地还是在港台地区，有钱人开始在餐厅和 KTV 点红酒，喝的时候还通常调入苏打水使其更加顺口。一般来说，这些都是不贵的佐餐酒。从前对葡萄酒毫无了解的商人也很快地下了订单，以为葡萄酒的需求量仍会持续增长。“这很疯狂。”雅尼克·艾薇纽回忆道，他继皮埃尔·杜尔特之后，担任了波尔多以及吉伦特省葡萄酒协会的出口经理，“在 1997 年的 1 月到 10 月间，我们运出了约 300 万瓶法国佐餐酒。”[23] 每瓶一美元，葡萄酒生意似乎变得很容易。

后来爆发了亚洲金融危机。货币贬值，信贷紧缩和企业破产制造了恐慌。这种局面冲散了以廉价酒进入葡萄酒贸易行当的投机者。波尔多的一些亚洲客户到了应付款的时候却无力支付，存放于码头的葡萄酒在亚洲炙热阳光的烘烤下变成了醋。

甚至连波尔多以及吉伦特省葡萄酒协会最信赖的香港客户也陷入了困境。艾薇纽飞赴香港，在即将与传奇的叶福章进行首次会面之前，他已经知道这会是一场艰难的谈话。“福尧贸易购入了大量 1996 年和 1995 年的期酒。”艾薇纽说道。[24] 叶福章委婉地请求波尔多以及吉伦特省葡萄酒协会购回这批尚未运出的葡萄酒。“他是一个很好的议价者。他很为难，颜面尽失，但这是唯一的活路。”波尔多以及吉伦特省葡萄酒协会最终与福尧贸易达成了一致，在欧洲重新销售了这批酒。

波尔多的亚洲市场已然崩溃，而美国市场则陷入了更大的困境。量多价高的 1997 年产酒，像一餐难以消化的饭菜一样在膨胀的市场上积压了三年之久。美国对波尔多定价的不满使“波尔多广场”在投机分子的面前变得尤为脆弱。

4

盛名之下，波尔多所承受的压力越来越大。[25]没有其他任何一个葡萄酒产区在媒体或是葡萄酒发烧友中得到如此之多的关注。但是在评论家们经常性的检查之下，尤其是在网络报道及时的激化作用下，只要任何一个酒堡出了一瓶烂酒，就会酿成灾难。

一级酒庄尤其容易受到攻击。在19世纪60年代，罗斯柴尔德家族收购了拉菲，他们勉强维持着葡萄酒的声名，直到70年代埃里克·德·罗斯柴尔德男爵继任，慢慢开始招募新员工。1984年，他聘用了一个名叫克里斯多夫·赛林的香槟人为助手，后来，夏尔·舍瓦利耶成了庄园的酿酒师。这个黄金三人组形成之前，拉菲被公认为是当时一级酒庄中最为弱势的，而他们的目标就是让拉菲恢复从前的优势地位。庄园的氛围反映了这三人的风格——专业而放松，博学却不过分招摇——他们勤勉地重建了拉菲的盛誉：品牌、配额和品质。

当赛林爬上拉菲的领导层并最终成为罗斯柴尔德家族整个葡萄酒生意的董事长兼总经理时，他选择了规避对酒商的敌意。罗斯柴尔德男爵拉菲集团分配了从较小的酒农那里买来的散装酒调配而成的品牌酒，他们本可以轻松地将自己出产的庄园酒，包括旗舰的一级酒庄酒，直接卖给进口商，但男爵和赛林却采用了相反的策略。在其他一级酒庄试着通过限定合作酒商数量的方式来控制配额的时候，拉菲却将大大小小的配额授予了几十家公司。这就像把一袋金币扔在莎桐湾的卵石上，让任何敢冒风险的人去抢。这种粗放的经销网以拉菲的配额为杠杆塑造了他们的市场，将葡萄酒卖给几十个国家、几百个客户。这种姿态为拉菲所带来的商誉之多是不可低估的。

其他酒堡在压力之下采取了一系列的措施来提高品质，以获得评论家们较高的评价，例如降低产量——有时甚至幅度颇大，或者采用新技术。由于土壤、气候以及独门诀窍的极好配合，波尔多最好的葡萄酒通常都能很好地陈酿，甚至过了 50 年仍能保持一种突出的清新感。通过对表层土壤和底土的更好理解，葡萄园可以一块一块地种植和收获葡萄。在酒窖里，酿酒师们也开发出许多发酵葡萄的新技巧。他们尽可能精细地处理葡萄，利用重力而不是泵来移动葡萄，葡萄要先从篮子里被分选到分拣桌上，再移入缸中，最后放入木桶。精选最好的果实成了一种执念，在食品工业中被用于按品质分拣大批量农产品的昂贵的光学分拣机进入了庄园。

拉菲避开了它的近邻们所采用的很多先进技术，将赌注押在了葡萄本身、土壤及精确度上。它继续秉持着手工分拣葡萄的传统，甚至用法国橡木自制酒桶，因为酿酒者相信这种橡木桶可以在葡萄酒的香气和单宁上发挥微妙的作用。这些传统工艺都是拉菲名声的组成部分。

总而言之，这些改变都有益于消费者。葡萄酒的品质达到了前所未有的高度。

当然，如果每年都阴雨连绵而导致葡萄腐烂，不论是魔术般的新兴科技或是传统的老式工艺都发挥不了任何作用。要使波尔多几个主要的红葡萄酒品种——赤霞珠、品丽珠、梅洛和小维多完美地成熟，波尔多的地理位置已经是最北的极限。如果各方面条件都达到最优，这种环境可以催生出发酵后的成熟果实的优质单宁，带来感官上的享受。而条件最差的时候，酿成的葡萄酒就会稀薄、单调和粗糙。一般情况下，天气状况会介于两者之间，但波尔多人已经学会了如何应对腐烂、霉变和裂果的三重威胁。在过去会成为灾难的收成现在变得可以承受，而好收成则更是锦上添花。

精明的投资者发现可以用更进步的方法来获取葡萄酒不断提升的价值。他们推出了共同基金，其组合持股基于评论家对葡萄酒的评级。在可能的情况下，紧接着每年销售竞赛之前举行桶边试饮的那个星期，共同基金的经理人就买入波尔多期酒。评论家的影响力已变得如此之大，以至于酒堡们不得不等到其评级公布以后再对葡萄酒进行定价。共同基金夺取评级最高的列级庄园所产的酒，刺激投机，这种现象在市场上屡见不鲜。

具有讽刺意味的是，波尔多为提高葡萄酒的品质做了这么多，可以说达到了极致，波尔多葡萄酒却并没有被享用，而是成了像金条一样的等价交换物。这种新式投机暗暗地恭维了酒堡的所有者，他们不再将自己定位成产品，只是与简单烤制的牛排一起上桌的农业社会的工匠。他们是奢侈商品的提供者，一种健全的长期投资的架构者。

波尔多的行话变了。在葡萄酒品鉴会上，一位酒堡的堡主和一个葡萄酒工商管理硕士会带着担忧的语调来谈论品牌价值的问题。这是十年前绝不可能发生的事情。虽然酒堡长期以来都注意经营自身形象，但品牌却隐含标准化的品质。爱马仕包的品质不会每年改变，劳力士手表也一样。与之不同，庄园酒却是土壤、气候与技巧的微妙结合，随着时间推移而变化，不同年份的酒在品质上优劣各异，价格也不尽相同。现在，人人将“品牌”这个词挂在嘴边，就像是吐在桶里的漱口水一样。

对于绝大多数野心勃勃的列级庄园来说，树立品牌和拉拢投机者是一条捷径。最明显的例子就在二级庄爱士图尔酒堡所属的圣爱斯泰夫村。爱士图尔酒堡坐落在一座山丘上，俯瞰着河口。在它的背后，跨过一条名叫布勒伊的小溪，就是拉菲酒堡。每一座二级庄都对跻身一级酒庄充满渴望，但爱士图尔尽管占据着波尔多最好的土地——一层石灰石之上叠加了一层第四纪鹅卵石——仍难以突破 1855 年分级所设定的限制。这种挫折感一定是很强烈的。2000 年，以午餐肉和豪华酒店发家的米歇尔·雷比尔买下了这座酒堡，并聘任前堡主之子让 - 古洛梅·普拉斯管理庄园。他们协作对酒堡进行了彻底的翻新，包括设计豪华的接待室和价值数百万美元的酒窖，而这种酒窖带有能轻柔地提起葡萄的升降机。一些投资满足了普拉斯对于完美的追求，但这些整容一样的改变只意味着爱士图尔酒堡波尔多葡萄酒的形象强化为类似车中的保时捷卡宴。在暴发户的眼中，它是一种迷人的酒。然而，在酒商和收藏者眼中，提升品质与形象并不代表爱士图尔就能与一级酒庄相提并论，它仍需要在一年又一年的投机中逐渐提高身价。

大自然在这时发挥了作用。首先登场的是令人惊喜的2000年产酒。这一年，虽然年初被霉菌困扰，最终却获得了大丰收。在“世纪疯狂”的刺激下，价格扶摇直上。紧接着，在2003年，热浪催生出味道丰富而令人愉悦的葡萄酒，征服了评论家的味觉。2005年，凭借着天时地利人和，波尔多迎来了百年难遇的好酒。[26]在葡萄生长的初期，天气格外干燥，近乎干旱；到果实成熟变紫时，又白天温暖，夜间凉爽。这一年的果实单宁丰富、香气清新、酸度明快，还拥有惊人的成熟度。评论家对此年葡萄酒的热情引发了购买热潮。

在“波尔多广场”上，酒商纷纷抱怨市场过热，但他们无力遏制酒堡。潜在的利润是巨大的，而其中绝大部分的份额将属于酒农。权力的钟摆从酒商摆向了酒庄，酒商除了一次次地在餐桌上卑躬屈膝乞求更大的配额之外，什么也做不了。与此同时，“波尔多广场”上又成立一些新的酒商公司。配额的争夺激烈到了近乎凶残的程度。

身在香港的叶诗乐看完2005年的期酒订单，便知道自己不得不做出一些艰难的决定。他的父亲将各个酒商处高级葡萄酒的配额放在了一起，比如说，福尧贸易被授权每年可以买入卡旭德拉菲2500箱。纵观这些订单，他发现波尔多的价格结构已然失序。卡旭德一类一级酒庄的副牌酒，现在已经比爱士图尔等二级庄的优质庄园酒更加昂贵。他有一种挥之不去的强烈感受，为了尽可能多地从投机者们的手中赚钱，列级酒庄正在背弃它们忠实的顾客。葡萄酒的价格在过去的十年中以平均 68% 的增长率不断攀升，一些酒的价格已经翻了倍，拉菲的价格已经在十年之内飙升了九倍。[27]

未被列入 1855 年分级的大量酒堡却很少吸引投机者，因而在这个惊人的年份中，它们仍可仅以小幅度提升价格。列级酒庄，以波尔多为缩影，在常客的心中仍保有一席之地。但那些狂热的葡萄酒爱好者们不得不面对一个现实，那就是他们已经喝不起一级酒庄的波尔多，它已经成了华尔街的银行家、网络公司的百万富翁和第三世界豪强们的酒。

叶诗乐认为，毫无疑问，这些葡萄酒要价过高，但直觉告诉他，这个生意仍然有利可图。为了降低风险，他减少了一些福尧贸易已经销售多年的葡萄酒的配额，这些酒都出自他由衷喜欢的人之手，但他不得不在一些地方进行缩减。下完订单，他支出了 2600 万美元。[28]

在丰业街 10 号的仓库中，福尧贸易库存着大量出名的波尔多酒——拉菲、龙船、柏图斯……来访的酒商都会对叶家的囤货心生敬畏。他们现在需要的是更多的顾客。

5

2005 年产酒的天价并没有阻挡住美国人购买的步伐。他们为这批广受赞誉的葡萄酒埋单。然而，忠于本色地，他们拒绝咽下平淡的 2006 年和 2007 年产酒。到那时为止，拉菲的批发价已经攀升到每瓶超过 500 美元。这是一种异常的情况，异常到人们不禁要问：十年前以每瓶 40 美元买入的顾客是否会掏出那么多倍的钱来购买这些名牌仙酿？ 2009 年，当酒堡与酒庄酒业拒绝了其配额时，这个答案终于显现出来。[29]

酒堡与酒庄酒业出自阿卜杜拉·西蒙的创见，他曾在美国市场为波尔多的列级酒庄建立了独特高效的销售网络。20 世纪 50 年代，当西蒙在玛丽王后号远洋客轮上品尝到 1929 年的拉图时，他发现了自己的使命。在 1974 年，他被委任为施格兰创立酒堡与酒庄酒业，作为其进口葡萄酒分部。到 80 年代后期，进入美国市场的一级酒庄产酒有五分之一都是由他经手的。《纽约时报》将他称为“超级力量”。[30] 酒堡们都乐于与西蒙做生意，因为他可以随手买进大量期酒的配额，然后将这些酒囤积到几年后的适饮期，他是餐厅和商店至关重要的供应商。酒堡与酒庄酒业是通向世界上最大的葡萄酒市场的关键环节，也是酒堡们最大的准银行家。

在波尔多以北的工业港口区，酒堡与酒庄酒业建立了一家姐妹酒商公司——国际葡萄园集团，以便利与葡萄酒产区的接洽。不幸的是，酒堡与酒庄酒业在 2000 年遇到了困难。在提取 1997 年出产的酒并将其中一部分运回美国的一年以后，酒堡与酒庄酒业将这些酒运回法国的国际葡萄园集团的仓库，与那些甚至还从未离开过仓库的酒箱摆在一起。这些酒没有市场需求。更糟的是，随着时间的推移，1997 年和 1998 年出产的葡萄酒始终没有升值。

在“波尔多广场”上，到处都可以用几乎与初始发售价持平的价格买到这两年的酒。这就将酒堡与酒庄酒业置于了危险的境地。酒堡与酒庄酒业的顾客们看起来似乎已经停止订购波尔多。这些酒在餐厅的酒水单和货架上失去了昔日的光彩。在竞争激烈的美国市场中，一旦风光不再，想要东山再起，几乎就是痴人说梦了。

每一年的新酒面世，酒堡与酒庄酒业在大西洋两岸的仓库中积压的酒都在不断增加，而酒堡与酒庄酒业的母公司也被这些库存所困扰。2000 年，英国的帝亚吉欧集团收购了施格兰，对酒堡与酒庄酒业和国际葡萄园集团都进行了严格的审查。帝亚吉欧的会计师仔细查看了账目，发现由于美元疲软，以期酒的形式购入的 2001 年产酒在提货时已经贬值 40%。2008 年秋，当 2006 年产酒最终被向西运往美国，这两个公司陷入了更大的不安之中。酒堡与酒庄酒业联络各位客户以确认订单和安排派送，结果它们的客户纷纷取消了订单。酒堡与酒庄酒业再次被供大于求且被过高估价的葡萄酒套牢。一个新的术语就此诞生——波尔多疲劳。

到 2009 年春，2008 年产酒准备上市时，酒堡与酒庄酒业已经到了极限。由于仓库中积压了如此多的葡萄酒，它拒绝了全部的配额。对波尔多人来说，酒堡与酒庄酒业的决定就像是一个残酷的背叛。几十年来的信任和成功合作在一瞬间全然作废。而当全球金融危机冻结了世界范围内的商贸活动，“波尔多广场”迎来了它有史以来最黑暗的时刻。

在让 – 皮埃尔 · 卢梭联系福尧贸易的时候，他几乎别无选择。

第二章　没有边界

1

在阴暗的 2009 年初，“波尔多广场”上的酒商纷纷抱怨一批不负责任的华尔街银行家导致了他们顾客的流失以及 2008 年产酒的品质不够出色。而隐藏在这种简单表象之下的事实却并非如此，冰冻三尺非一日之寒，波尔多的隐患在十年前便已埋下祸根。酒农回忆着每一年葡萄发芽的时间和收获时的天气，酒商仍记得每一年期酒竞赛中的价格和数额巨大的生意，他们追忆着自己的事业，就像渔民吹嘘自己最大的渔获或痛惜某次失手。

让 - 皮埃尔·卢梭只是耸了耸肩，显示出一个即将退休的白手起家之人的自信。当卢梭开始其职业生涯的时候，除了良好的教育背景之外一无所有，就像他自己所说的那样，他是法国式英才教育的产物。卢梭出身于索尔德拉拜埃的一所学校，他的母亲是这所学校里的老师。全校约 500 人，从学校到西班牙国界只需一小时。他逐渐成长为一个典型的法国商人，带着个人的突出特点，有着标志性的深色头发，可现在已经花白。这些日子，他住在一座豪宅中，这座豪宅离他位于波尔多中心的莎桐葡萄酒街道的酒商公司只有 20 分钟路程，华丽而富有艺术气息。他和妻子从开发商的推土机下挽救了这座庄园并精心地修复了它。

以波尔多的标准而言，卢梭的葡萄酒及烈酒国际配额公司是一个暴发户。这家公司是 1979 年由皮埃尔·贝诗在另一个投资人的葡萄酒邮购公司的办公室里创建的。贝诗曾把目光聚焦在勃艮第、罗纳河谷和香槟上，1987 年，他接管了波尔多，便开始尝试为自己开辟一片天地。作为一个新人，他没有“广场”传统中那种沉重的预期，也没有配额。但是，在短短两年之内，葡萄酒及烈酒国际配额公司便成长起来，卢梭有了足够的收入来投资一个巴克隆码头上的砖石建筑，这座建筑是一个已经被遗忘的德国酒商在 19 世纪修建的。底层铺着泥地板，还设有一个用于制作和修理橡木桶的工场。它是坐落在堤岸上少数几座宽度比高度数值大的建筑，可能因为地价便宜，它的建造时间又相对较晚。

向市中心的方向延伸，巴克隆码头连着莎桐湾，商业区正是由此得名。莎桐，葡萄酒贸易的中心，其名称源于最初居住在这片沼泽地带的加尔都西派修士，其实那时候修士们也早已不在，居民大多是新教的商人。码头沿着平分波尔多市区的加伦河的曲线延伸了超过一英里*，从卢梭的新办公室出发，轻快地步行短短的一段路，就是七家主要的中介和多家相互竞争的酒商公司。

几百年来，酒商和中介都位于码头沿岸或附近区域，这主要是基于物流的因素。在码头所处的河段，承载着从葡萄园运出的

* 1 英里 =1.6093 千米

酒桶的平底驳船能便利地停靠，并沿着平坦的堤岸将货物转运至酒商们的地窖中。靠着码头的狭窄街道铺着鹅卵石，它们曾被用作没有满载的运酒船的压舱物。这是这片区域作为波尔多贸易心脏的永恒纪念。几码 * 之外，加伦河上停泊着涂有荷兰、德国、佛拉芒、英国、丹麦及美国标志性色彩的船，一旦谈好价格，便可将葡萄酒送往远方。

从前，酒商所做的生意不仅限于葡萄酒，他们的货物丰富多样。商人多是在波尔多寻找可以在他们的祖国销售货物的外国人，但不久之后，许多人便开始在更远的地区进行贸易，包括沙皇俄国、非洲、加勒比和远东地区。[1] 这些商人的住所和工作场所大都沿着码头，底层的大仓库之上便是他们的家和办公室。

商业区的第一座建筑、位于莎桐湾 1 号的芬威克酒店（这座建筑曾是美国的第一个领事馆，即 1790 年建于波尔多的领事馆）的创建者约瑟夫・芬威克是一个葡萄酒商，同时也是一家国际船运公司的合作伙伴。[2] 美国国务卿托马斯・杰斐逊曾私下委任芬威克保障刚刚建立的美利坚合众国在法国主要港口的利益，这也正是殖民地人民在独立战争中使用法国武器的出发点。从 1788 年起，芬威克及其伙伴的船只主导了美国在法国的运输业务，[3] 他们也与法国的商品销售取代此前英国的物资供给的一系列协商密切相关。约瑟夫・芬威克是一个极佳的选择：作为一个讲法语的葡萄酒商人，自 1787 年便在波尔多建立了船运公司，他已经完全融入了当

* 1 码 =0.9144 米

地的商业圈。[4] 华盛顿总统给新设立的领事所下的第一批订单之一就是 150 瓶 1785 年出产的玛歌。

芬威克在为他的住宅兼领事馆选址时进行了十分周详的考虑。漫步在住宅的窗边，他便可以将莎桐湾繁华的商业美景尽收眼底。他的近邻有盎格鲁－爱尔兰裔的巴顿家族和劳顿家族、英国的西塞尔家族、德国的克鲁斯家族、汉萨同盟的施罗德家族和席勒家族、法国－瑞士裔的德鲁兹家族和苏格兰的约翰斯顿家族。这些家族主导了“波尔多广场”，他们以联姻的方式来巩固联盟，可以说，几乎所有重要的酒商家族之间都有或多或少的关系。通过世世代代的耕耘，这些大家族完全有理由说，波尔多高级葡萄酒的成功不是源于继承自冰川时代的卵石、黏土和石灰石的偶然分层，也不是得益于北纬 45 度的独特气候，而是因为充满冒险精神来到这个港口打拼的人们精明而又不懈的奋斗。对完美土地的追求，土壤、气候、光照这些赐予葡萄不同个性的条件，以及制作出好酒的科学，这些都在其次，商业才是波尔多的本质所在。

200 年后，又出现了让－皮埃尔・卢梭这个拥有与生俱来的商业天分的人。然而，他的才华并没有在第一份经营影院的事业上得到充分的发挥，他将这一时期称为自己的“嬉皮士时期”。为了施展抱负，他花费一年时间免费兼职，为位于波尔多地区东部的利布尔讷的一个酒商公司担任出口经理。一年后，在 1987 年，他在皮埃尔・贝诗的支持下创办了一家小规模的酒商公司——葡萄园传统公司。两人的合作十分成功，两年后贝诗便聘任卢梭为葡萄酒及烈酒国际配额公司波尔多分公司的总经理，并分给了他一小部分公司的股权作为奖励，而自己则将主要精力放在公司在勃艮第的运作上。

那时，葡萄酒及烈酒国际配额公司波尔多分公司只是一个小公司，类似于贝诗的一项副业。“当时我们总共有四个客户。如果失去两个，你就完蛋了。”卢梭回忆道。[5]

首先被卢梭提上议程的就是赢得一些最受欢迎的葡萄酒的配额。他知道这并不容易。他与任何一个古老的酒商家族都没有关系，而且绝大多数的酒堡也从未听说过贝诗的名字。从一开始，卢梭就不得不拿出一些独门绝技。一直以来，酒商不会告诉酒堡谁买了他们的葡萄酒，只要酒能卖得出去，酒堡对此也并不关心。尽管他们已经以这种方式经营了几十年甚至是几代人的时间，但卢梭决定在这些信息上采取更开放的态度来求得酒堡对自己公司的信任。“我们是最早进行透明化的公司之一，”卢梭解释道，“当其他酒商在担心被绕开的时候，我们率先将顾客带到了酒堡。”[6]

与此同时，卢梭知道他需要找到一种能讨好一级酒庄和其他有名的酒庄管理者的途径。关键人物之一便是菲利普·高登，他是罗斯柴尔德木桐酒堡的领军人，同时也是菲利普罗斯柴尔德男爵庄园全部葡萄酒配额的守门员。“我试着以我艺术性的思路来找到一个与众不同的角度。”卢梭说道。像许多其他酒堡的管理者一样，高登在餐桌上做成了许多生意。卢梭猜想高登和其他庄园的管理人恐怕早已厌倦了这种一成不变的模式，所以他决定在其中加入一些新的兴奋点。“我邀请他们到电影联盟影院观看私人的电影试映，并为他们提供香槟，”卢梭回忆道，“我把杰拉尔·德帕迪约带到了龙船，把梅尔·布鲁克斯带到了飞卓和白马。那时我就是一个别出心裁的年轻人。”[7]

转折点出现了。高登正在为其集团旗下的大众市场品牌木桐嘉棣寻找日本地区的经销商，而在那时，只有很少的酒商公司面向亚洲市场，而葡萄酒及烈酒国际配额公司正是其中之一。他们向日本、韩国和中国香港经销泰亭哲香槟、路易拉图勃艮第和柏图斯双旗波尔多。皮埃尔·贝诗为木桐集团引见了日本的葡萄酒贸易公司巴克莱。高登为答谢贝诗，把他的一级酒庄葡萄酒罗斯柴尔德木桐的配额给了葡萄酒及烈酒国际配额公司。

葡萄酒及烈酒国际配额公司在亚洲不断成长的关系网十分宝贵。“酒商的基础性工作就是开拓新的市场。”卢梭说道，而一个作为后起之秀的酒商不得不找到别人从未涉足过的市场。贝诗告诉卢梭，在香港，有两个人他需要认识：叶福章和大卫·韦伯斯特。“叶福章行事谨慎，隐于幕后。韦伯斯特则是活跃在台前的人物。”卢梭说。[8]

当叶福章悄无声息地将波尔多和其他高级葡萄酒放入中国的酒店和免税店时，大卫·韦伯斯特仍在为干邑大亨人头马工作。卢梭遇见韦伯斯特时，这个外向的英国人已经因为对高级葡萄酒的热爱而声名远扬。在香港，没有其他人能像韦伯斯特那样办聚会。加入葡萄酒及烈酒国际配额公司六年之后，卢梭参加了一个在香港希尔顿酒店举行的晚宴。菜单十分繁复，然而没有人是冲着食物去的。他们之所以会在那儿是因为韦伯斯特要举办一个“垂直品鉴”——大瓶的 1914 年到 1990 年之间的每一个好年份出产的罗斯柴尔德木桐，这些酒全部是葡萄酒及烈酒国际配额公司在菲利普·高登的支持下供应的。

在晚宴的一年以后，卢梭接到了一个电话，这使他终于能立足于“波尔多广场”。罗斯柴尔德正在为“活灵魂”的发布做准备，这是一种智利葡萄酒，由他们与南美最古老、规模最大的酒厂甘露酒厂联合出品。“活灵魂”将是广场上销售的第一种外国葡萄酒，而葡萄酒及烈酒国际配额公司获得了其最重要的配额之一。“我们是得到配额的十个酒商之一。能与这些顶级公司相提并论是很大的特权。”卢梭说。[9]

但是在过去的十年内，葡萄酒贸易发生了翻天覆地的变化。卢梭在 2009 年 4 月到达他位于码头的办公室时，河里的交通工具仅有用于承载游客的邮轮和巴士船；葡萄酒不再以桶装运入，他同行的酒商公司也分散到了城市的各处；延伸到比两个足球场还要长的大仓库消失了。他看着这一切，直到最后一批游客消失在卵石路的尽头。

那时，卢梭的营业额是 2400 万英镑（约合 3000 万美元），而他担心的是如何能持续不断地找到买家。他刚从美国回来，那里美元疲软，失业率居高不下，市场低迷。在日本，他的顾客已经避开列级酒庄，转而偏好价格更低的葡萄酒。成熟的固有市场持续收缩，看不到好转的迹象。卢梭精简了人员——仅有 11 人。“日常开支越低越好。”他想。

他还更加频繁地飞赴亚洲。他最重要的英国客户之一——法尔酒业派出了 18 人参加期酒的品鉴。他知道他们一定很想买入，但不清楚他们是为谁买入这些酒。他们的客户是在伦敦还是中国香港？谁也不知道英国人在想什么。

而更容易了解的是福尧贸易的叶家人。他们买入期酒只是为了保证葡萄酒的来源并锁定最好的价格，他们买了多种列级酒庄出产的葡萄酒，占了卢梭的期酒销售额的10%。其他活跃于中国内地市场的商家则似乎只偏爱几家酒庄——拉菲、卡旭德、玛歌、木桐、奥比昂、拉图、龙船和靓茨伯。这真是让人疯狂！卢梭手里有几十种好酒，出自列级酒庄的和其他品质相当的酒，但他的顾客只想要其中的不到十种。他不能理解其中的原因何在。

2

1996年4月，一对加拿大裔美国籍父子正在北京等待着一个装有1400箱加利福尼亚葡萄酒的货运集装箱。他们懂得如何抓住一个送上门的机会。

父亲圣皮尔是一位“中国通”。[10] 他从1985年以来一直在中国内地做生意，曾担任吉普公司北京分部的副总裁。通过多年的经营，他在中国的政府官员和国有企业中建立了重要的人脉。但他也是为数不多的愿意招惹中国领导人的西方人之一。

显而易见，开辟新天地的时机已经来临，而圣皮尔父子仍然植根于中国市场。圣皮尔了解与中国的国有企业合作的困境，因而希望建立一个家族企业。为什么要为合资企业而头疼呢？雄鹰进出口公司崩溃后，他们手握200万美元的资本，并用其建立了一个完全的外资企业，或者称为外商独资企业，持有贸易、进口和出口的执照。[11]外商独资企业必须“有益于中国国民经济的发展”。

圣皮尔父子秉持着一种企业家的信念，那就是中国人将会积累起财富，他们对消费品的需求将会增加。圣皮尔父子希望这足以确保自己满足了政府对企业应服务于公共利益的要求。“我们看到了一个即将诞生的中产阶级——一个会购买轿车和奢侈品皮包的中产阶级。”圣皮尔说。[12]他们考虑了出版业、婴幼儿护理产品业和高尔夫球场业，但最终，他们选择了投资葡萄酒业。

圣皮尔父子都不是葡萄酒行家，但圣皮尔通过他在汽车业结识的高管们了解到四个久负盛名的葡萄酒品牌。他们开始进口堡林爵香槟，并在全世界范围内挑选葡萄酒，包括纳帕山谷的贝灵哲酒庄、澳大利亚的葡萄之路酒庄以及意大利的科尔多奇亚酒庄。圣皮尔父子二人都没有预期中国市场的葡萄酒需求量会激增，他们只是根据经验判定，在中国，葡萄酒只是用于取悦客人。经验也告诉他们，在中国内地找到高级葡萄酒是多么困难，只有一家小公司出售高级葡萄酒。对其他进口商而言，应该还有市场空间，尤其是手握诸多品牌的进口商。

下一步，他们要建立一家外资公司作为这家外商独资企业的官方所有者。“这不是切换到中国，”沈品同解释道，“而是大多数在中国开办公司的外国人的一种标准程序——换句话说，就是在香港成立一家母公司。”[13]1996 年 4 月 26 日，亚洲科龙集团开始营业。[14]

为了宣告亚洲科龙进军中国葡萄酒界，圣皮尔父子举办了一个盛大的聚会。奇怪的是，聚会上连一滴葡萄酒都没有。他们在码头上为那批从加利福尼亚运来的 1400 箱葡萄酒等待了那么久，却什么也没有等到。向中国进口商品这件事有其自身的困难。他们美国合伙人的中国妻子的姐夫听闻了这批货，就动用一些关系，在这批葡萄酒抵达时，他接收了这批货物。

“他劫走了葡萄酒！”沈品同笑着回忆道。[15]

3

圣皮尔父子对于在中国做生意这件事有一种特别的幽默感，但更重要的是，他们非常顽强。亚洲科龙开业的第一年，他们遇见了一个名叫让 – 古洛梅・普拉斯的年轻波尔多人，其家族拥有爱士图尔酒堡。普拉斯被他的父亲派往中国，想要寻找能进口他们家族所生产的葡萄酒的客户。圣皮尔父子不了解波尔多酒庄，更不知道 1855 年分级，但他们深知波尔多是葡萄酒界的名牌，一种与品质、历史和财富相连的奢侈品。

他们和普拉斯非常投缘，当普拉斯回到波尔多的家里，他向占据一些列级酒庄最大配额的吉娜斯酒商公司的出口经理波特兰・卡尔斯提起了在亚洲科龙新结识的朋友。根据普拉斯提供的信息，卡尔斯飞到北京与圣皮尔父子见面，希望他们能在开拓吉娜斯的亚洲市场上助他一臂之力。至此，亚洲科龙和“波尔多广场”建立起了联系。

圣皮尔父子思考的问题是怎样才能让他们的葡萄酒呈现在外国人、国有企业领导和政府官员面前——这些人也许会想用高级葡萄酒来互相讨好。一个办法是在一座新兴的高尔夫俱乐部办一次活动，高尔夫是另一个针对中国商业精英的西方舶来品，这个设想似乎非常完美。到了活动举行的这一天，圣皮尔父子提前派出了一些工作人员到俱乐部向那里的员工演示如何开葡萄酒瓶。然而当圣皮尔父子随后赶到时，却发现他们提供的瓶塞钻消失不见了，俱乐部员工正在尝试用啤酒开瓶器打开葡萄酒瓶。他们已经预料到学习曲线将会十分曲折，但没想到会曲折到这种程度。“在中国销售葡萄酒的过程中，我们遇到了一个又一个令人意想不到而又难以置信的状况。”沈品同说道。[16]

在中国，起步阶段的花费是很大的。建立销售网络和培训员工的支出远远大于销售的利润。外国人和外交人员占据了圣皮尔父子 80% 的销售额，显然，他们需要寻找更多的客户。[17] 现金流是永无止境的压力。波尔多是以期酒的方式销售的，换句话说，亚洲科龙直接从酒堡得到了葡萄酒的所有权，因而需要在葡萄酒到达中国之前很早便提前支付酒和运输的费用，此时离葡萄酒被出售给客户还有很长的一段时间。虽然有一个好的开端，圣皮尔父子还是在短短两年之后就面临着破产的威胁。

然而，他们再一次得到了幸运之神的垂青。在北京希尔顿酒店的门口，圣皮尔巧遇了亿万富翁吉诺·朗格斯–施华洛世奇。[18] 施华洛世奇领导着他家族经营的切割水晶的商业王国，同时还在阿根廷拥有一个葡萄酒庄园。[19] 六个月后，圣皮尔父子与施华洛世奇集团的代表在法兰克福做成了一笔 60 万美元的生意。数年之间，施华洛世奇集团向亚洲科龙集团注资 300 万美元，换取了其 49% 的股份。

从香港向北京或者上海派送葡萄酒非常便捷，但如果是其他城市或者更远的省份就十分困难。葡萄酒是易碎品，在保存和运输的过程中要求小心仔细并严格控温。圣皮尔父子尝试与几家经销烈酒和中国酒的跨国公司合作，建立合资企业，但结果令人失望。“包括葡萄酒的已有酒精饮料的批发商和经销商，完全不能销售进口葡萄酒，甚至不具备为其提供物流的能力。他们充其量算是搬箱工，而对于像进口葡萄酒这样复杂又新奇的事物，他们无能为力。”沈品同说。[20]

唯一的解决方案是在他们想要开拓市场的城市设立办事处。他们在美国对自己的销售、分销和仓储的工作人员进行了专业培训，同时让他们具备了鉴赏和处理葡萄酒的技能。他们首先在广州设立办事处，接着，又在上海成立了办事处。1999 年，沈品同被派驻上海。圣皮尔父子逐渐向吉娜斯及其他酒商公司证明了他们对于中国市场的了解。吉娜斯甚至雇用专人在上海维系与亚洲科龙的合作关系。

“说实话，如果我们以葡萄酒商的身份来到中国，我们绝不会成功。”沈品同说道，“在一开始，这有点像西部冒险，只把注意力集中在葡萄酒本身的人是不会取得成功的。我们是先驱。通常，中枪的都是先驱。我们的确中了几次枪，但它们并不致命。我们从中吸取教训并继续前进……构筑起我们在中国经商的理念。”[21]

4

世界的另外一边，在伦敦的钻石区，一个竞争者正在密切地关注着波尔多进军中国的缓慢进程。英国人在对华贸易中长期保有优势地位，早在 18 世纪，波尔多人就已经意识到从英格兰将葡萄酒运往远东地区更加简便、快捷。开往广州的船只中，每出现 4 艘法国船就相应有 300 多艘英国船。[22]

在第一次鸦片战争（1840—1842）以后，英国人通过不平等条约侵占香港岛，拓展了势力范围。[23] 这座小岛并没有丰富的物产，但它长期以来一直是重要的贸易枢纽，英国人则进一步将其塑造成一个商业重地，成为进军让人垂涎的中国内地市场的跳板。让法国人惊愕不已的是，英国人销售波尔多葡萄酒，并长于此道。对于法国人来说，主要的障碍是他们没有可供倾销的鸦片，不喝茶，而中国人也不喝葡萄酒。但占据香港的英国和美国的大部队喝了如此多的波尔多，以至于几乎能弥补中国人对此兴趣的贫乏，这是对法国人的一个小小安慰。

伦敦的商人们已经习惯了他们在香港葡萄酒贸易中的优势地位。但伦敦商人中的一个后起之秀却有更大的野心，他就是盖瑞·博姆。博姆出生于南非，在1997年创立了波尔多指数公司，从此进入商界。他十年前到达伦敦，成了一名外汇交易商，高级葡萄酒是他的爱好。但他恼火于伦敦葡萄酒商们的傲慢，要向他们买一瓶列级酒庄出品的波尔多，简直像是在求他们帮忙一样。他们似乎凭借着名气而不是技术在经商，因为他们几乎不提供任何服务，即使是一单12瓶酒的生意——价值8000美元的葡萄酒。“有一次我订了一箱1985年的柏图斯，他们在雨中把它扔在了我的房后，就像把一块卡地亚表硬塞进了信箱。”博姆说道。[24]

十年后，他察觉到也许有很多像他一样的人，虽然没有戴着伊顿领带，却喜爱一级酒庄的波尔多。这样的人们也会喜欢不摆绅士架子而实实在在的客户服务。像他一样的收藏者会回应公道合理的价格，换句话说，他看到了其中的商机。

他和另一位合伙人以50万英镑为启动资金创办了公司，租用的办公室位于伦敦北部的圣约翰大街。博姆的目标相当简单明了：他希望人们能用手里的钱便捷地买到葡萄酒。他不关心人们买酒是为了喝还是作为一种投资。从位于伦敦的交易站，他可以将好酒出售并派送给任何地方的任何人。

他本来关注的是自己喜欢喝的勃艮第，但勃艮第的情况很复杂。一块很小的法定产区可能就有70个相关的庄园主，各占1英亩*地，很难向习惯根据产区和酒庄品牌买酒的客户解释酒的来源。勃艮第酒庄规模的局限也限制了每个酒庄的产量，因而无法以一

* 1英亩=6.0703亩

个统一的商标销售大量的酒。例如，罗曼尼康帝酒庄享有盛名的旗舰酒每年的产量只有 5600 瓶，根本不足以商业化。博姆也销售勃艮第、香槟、托斯卡纳、阿尔萨斯和其他著名产区的葡萄酒，但将波尔多作为主打产品并将其植入公司的名称中，显示出博姆精明的商业决断。

波尔多的产量相当可观，仅仅一级酒庄每年就能出产亿万箱酒，即 120 万瓶。葡萄酒的品质部分取决于土壤，但因为分级的对象是庄园而非地区，一个列级酒庄可以从他没有分级的邻居处买入葡萄酒补充到自己的生产线中。当酒堡意识到扩大规模能获利时，便打响了土地争夺战。列级酒庄的酒产量激增。博姆可以集中销售大量的已经在全球范围内打响了知名度，并享有百年美誉的品牌。

他还有一个很大的优势，就是鼓鼓的钱袋。“波尔多广场”是实用主义的天下。“在波尔多，没钱是一回事。”他说，“你真正准备好买酒了，他们才会认真对待你。所以他们立马就认真招待我们了。他们就是商人。”[25]

刚开始的时候，波尔多指数的六名员工坐在木头箱子上用手机给潜在的客户打电话。[26] 他的想法是在高级葡萄酒市场使用一种新的透明化手段。博姆在他的零售网站上公布了售价和可购买的量。网站上设有贸易的专区，他在那里公布了他的“买入价”和“售出价”。

博姆将第一支广告投放在了《醇鉴》杂志 1997 年的 3 月刊中。这使他从同行中脱颖而出，尤其是 1698 年就在圣詹姆士宫隔壁开业的著名的贝瑞兄弟与路德。博姆的广告语是：“你不是一个有账户的顾客。你不想订十箱柏图斯。你不曾为剑桥划桨。你也不用曾在皇家护卫队与‘宾基’卡尔迈克共事。”[27] 他的电话开始响铃。

在开业的三个月之内，波尔多指数40%的销售额来源于亚洲客户。在1997年6月30日，香港结束了被英国殖民统治的时代，成为中华人民共和国的特别行政区，他从中看到了巨大的商机。博姆和贝瑞兄弟都需要像其他人一样从酒商处购买波尔多，而酒商们自己也在想方设法打入中国市场。但是很少有商人能像伦敦商人那样了解香港市场的历史。所以当博姆发现他正在与自己的供应商竞争时，他知道自己的伦敦身份能成为一块敲门砖。

像亚洲科龙精品葡萄酒一样，波尔多指数以新潮和现代著称。博姆对公司的服务进行了个性化的处理，邀请客户进行独家的品酒会和到米其林星级餐厅用餐。他将注意力放在聘任有才华的员工，收购最好的葡萄酒，发挥自己的专长利用浮动汇率，招募全职的电脑程序员设计更先进的交易程序上。“你按年份浏览每一种酒，”他解释道，“你能发现并买入那些价格尤其低的，同时卖出那些价格虚高的。”[28]

博姆是一个善谈的人，每一个词都掷地有声。他的公司战胜了启动阶段的一系列挑战——资金短缺、客源稀少、供给不足和劲敌林立。“在竞争中，你少不了要面临贬低，你的对手会抹黑你，自始至终你都会被偏见所笼罩。但脚踏实地，一步一步来，情况总会好转，我们只需要集中力量提高产品的质量。”[29]

他的团队扩充到了 50 人的规模，客户数以千计。最终，他将葡萄酒卖到了 120 个国家。他在伦敦的市中心买下一栋五层大楼作为公司总部。2008 年，他在香港设立了办事处。

5

如果用图钉在地图上标注 2008 年哪里的人在购买葡萄酒，它应该被钉在香港，这让博姆他们这些商人十分高兴。2 月，香港政务司司长唐英年宣布取消葡萄酒 40% 的进口关税。[30] 几乎所有的商品进入香港都是免税的，而现在，唐英年作为一个爱好葡萄酒收藏的政府高官，终于将葡萄酒加入了长到永无止境的免税品名单里。[31] 香港将会成为整个亚洲地区高级葡萄酒派送核心的物流枢纽。[32]

香港并不是运送葡萄酒的理想选择。当地气候十分闷热，还时常被台风和热浪所席卷。伦敦，凭借其保税仓库的体系和阴沉的天气，是葡萄酒运送的传统中转站。从 10 月到第二年 5 月，英国的天气凉爽而温和，确保了葡萄酒储存的安全性。但香港扼守着中国的门户，现在世界上除了中国人以外没有谁还在买葡萄酒。最好还是把酒送到买家所在的地方。

美国市场的困境使中国市场变得前所未有的受人瞩目。在决定放弃波尔多的列级酒庄以后，帝亚吉欧酒堡与酒庄酒业开始在市场上抛售他们价值数百万美元的葡萄酒库存。在曼哈顿久负盛名的谢利－莱曼葡萄酒商店中，总裁克里斯·亚当斯收到了最高达到七折的价目表。[33] 顶级波尔多以极其低廉的价格出售。“这是一场屠杀。”进口商古洛梅·图顿说道。[34] 一家酒堡为了保护自己的品牌，甚至从酒堡与酒庄酒业买回了 15 年的酒，将 2700 箱酒运回了波尔多。[35] 这次抛售持续了数月之久。据估算，酒堡与酒庄酒业的原始股价值两亿美元。[36] 向纽约运送葡萄酒已经毫无意义了。在香港和北京，至少还有规模不大但仍然健康的市场。

博姆忧虑地阅读着唐英年对葡萄酒采取零关税的新闻。零关税使得在香港购买波尔多比在伦敦更便宜。现在他不得不为防止客户转投植根于香港的经销商——比如叶家和圣皮尔父子——的怀抱而战斗。不仅如此，从在酒商处买酒开始，他就需要与他们展开竞争。350 家酒商公司互相竞争，通常是准备好现金的人最终得到葡萄酒。波尔多指数正在奋力抓住日益微弱的优势。

但博姆也知道香港正是一片更广阔的天地的入口。酒商们在中国几十年的耕耘终于初显成效。中国经济以破纪录的速度高速增长，房地产市场正在起飞，新的摩天大楼似乎每天都在拔地而起。不管从什么角度来看，中国有现金，中国人容光焕发而又自信洋溢。即使绝大多数中国人极少喝葡萄酒而且并不钟情于它也没关系——这并没有妨碍任何人。前一年，中国内地只进口了价值 1.84 亿美元的葡萄酒——不到香港本土 4 亿销售额的一半。仅有 1800 万中国人饮用葡萄酒，这些人住在城市里并且收入足以消费波尔多。实际上，他们所买的进口葡萄酒主要都是来自这个产区。如果再有 1% 的中国人开始喝葡萄酒，就会掀起一个葡萄酒热潮了。香港正是通向他们的捷径，尤其是现在已经实行了零关税。

在这一年内，数以百计的新葡萄酒公司在香港和内地开业。品酒师和销售员的职业培训从北京、上海扩散到波尔多人从未听闻的城市，尽管它们有着百万人口。葡萄酒进口增长了 80%。

像其他酒商一样，让－皮埃尔·卢梭坚信波尔多的内在魅力，他以销售它为豪。世界上没有任何一个其他产区能出产如此大量的同等品质的葡萄酒。此刻他察觉到市场正在发生一个充满前景的转变。很少有中国人买入 2008 年的期酒，但那些购买了的人已经在这项投资上赚到了钱。中国人需要把他们的钱放在安全的地方，而中国银行家、英国商人和共同基金，甚至酒商公司都把列级酒庄的波尔多作为一个很好的投资项目来推荐。中国人对品牌极度关注，而少有其他奢侈品牌能与波尔多的知名度相提并论。飙升的价格立刻吸引了此前对高级葡萄酒毫无兴趣的中国商家的注意，包括一些港商在内。正是这种奇特的配额体系让波尔多在中国投机者的眼中既充满诱惑又脆弱不堪。

波尔多指数在 2009 年获得了 1.11 亿美元的销售额，博姆期望他的香港办事处能以 50% 的速度继续增长。办事处以创纪录的 67000 美元的高价卖出了一个帝王瓶的 1982 年柏图斯——容量相当于普通酒瓶的 6.5 倍。随着列级酒庄的发迹，商人们也开始看到对于低端葡萄酒的更多需求。新客户不断涌现，财源滚滚而来。

6

香港对葡萄酒实行零关税是一个分水岭，部分原因是此项政策涉及货代物流。[37] 直接向中国内地运送任何东西都很复杂。货物从 40 个口岸入境以后，又被再次运送到大约 150 个目的地。而新的目的地一直在不停地涌现。各地的海关官员在执行哪些规定及执行的力度上有很大的灵活性。如果葡萄酒被运到上海，那么将会很快被转运到最终的目的地，但是如果被运到福州，它就可能要在炎热的天气里滞留数周之久。

这种情况是世界上规模最大的葡萄酒和烈酒货代之一的 J. F. 希勒布兰德十分了解的。运到中国的进口葡萄酒中，有三分之一都是装在希勒布兰德的集装箱里的。这家公司的波尔多仓库每月运送数百万箱的葡萄酒。希勒布兰德从 20 世纪 80 年代起就开始向中国运送葡萄酒，它的经理们知道，要确保葡萄酒运抵最终目的地时处于适饮状态，唯一的办法就是在运送过程中使用冷藏集装箱。不巧的是，中国的进口商几乎是全体一致地拒绝支付冷藏集装箱的额外费用。

结局就是码头上酷热的天气对葡萄酒造成了严重的损害。最轻微的情况下，葡萄酒变成了“烤酒”；最严重的情况下，葡萄酒膨胀，瓶塞弹出。后一种情况激怒了中国商人们。如果是“烤酒”，他们还可以卖给倒霉的顾客，因为他们不知道这些酒已经坏掉了，这糟糕的味道不正常。但是如果酒瓶坏了，酒就不能被销售了，所以中国商人们将酒瓶损坏的责任推给葡萄酒的生产者，坚称波尔多人故意使用便宜的软木塞。

另一方面，中国人对他们最昂贵的购得物给予了特殊照顾——尤其是一级酒庄和二级酒庄出产的酒。他们要求最好的酒被安置在普通集装箱的中间，用便宜的酒将它包围起来。便宜的酒能使昂贵的酒免受任何温度的冲击。有时这种“缓冲酒”环游了世界。当一个集装箱最终被运抵美国，客户搬走一排箱子就发现集装箱内剩下的都是沙袋。其余的装载物早已被卸载。[38]

使用廉价的酒作为隔热层这个“狡猾”的物流方式还有别的好处。中国政府对葡萄酒所征收的关税额是基于酒价计算的，而不是像美国和其他国家一样是基于酒的数量计算的。一旦考虑酒的品质，货物的总价通常都会超过 100 万美元，而中国对进口葡萄酒征收 48% 的重税。许多海关官员只是简单地窥视一下集装箱的内部，看到的只有外层的一箱箱廉价葡萄酒，这给进口商们省了一大笔钱。

早年，北京所实行的这种高额的、以价值为基准的税收似乎是避免中国国内的国有酒庄与外国进口货进行白刃战的好办法。直到 2000 年，进入中国数量最大的酒一直是产自智利的散装酒，这些酒被迅速装瓶并贴上“中国产”的标签，然后卖给大众。这种酒的量相当大，价格低廉。然而，其进口量在最近几年逐渐减少。现在已经不是只有中国的富人阶层才能品尝到昂贵的葡萄酒了，还有国有食品企业的官员们。他们从酒商手里买到昂贵的葡萄酒并在中国分配。所以，当一个满载着列级酒庄的葡萄酒的集装箱到达中国时，总会有文件附在货物上，降低货物的估价，减少关税的税额。一层可以隔热的廉价葡萄酒是完美的伪装。结果是，中国人渴望列级庄园的酒，同时也需要佐餐酒、廉价酒和产自名不见经传的产区的酒，甚至是品质低劣的酒，它们大都是使列级酒庄的酒以更低的价格通关的伪装。

香港的零关税政策也提供了另一种可能性。上水地铁站位于香港和广东省的交界处。每一天，在进入这个地铁站的楼梯旁边，数以百计破旧的带轮手提袋被锁在一个花园的围栏上。几英尺*外，在垂死的植物和花园的垃圾旁边，一个 40 多岁的瘦弱的中国妇女向一个年轻的中国男子撑开她的手提袋。他们的交接活动进行得彬彬有礼、有条不紊，而又一目了然。男子从木箱中拿出两瓶碧尚拉龙——这是波尔多的一个二级酒庄——把酒放进了妇女的手提袋里，轻轻地掖在婴儿配方奶粉罐子的旁边。她是往返于香港和深圳之间的“水客”中的一员，将诸如波尔多之类的昂贵商品从香港带入内地，卖给生活在内地的中国人。

走私这件事与你看待它的角度有关。在实行个人消费免税额的情况下，每个人可以在任何时候一次性地将两瓶波尔多带入内地，免除 48% 的关税。将葡萄酒带出香港在严格意义上说并不违法。香港是一个以其贸易史为荣的自由港。这座岛早已因为进口

* 1 英尺 =0.3048 米

商品并将其再次出口到内地而闻名，尤其是在20世纪70年代邓小平实施改革开放政策以后。英国的殖民统治结束以后，中国实行了“一国两制”的政策。正如沈品同所观察到的那样，“现实是香港已经成了一个重要的葡萄酒贸易枢纽，但如果你再深度挖掘，就会发现它同时也成了向中国内地走私的枢纽”。[39]

香港当局将这些“水客”视为一种骄傲。在香港，只要有需求，就会有人为之工作。这些被戏称为“蚂蚁军团”的“水客”提供了一种必要的服务。如果港商可以通过雇用“蚂蚁军团”的方式逃税将葡萄酒带入内地，那是因为中国市场实在太大，并且自我管理的功能失调。

中国海关官员的看法却不是这样。葡萄酒进口是收入的一种来源——不论是以税收的形式上缴北京的中央政府，还是当天的值班人员收取贿赂。“蚂蚁军团”是非常惹人讨厌的，因为对那两瓶酒有法律上的权利，所以他们对海关警察毫不畏惧，他们没有违法。但海关官员们知道“蚂蚁军团”钻了法律的空子，增加了他们对跨越边境的更大数量的商品监察。有报道称，有数辆卡车载着几十万箱货物过境。[40]这使圣皮尔父子和其他大的进口商十分同情海关官员，因为他们承受着为政府收取财政收入的压力。

海关官员在监控进口葡萄酒时也面临着浩繁的任务。一种波尔多葡萄酒并没有一个固定的价格。根据购买的时间及地点的差异，葡萄酒的价格包含中间商的层层费用，还要受到市场价值及货币汇率波动的影响。在连续几天内，同一种葡萄酒的价格就可以有合理的波动；有的时候，相互竞争的商家们在同一天的报价都完全不同。以一瓶2008年的拉菲为例，它在法国售价约为180美元，而一位海关官员可能在网上搜索它的价格，发现这种酒那天在上海的售价是7800元人民币（约合1200美元）——即使酒的实际价格并不一定能到这么高，这些酒抵达目的地以后实际上能卖出什么价格也未可知。

更麻烦的是，卫生部要求提供每一批货物中每一种葡萄酒的样品。一个进口商可能突然被告知他的葡萄酒被没收了。

一批货顺利运抵有赖于天时地利人和。而有的时候，好运总会用光。

7

沈品同坐在波尔多市中心让–古洛梅·普拉斯的酒庄的富丽堂皇的19世纪沙龙里。在亚洲科龙创立的第一年里，他和他的父亲卖出了27000瓶波尔多，销售额达到340万美元。十年之后，亚洲科龙卖出了300万瓶葡萄酒，盈利7000万美元。这家公司在2000年到2007年间以46%的平均增长率高速发展。[41] 圣皮尔已经退休，公司的大权已经转移到沈品同手中。他有1200名员工，公司的办事处遍布全中国。公司为内地各省的客户提供品酒课程和私人窖藏服务。

在公司成功的氛围中，沈品同也步入了中年。他体型矮壮，留着金色的短发，身穿高级定制西服，喜怒不形于色。从他的身上已经很难找出当初那个在父亲的羽翼下来到中国打拼的年轻学子的影子。如今他已经是一个经验丰富的管理者，一个“中国通”。尽管圣皮尔以勤奋、夸张和锋芒的个性闻名，沈品同却以慎重行事的态度树立起低调的形象。他说话时语调平静有力，间杂着灵光一闪的幽默感。这些特质对一个在中国活动的酒商来说十分合适，但他的低调也难逃攻击。

在 2008 年 3 月，为了参加一年一度的桶边试饮，也就是将前一年所产的葡萄酒初次介绍给酒商界的盛会，沈品同提前飞赴波尔多。当葡萄酒评论家和买家对酒的品质评头论足时，酒堡、中介、酒商和进口商们却利用这次聚会来商定葡萄酒的配额和价格。

沈品同也在为自己的生意而四处走动。3 月 6 日，他正要结束在拉维纳咖啡厅的一次午餐会面。这是一家由葡萄酒制造商让－米歇尔·凯泽斯所有的小酒馆，就隐匿在他的酒庄——靓茨伯酒堡的背后。靓茨伯酒堡因为与国泰航空的合约而成为在中国知名度最高的法国葡萄酒之一。这次访问非常愉快，但正当沈品同准备离开餐厅时，他的手机响了。父亲来电告诉了他一个坏消息。

中国海关的缉私局突袭了亚洲科龙在上海的办事处。这件事本身并不是什么异常情况。政府部门一般每隔六个月左右都会进行突击检查——据说他们在寻找文字材料或者葡萄酒。[42]

像平常一样，工作人员拿走了一些文件资料，但圣皮尔却有一种不祥的预感。因为在这段时间里，只有很少的另外几家葡萄酒进口商也被突击检查了。他们还拘留了亚洲科龙的两名员工。

沈品同向父亲保证他会立即乘坐最近的航班飞回中国协助解决此事。而当他打电话给自己在中国出生的妻子莫妮卡·徐时，她却哀求他不要回家。尽管待在波尔多按兵不动是一个充满诱惑力的选择，沈品同却不得不考虑两件重要的事：第一，自他的父亲退休后，他是公司的法人代表，因而只有他回到中国，才有希望为员工争取利益；第二，如果他不在，他的父亲很有可能会被逮捕。

"我不会让他们带走父亲。"他回忆道，此时，情绪的波动终于使他向来沉静的面容有了一丝裂痕。"上帝啊，他都已经68岁了。我必须回去。"[43]

他搭乘驶离梅里尼亚克机场的第一个航班，最终在2008年3月9日回到了中国。在长途飞行中，他有大量的时间来思考在上海等待着自己的将是什么。以从父亲口中得知的信息看来，海关似乎得到了线报，因为他们看起来好像很清楚要搜索哪些地方，拿走哪些东西，逮捕哪些员工。确实有不少中外合资的公司应该很乐于看到圣皮尔父子被淘汰出局。他有敌人吗？

回到中国后的第二天一早，沈品同就直接去海关办公楼与调查员进行了会面。他主动承担起公司运作的全部责任，并尽职尽责地回答工作人员的问题，询问持续了整整三个小时之久。调查员的兴趣主要集中在亚洲科龙的进口货物上，因为他们注意到这些货都是由亚洲科龙的香港办公室开具的发票。沈品同同意这一点——因为这确实是常规的运作方式。香港即将成为主要的免税物流枢纽。

谈话进行得似乎很顺利，工作人员允许他在午餐时间暂时离开。返回的时候，他感觉前景乐观。但气氛却急转直下。这一天结束的时候，他被关进了上海拘留所一间仅有他的办公室一半大小的牢房里。亚洲科龙分管物流、采购以及私人客户业务的副总裁凯莉·宣也被拘留。

沈品同与另外五个人被关在同一间牢房：三个内地人、一个尼日利亚人和一个香港人。两名被指控谋杀，两名涉嫌盗窃，还有一名涉嫌房地产欺诈。因为没有床，大家都裹着被子睡在地板上。牢房里有一个开放的厕所和一个水槽。每个被拘留者每天的食品预算是五元人民币，每餐饭包括米饭、蔬菜和偶尔出现的一点肉渣。

被拘留者的作息被严格控制。每天早晨，他们都要参加一个学习各种规定的培训班。中午有一段禁止说话和阅读的强制性午休时间。下午的课程是集体写作，主题是回答一个特定的问题，写好后由一名狱警负责检查。每天要在操场上步行五圈进行体育锻炼。晚上 9 点半上床睡觉，但几乎每一晚对于沈品同来说都是不眠之夜。一方面是因为他非常焦虑，另一方面是因为牢房里的灯从来不关。

圣皮尔竭尽全力营救儿子。他向美国驻华大使克拉克·兰特求助，但事情仍然毫无起色。[44] 美国大使馆可以派一名工作人员去探视沈品同，但他们告诉圣皮尔除此之外他们也无能为力。

日子一天天过去。沈品同只走出过牢房五次，其中两次是因为狱警要检查牢房。他与父亲派来确认他状况的一名律师见了面，但这位律师被禁止与他谈论这个话题。这位律师所能说的只有法律看起来对他不利。沈品同吓坏了。他可能遭受数年之久的牢狱之苦，甚至在这间牢房中度过余生。

“我不得不接受现实。”他说。[45]

坐在牢房里的时候，他认真地考虑了走私局对他的指控。他开始意识到问题的关键在于亚洲科龙采购和销售葡萄酒时所实施的货币价值避险措施。当从欧洲、南非或者美国购买葡萄酒时，他们是从香港的母公司下的订单。在账本上，他们基于套期保值率将发票币种转换成了港币。接着，这些酒由亚洲科龙在中国内地的外商独资公司开具发票，将港币换算成人民币。许多葡萄酒进口商都是这样做的，因为这使文书工作更加简单，尤其是在要向中国客户说明葡萄酒价值的情况下。

因为关税是基于价值而非数量，众所周知，各家公司都会想尽办法虚报低价。这使沈品同领悟到，中国官方很可能怀疑亚洲科龙在申报时利用货币汇率的变化对葡萄酒的价格做了手脚，比如说，把一瓶价值 100 美元的葡萄酒的价格说成等同于 80 美元的人民币的金额。但事实上，葡萄酒的申报价格通常都是由进口商和报关代理人在边境上讨论商定的，因为葡萄酒的价值一直处于不断的变化之中。在香港转换货币非常方便，而且往往有利可图，但它看起来就像是一个骗局。考虑到自己对中国国情的了解，在狱中的沈品同意识到自己确实干了一件蠢事。

在中国海关看来，货币转换意味着在之前的一年，亚洲科龙过高地申报了价格较低的葡萄酒的价值，而过低地申报了价格较高的葡萄酒的价值。申报的货物价值和实际的货物价值之间的出入约有 238 万元人民币（合 35 万美元）。圣皮尔父子本来可以很轻松地付出这笔钱，这仅是他们在 2006 年 3 月到 2007 年 3 月所缴纳的税收额的 1%。但这些海关官员不接受任何辩解。只要差额超过 25 万元，他们就有权在调查期间拘留公司的负责人，而他们选择了扣押沈品同。

事到如今，圣皮尔只有依靠“关系”，也就是借助于他在中国的私人社交网络。[46]3 月 17 日，圣皮尔向亚洲科龙的客户和供应商致信以平息关于调查的传言，并弱化他儿子处境的严重性。同一天，香港的一位有影响力的葡萄酒教育家谭业明可能从收到信的某人处听闻了沈品同被拘一事，主动联系了他。圣皮尔一口咬定这只是一次常规调查，很快就会得到解决。

谭业明对圣皮尔的话丝毫不信。他在英国葡萄酒评论家简西斯·罗宾逊的个人网页上发布了一篇文章，几乎为圣皮尔父子定下了故意玩弄行业体系的罪名。“系统性过低地申报酒的价值似乎已经成了很多葡萄酒进口商的惯例，申报价可以低到酒价的 50%，从而最终将每瓶酒的成本降低近 25%。”谭业明写道，“对申报价的微妙操纵可以对一个公司的利润率产生极大的影响，它可以降低售价，提高利润，甩开那些销售额不足以在这个你死我活的葡萄酒市场生存的小公司。”[47] 对包括圣皮尔在内的许多读者来说，这就是在控诉亚洲科龙的作弊行为，因为他的儿子正被关押。

2008 年 3 月 20 日，罗宾逊发表了圣皮尔的反驳，痛责谭业明“不负责任”，在写作他的报道时“仅仅基于谣言和影射”。[48] 他斥责谭业明的文章是一个“行业攻击”，他说，谭业明的动机是打击竞争对手，因为谭业明曾经尝试与亚洲科龙在中国的葡萄酒教育项目上进行竞争而以失败告终，甚至想趁沈品同被拘期间挖走亚洲科龙的一些员工。[49]

他还讥讽谭业明对如何在中国经商缺乏常识。谭业明曾在文中称亚洲科龙被处以680万美元罚款，圣皮尔父子都很可能被驱逐出境。圣皮尔嘲笑道，在中国，只有贩毒和极为严重的走私才会导致商人被驱逐出境，中国政府也不会把一个公司罚款罚到破产的地步。

直到4月1日，《国际先驱论坛报》上刊载的一篇文章确认了沈品同被拘的事实之后，谭业明才做出回应。"事情的结果远远不止是罚款、空壳公司的周密计划、伪造的文件和在进口过程中消失的百万巨款。"谭业明写道。[50]不仅如此，谭业明还想下一个更大的结论：圣皮尔父子之流在中国的日子已经到头了。

这里再也不是葡萄酒王国的西部荒野。标新立异的走私战术，用一箱箱的一级酒庄酒进行贿赂，以数以万计的人民币买断葡萄酒名单，这一切都一定会和伪造的海关文件一起完蛋……中国的葡萄酒产业成熟了。海关在变聪明，漏洞在被填补。我们将会记住这个时刻——中国葡萄酒产业成长过程中分水岭式的时刻。不是因为罚款、拘禁或是有多少公司最后受到批评，而是因为这个时刻对于早已开始并仍在强化的改变是如何永远地具有象征性的意义。[51]

一个星期后，2008 年 4 月 8 日，沈品同重新获得了自由，他总共被拘留了 28 天。与此同时，凯莉·宣也被释放。亚洲科龙承认他们过低地申报了进口货物的价值，圣皮尔父子缴纳了罚款，并补齐了对冲汇率和进口时的实际汇率之间的差额。总金额为 180 万元人民币（约合 22 万美元）——不到亚洲科龙一天的销售额。

“这在俚语中叫作‘九牛一毛’。”圣皮尔在为他的儿子及他们的公司所做的最后的强有力的公开辩护中宣称。[52]

“回首过往，我在中国生活、经商已经 22 年了，这样的事也经历了不少，但最后都挺过来了。”圣皮尔说道，“心理脆弱的人是没办法在中国立足的。”[53]

第二年，沈品同已经可以自豪地宣称他是拉图酒堡在世界上最大的买主。但他仍试图寻找既能承担在中国经商的风险又同时保持对亚洲科龙的掌控的两全之计。2009 年底，吉诺·朗格斯－施华洛世奇中风以后，沈品同挫败了试图从他的手中夺走亚洲科龙的施华洛世奇管理团队，并将大量股份卖给了日本的饮料巨头三得利。或许这一举措将有助于他减少中国海关的影响。

8

波尔多旅游局局长及盛事委员会主席斯蒂芬·德洛思眺望着优美的天际线之下，沿着香港西九龙海滨长廊的熙熙攘攘的人群。

他的左边是香港财政司司长曾俊华，曾俊华正在积极地劝说他参加 2009 年 10 月 29 日举行的首届香港美酒佳肴巡礼的启动仪式。这是波尔多首次输出当地的大众节庆，其原本的宗旨是为酒农提供向公众展示他们葡萄酒的平台。这次跨文化的协作活动计划了数月之久。

当视线扫过人群，身兼波尔多市副市长之职的德洛思有一种成就感。他发自内心地坚信波尔多是地球上最美的城市之一。在过去的 15 年中，他花费了太多时间与罗斯柴尔德木桐酒堡的菲利普·罗斯柴尔德、靓茨伯酒堡的让 – 米歇尔·凯泽斯及其他受人尊敬的酒农来讨论他们如何才能将波尔多变成一个葡萄酒旅游中心。这个星期，他成功地将他所深爱的城市的精神传递到了世界上发展最快的经济体的前门。如果目前还不能把中国人吸引到波尔多去，他就为中国人送来一杯波尔多葡萄酒。

尽管香港的零关税政策和两瓶酒的免税补贴充满吸引力，对中国内地的居民来说，这里还有其他的诱人之处。[54] 陌生的语言文化、旅行的花费和签证的限制都使普通的中国家庭很难去法国旅行。而香港已经是内地不断扩大的中产阶级的常规旅行地。在香港举行这样的活动，能为身处旧世界的酒农和酒商与中国新兴的葡萄酒客户创造一个相遇的平台。

曾俊华先评论了香港零关税政策的效益。“由于去年免除了葡萄酒的关税，我们的葡萄酒贸易在全球金融危机期间为经济注入了一些活力。”他陈述道。

> 葡萄酒进口的价值总额在2008年同比增长了80%，在2009年的前8个月又进一步增长了42%，达到了23亿美元。很多葡萄酒相关的商家在这里拓展了业务或者设立了新的企业，包括零售网点、仓储设施、贸易公司等。我们甚至有了香港本土的酒庄，因为我们并不出产葡萄，所以这显得尤为特别。从行业的预测来看，香港将超越伦敦……成为仅次于纽约的世界第二大葡萄酒拍卖中心。[58]

接着，聚会拉开帷幕，一直持续到深夜。

然而，在活动的第二天一早，担任波尔多葡萄酒行业协会亚洲区总监的法国人就遇到了风波。托马斯·朱利安住在香港，所以他习惯于中国式的快节奏。但他仍不能相信，包括自己在内的活动组织者如此严重地低估了参与者的人数。距离活动结束还剩一天半的时间，波尔多却没有送来足够的葡萄酒。朱利安和其他的组织者联系了他们所能联系到的每一个进口商，紧急地努力买回他们的存货，来满足活动的参与者。[56]

波尔多的很多人都难以理解中国参与者的大额需求，他们大多数也并不试图去理解。这是一份值得庆祝的礼物。在波尔多，他们不得不回击反酒精的游说者团体，他们不得不一直担心喝醉的参与者落入加伦河而溺水。在这里，他们晕眩于滚滚而来的利润。多亏了中国，波尔多很快又将东山再起。当2009年的酒在春天上市的时候，每个人都期望中国人会买，而且是大量地买。

9

一年多以后，人们仍对沈品同被拘一事津津乐道，但谁也不能确切地知道他们家族为什么触犯了法律。

随着谣言的散布，沈品同成了传奇人物：这是一个经历了牢狱生活而且坐拥大量的列级酒庄的名酒和利润的人。他关于葡萄酒和中国的看法具有权威性。所以当2010年初，他说他担心波尔多会失去在中国葡萄酒市场中的特殊魅力的时候，人们都听进去了。

沈品同一直在思索他从自己的海关月报上所注意到的新趋势：每升进口的法国葡萄酒的价格在下降。而波尔多是法国酒的主流，所以这个统计数值只能说明波尔多的劣质酒的需求量在上升。如果这些来自波尔多的廉价酒是与中国本土的葡萄酒竞争，他并不担心，而且据他所知，中国并没有能与列级庄园相提并论的酒庄。但他不能相信大众已经开始喝廉价的葡萄酒。

实际上，波尔多所产的劣质酒一直处于过剩状态，一些不择手段的、秉持着机会主义信念的酒商以为他们可以利用“天真”的中国人来脱手数以百万瓶的滞销货。但中国人正在学习，而诸如香港美酒佳肴巡礼这样的活动也让他们了解了葡萄酒。很快，他们也会拒绝这些没人要的劣质酒。

“在中国，波尔多绝对是一个品牌——它是迄今为止在中国最有知名度的葡萄酒产区。”沈品同解释道，“他们买的是他们相信有更好的品质和历史悠久的东西。波尔多所面临的危险是大量的劣质酒正被输入中国，随着时间的推移，这终将侵蚀波尔多的品牌价值。”[57]

他担心自己付出多年努力为波尔多所建立的高级葡萄酒的美名将消解在单薄而苦涩的劣质酒的浪潮中。

第三章　葡萄种植

1

2009 年以来，高源用赤霞珠、品丽珠和佳美娜调制的葡萄酒登上了五星级的安缦酒店集团在中国的各家酒店的酒水单。高源并没有像大多数先驱者那样展露出一种典型的傲慢自大。她的酒庄位于中国北方，规模不大，每年只出产 800 箱酒，告诉我这个事实时她羞涩地咧嘴一笑。她身材精瘦，衣着得体，声线低沉而自信。

高源的父亲高林是她在葡萄酒行业的启蒙者。直到 1990 年，他一直是一家位于银川的国有服装厂的总经理。银川是宁夏回族自治区的首府，在北京以西约 550 英里，靠近内蒙古，是一个尘土漫天的城市。工厂突然停产，高林也随之失业。1992 年，他与他的两个兄弟一起开办了一个出口公司，然后带着大女儿高源奔赴圣彼得堡，把妻子和小女儿留在了银川。他主要经营开司米（羊毛绒）和羊毛，只要是银川能生产的而且能卖给俄罗斯人的布料他都经营。与此同时，高源在圣彼得堡大学修习经济学。那时，苏联刚刚解体，是一个充满机遇的时期。这对父女就这样过了五年的海外生活。

俄罗斯在苏联解体后的开放是一个很大的举措。高林深知迎合中国政治的多变风向的难度之大。20 世纪 30 年代，他的父亲本来是陕西省一所中学的校长，那时正值共产党开始组织地下活动，他决定加入地下党，并北上到了宁夏。“我的祖父到这里时带着一匹马、两名士兵和一支枪。”高源说道。[1] 虽然起点不高，但他很快成了当地共产党的突出领导者。在母亲这边，她的外祖父是一位农民，在中国人民解放军解放西北的时候参了军。那时候，宁夏 95% 的人口都是文盲，当地也没有较高等级的教育机构。[2] 但她的外祖父自学成才，也加入了当地共产党。两个家庭在宁夏都是颇具政治影响力的共产党家庭。他们都得到了重视和信任。

1966 年，“文化大革命”开始，他们的好运也因此结束。高源的祖父和外祖父都被下放到农村。高林的父亲以知识分子的身份被派到一个偏远的公社食堂，在后厨里择了十年菜。在毛泽东发布了“上山下乡”的指示以后，他们都成了被攻击的目标。最后，两人都想方设法地回到了宁夏，不幸中的万幸是，他们的家人都活了下来。他们失去了一切，包括最重要的财富——关系，到俄罗斯生活和工作是一个很好的选择。

1997 年，高源完成了学业，高林也被召回中国，他被安排到银川以北的石嘴山化工厂工作。宁夏夏季炎热干燥，冬季十分寒冷，处于一种非常落后的状态。这家化工厂是当地重要的用人单位，除了生产大量的化工产品之外，还拥有煤矿，进行电子产品的加工。虽然不如焕然一新的俄罗斯那么诱人，但得到一份工作已经十分幸运。

在第二年，他又被任命管理一个位于芦花台的占地 823 英亩的国有农场。这块地土壤十分干旱，被戈壁环绕。打破这种戈壁地貌的只有从石嘴山和银川的东边流过的黄河，还有横亘在西北方的贺兰山，它成了将这片土地与来自戈壁的沙土隔绝开的天然屏障。

在宁夏 25000 平方英里的土地上，只有极小的一部分有植被覆盖。周围的沙漠几乎要将其吞噬，使它成为一个缺乏水、植物和野生动物的不毛之地。在这里，只要能在一英亩的土地上成功栽培植物就算得上一次胜利。

面临沙漠化威胁的不仅仅是宁夏，在中国有四亿人口和超过四分之一的土地也同样受其影响。“土地沙漠化是中国所面临的最大的环境问题，”中国国家林业局副局长张永利说道，“它会侵占人们生存发展的空间，引发沙尘暴等自然灾害，使土地退化，危及农业生产。”[3]20 世纪 90 年代，农村的土地面积以每年 1326 平方英里的速度递减。近些年，人们降低了开垦荒地的速度，中央政府出台了到 2020 年为止开垦 77000 平方英里的土地作为耕地的计划。

在宁夏，领导们被要求发展区域内的农业生产以达到最新的五年计划的要求。在这样的背景下，不难理解宁夏会鼓励像广夏产业这样的项目，这是一个与保乐力加合作的合资项目，该项目改造了 5400 英亩沙漠，移走了 4.5 亿立方英尺的沙子。[4]这家公司种植了 200 万棵树、1500 英亩药用植物和 2640 英亩葡萄。另一个项目通过采用飞机播种的方式种植了数以百万计的树木。同时，这一区域也开始种植大枣和枸杞。

在高林所在的国有农场，经理们另有想法。他们想种葡萄，并且让高林来管理葡萄园。种葡萄是一个精明的抉择。

在20世纪90年代中期，银川曾经举办过一次葡萄酒会议，在这次会议上，社会各界和当地官员可以看到关于中国的哪些地区能种植葡萄的展示。[5]其中一个展示是由李华做的，他最近在陕西省的杨凌创办了西北农业科技大学的葡萄酒学院。[6]这是亚洲第一个此类项目，李华承担了将先进的葡萄酒酿造技术传入中国的使命。他在著名的波尔多大学酿酒学系取得了博士学位，发表了关于霜霉病的博士论文，这种植物病变是全体有抱负的酒农的大灾难。从波尔多毕业以后，他走遍中国，调查各地葡萄酒的生产能力。

宁夏的气候条件得天独厚，这里空气干燥，平均降水量不到8英寸*，白天温暖，夜晚凉爽，能赋予葡萄新鲜、诱人的香气。干燥的气候也意味着，葡萄趋于达到甜度和酸度平衡的关键时期所面临的霜霉病和烂果的威胁更小。贺兰山下的高原沙漠区土壤以沙土为主，但也有一些区域有黏土和卵石。土壤和气候的结合造就了能生产出具有新鲜而丰富的香气的葡萄酒的风土条件。正如李华所言，贫穷、偏远、人口稀少的宁夏，具有真正的潜力。

在李华的展示中，中国官员开始发现种植酿酒葡萄比鲜食葡

* 1英寸=0.0254米

萄更具价值。1995年，中国只有240个酒庄，但是在1996—1997年，200多个新酒庄如雨后春笋一般涌现出来。1997年，副总理为了在北京周边建立一个示范酒庄，赴法国进行考察。第二年，中国政府与法国政府签订合约，建立中法合作的示范酒庄，聘任波尔多酿酒师尼古拉・比雍–格里玛为顾问。仅仅在1998年一年内，这座新建的国有酒庄就从法国进口了450万株葡萄藤。

高林被告知他的葡萄园三年之后才能开始收获。同时他也明白成功的途径就是保证产量。每个酒庄的经理都听说过天津的骄傲——王朝酒业的故事，并希望复制它的成功道路。

2

1979年11月，时年31岁的人头马干邑家族继承人弗朗西斯・埃利亚尔–杜明尼离开香港，跨过边境到达中国新划定的经济特区——深圳，搭乘航班北上。[7]从飞机的舷窗向外俯瞰，映入眼帘的只有一块块的稻田。但那一年的早些时候，在瑞士达沃斯举办的一年一度的世界经济论坛上，中国首次派出了代表团，四位身着中山装的官员向埃利亚尔–杜明尼表示北京希望建立合资企业。后来，一个出生于印度尼西亚的名叫本尼・张的商人联系了人头马的香港办公室，并希望充当中间人，这件事才有了真正的进展。北京方面很快传来消息说这家合资企业将设在直辖市天津。埃利亚尔 – 杜明尼从未听说过天津——尽管它当时已经是一个有 700 万左右人口的城市——但没有什么能平息他身处这个历史性转折点的兴奋感。

天津是离北京最近的港口城市，坐落在渤海之滨，乘坐火车一个小时便能到达。[8] 第二次鸦片战争以后，天津向英法、两国开放通商。公共租界一直持续繁荣，直到国共两党的内战阻断了他们的经济活动；1937 年日本发动侵华战争之后，大多数欧洲人都离开了。在邓小平的领导下，天津再次向西方开放贸易，并发挥了促进合作的影响力。像其他的中国城市一样，天津渴望着外国的货币、就业、培训和工业技术。这座城市有一家天津一轻集团下属的葡萄酒公司和一个酒庄。

中保友谊酒庄属于国有控股的天津农垦集团。聂荣臻元帅在 1958 年赴东欧进行政治访问时爱上了香气馥郁的白葡萄酒，在那之后，保加利亚政府特意种植了 50 英亩麝香葡萄。[9] 那时，新中国的葡萄酒庄园很少。1892 年由一位一掷千金的海外华侨张弼士创办的张裕酒庄，曾在旧金山 1915 年举行的巴拿马—太平洋国际博览会上获得四块金牌。但 1949 年酒庄被收归国有之后，它出产的葡萄酒质量一落千丈，连农民都不愿意喝。一位法国的牧师曾于 1910 年在离颐和园不远的地方建立了教堂酒庄，但酒庄也被收归国有，然后被夷为平地。[10]

由于缺乏在当地酿酒的技术诀窍，保加利亚在天津的实验也步履维艰。他们在葡萄园里种植了多个品种的葡萄，有麝香葡萄中的玫瑰香葡萄、迪蜜雅、佳丽酿及中国本土的龙眼、白羽。

像其他的国有酒庄一样，其出产的所谓葡萄酒是一种奇怪的混合物，既不能说是葡萄酒，也不能说是烈酒，它往往是包含色素和化学制剂的有毒混合物。这些酒通常采用鲜食葡萄，但葡萄并不是最主要的原料，更常用的是苹果汁。另一个不利因素是华北平原的气候并不适宜酿酒葡萄的生长。在葡萄生长的时节，这里降水过多，导致葡萄被腐烂和霜霉病的问题所困扰。这里出产的少量葡萄酒并不是百分之百取材于葡萄，甚至连最饥渴的顾客也无法吸引。葡萄园大多数的收成都作为鲜食葡萄被销售了。

埃利亚尔－杜明尼被安置在一个建于殖民时期的酒店里，这个酒店里所有的门都被拆了，甚至连橱柜的门也被拆除一空。

“第二天，他们把我带到城外一所用红土建造的学校里，据说那就是王朝酒业的发源地。”埃利亚尔－杜明尼说。墙上有一块区域被刷成了黑色，他就用粉笔在上面勾勒出他的计划。这次来天津，他本来希望生产威士忌或者白兰地，但这个葡萄酒庄使他萌生了酿葡萄酒的想法。这就需要把企业从监管蒸馏的轻工业部转到由白音主管的天津市农业局。

白音与埃利亚尔－杜明尼的交谈十分简短。他知道坐在他对面的这个法国人可以帮忙把这些无人问津的酒变成真正的葡萄酒。三个月后，在 1980 年 1 月，埃利亚尔－杜明尼与天津的政府官员达成了协议。白音成为了全中国第二家合资企业的董事长。

天津市提供电力、水源及工人，人头马则提供设备和技术，对葡萄酒的酿造过程进行监督。[11] 此外，法方还负责销售和配额。

天津市占据这个企业62%的所有权，人头马则占有38%。人头马所投入的首批资金相对较少，仅100万美元。[12] “结果令人满意，”一位中方高管回忆道，“因为人头马急切地想在中国站稳脚跟，而我们需要学习法国先进的葡萄酒酿造技术。王朝的策略是先生产，再协商。” [13]

然而，到了8月，天津出了状况。人头马派到天津的第一位调酒师来了又走了，而继任的法国调酒师皮埃尔·迪莱尔拒绝使用半数的葡萄，因为它们要么太生涩，要么已经腐坏。结果引发了种植葡萄的果农们愤怒的示威活动。中方的经理为了安抚农民们，同意为每1磅* 成熟而优质的葡萄追加1.3元的补贴，约合21美分。[14] 第一年里，公司只试产了一些酒，接着在1981年，生产出了10万瓶葡萄酒。[15]

到了将葡萄酒进行装瓶和运输的时候，合资企业又遇到了更多问题。中国的加工厂生产的酒瓶根本无法使用。它们被运抵时装在麻袋里，肮脏又易碎。[16] 人头马只好紧急地从澳大利亚和法国另外订了酒瓶。另一方面，葡萄酒也不能直接从天津海运出去。那时，中国还没有出口葡萄酒的物流业，所以葡萄酒不得不被转运到英属殖民地——香港再进行出口。[17]

终于，一些样品被送到了人头马的香港营销团队，这支团队的领导者正是大卫·韦伯斯特。韦伯斯特的父亲曾就职于正广和洋行，在英国上完学后，大卫·韦伯斯特回到了香港，在零售商

---

* 1磅=0.4536千克

屈臣氏集团的葡萄酒与烈酒部门得到了一个初级职位。后来这个部门被卖给人头马干邑集团，韦伯斯特也转而为人头马工作。他拥有一个在英国商人家庭长大的判断力。现在，他的任务就是把一种中国葡萄酒推荐给西方的客户们。

韦伯斯特从未参观过天津的酒庄，但是葡萄酒本身就足以说明问题。这是一种薄的、中等干的白葡萄酒，酒精含量约11%，果味浓郁，香气丰富，这是迪莱尔将玫瑰香、迪蜜雅、龙眼、白羽、佳丽酿和其他任何他能用来酿酒的葡萄进行调制的结果。德国的白葡萄酒在美国十分畅销，所以韦伯斯特想，天津的白葡萄酒应该也可以在美国销售。但是这款酒需要一个能吸引移民到西方的中国人的名字。天津的中方职员选择了"神州"一名。不巧的是，这个商标已经被注册过了。韦伯斯特和人头马的香港营销团队提出了一个新的选择——"王朝"。"电视上最热门的节目就是电视剧，"他回想道，"这个词与中国联系紧密，而且朗朗上口。"[18]而天津的中方经理们对此也很满意。

四年后，当法国的保乐力加酒业与北京友谊酒庄达成合作协议，一位年轻的朗格多克调酒师被委以重任。[19]像之前的人头马一样，保乐力加也希望为他们合作的葡萄酒取一个能引起中国客户共鸣的名字。中国人将自己视为龙的传人，所以这款酒被命名为"龙徽"。第一批酒在1988年——龙年上市，以此作为一种营销策略。

即使中国新兴的中产阶级并不钟情于葡萄酒的味道，他们却喜欢它的象征意义——个人的成功和大饥荒及"文革"时期物资匮乏的终结。他们确实有时会将葡萄酒和一些软饮料混合来使单宁的味道变得适口，尽管如此，对他们来说，它还是迷人而精致。在晚间的肥皂剧里，一瓶葡萄酒的出现就是暗示观众：引诱正在进行。医生们也宣传在夜间饮用葡萄酒有益健康。[20] 在上海的一个豪华购物中心，最热门的餐厅之一就是哈根达斯，在那里，两球冰激凌的价格就接近普通人一天的工资。高级葡萄酒和冰激凌的组合在菜单上被极力推荐。[21]

经过多年的经营，王朝酒业在海内外都开拓了市场。他们每年在中国售出 5700 万瓶葡萄酒，成了全国第四大葡萄酒集团，王朝葡萄酒也成了国宴用酒和外交用酒。随着中国人均收入的增长，王朝酒业的经理们上调了酒价。一瓶中国产葡萄酒的价格很少超过 5 美元，但现在每瓶王朝的价格常常高达 25 美元，甚至更贵。

在不到 25 年的时间里，王朝酒业已经成为天津最大的企业之一，同时吸引了大量游客。在市区以北 12 英里的王朝酒业总部，大多数的游客都被领着穿过一座雕饰精美的牌坊，来到一个巨大的三层餐厅，这里经常举办各种商业和政府的宴会。[22] 一座 11.8 万平方英尺的城堡正在筹备中，尖塔、城垛、大理石雕像、挂毯、中世纪的盔甲和 18 世纪的家具全都以凡尔赛宫为模型。建成之后，这座城堡将有 22 间客房、数间宴会厅、一个水疗中心和一把曾属于生于波尔多的哲学家米歇尔·德·蒙田的靠背椅。令人费解的是，一座贝聿铭为巴黎罗浮宫的入口设计的玻璃金字塔的复制品，将矗立在城堡的前方。与原件一样，王朝酒业的金字塔也将建在一个画廊之上。

奇怪的是，王朝酒业选择修建一个城堡的复制品而不是一座逼真的中式宫殿来展示他们葡萄酒的起源。对此，王朝酒业的董事长兼天津发展控股有限公司董事长白智生解释道："这是一个谦虚的选择，因为我们相信而且了解所有的葡萄酒事实上都是源自欧洲，并且与欧洲的文化息息相关。城堡是我们所能联想到的。如果王朝生产的是中国的烈酒，那我们肯定会修建中式建筑来代表中国的烈酒。"[23] 虽然并未言明，但从他的话中我们能看出，中国人心目中理想的葡萄酒仍然是法国红酒。

在天津和宁夏，大型的国有企业正在生产葡萄酒。然而，中国人对他们正在喝的东西并不了解，对葡萄酒的热情超越了求知欲。大多数中国消费者几乎都没有从葡萄酒的商标来判定其价值的能力——除非它出自列级酒庄。

3

中国葡萄酒酿造业的工业化并没有什么浪漫之处，但高林还是不可抑制地沉醉于生产出一款中国特有的优质葡萄酒的追求之中。

事情的转机发生在 1999 年，高林被选入宁夏官方代表团，赴法、德两国进行为期两周的考察，为芦花台国有农场的建立做准备。[24] 按原计划，这次考察本来应该是一次包含葡萄种植、葡萄酒酿造、品酒、旅游和商业的集训，但两个星期的时间勉强只够对葡萄栽培和酿酒技术进行初步了解。而高林则在这次短短的欧洲之行中爱上了欧洲酒庄的美景及这种生活方式。回到宁夏，他打电话给高源，那时高源正在另一座城市的一个电力公司里上班，对前途不寄希望，他问她是否愿意去法国留学，甚至连去法国的哪里，学些什么都没有问，高源就立马毫不犹豫地答应了。他把她送到了普罗旺斯的奥兰治，一边学习法语，一边对葡萄酒酿造技术进行入门学习。几个月后，高源来到了巴黎，正当她思索着如何才能推迟回到尘土飞扬的宁夏的时间之际，她在一个小酒馆巧遇了一位中国男子。这个男子自称是在王朝酒业负责出口业务的外籍员工。他告诉她，如果想学习酿酒技术，最好的去处就是波尔多大学著名的酿酒学系。

目标已经明确，接下来，高源只需要想出办法让它成为现实。她第一次来到波尔多，为刚成立的宁夏葡萄酒行业协会当翻译。下一步就是在酿酒学系正式入学了。2000 年，在父亲的支持下，高源提交了申请，并从 300 名竞争者中脱颖而出，成为被录取的 1/30 中的佼佼者，进入了波尔多大学，进行为期三年的学习。

把大女儿成功地送到波尔多留学之后，高林自己开始研究宁夏的土壤和气候，试图找出最适合当地的葡萄品种。他向来自澳大利亚和法国的专家们求教，仔细分析建立一个成功的酒庄所需的各方面条件。在芦花台国有农场，他种植了用于酿造白葡萄酒的雷司令、霞多丽，用于酿造红葡萄酒的梅洛、品丽珠、赤霞珠和中国人口中的蛇龙珠。但是，他更希望创造出自己的葡萄酒，和高源一起，拥有能让自己真正施展拳脚的私人酒庄。在银川的郊区，沿着混凝土修筑的沟渠，经过一个个技工的窝棚和收垃圾的商贩，他找到了一个苹果园。这个果园只有十亩地，但园主同意将这块地转租给他。高林从一个中国的苗圃订了 2500 株赤霞珠、品丽珠和蛇龙珠。他终于迈出了第一步。

等待大女儿回国的三年是一段漫长的时间。高林将要退休，而国有农场正准备放弃酿酒厂，转而主攻葡萄种植。他和妻子一有空闲就打理自家的小葡萄园。

在宁夏及中国北方的其他地区，葡萄植株的间距很宽，所以葡萄藤常常被沙土掩盖。葡萄藤在冬季处于休眠状态，直到气温高于华氏 14 度 * 才恢复生长。但是当西伯利亚的北风来袭时，宁夏的气温可以降到零下 17 摄氏度。这也是常见的酿酒葡萄过去没能在中国开枝散叶的另一个原因。但在现代的中国，这个障碍是可以克服的。

在冬天，高林和妻子小心翼翼地将每一株葡萄藤都埋在土里，使它们免受严寒的摧残。到了春天，他们又将每株老藤和新生的枝条都从土里刨出，为它们重新塑形，搭建棚架。[25] 这是一项艰巨的任务，但这些葡萄藤寄托着他们对家族美好未来的希望。

让高林吃惊的是，高源在法国过得风生水起。她得到在著名的凯隆世家酒堡进行一个月实习的机会。她骄傲地告诉父亲，这是一座三级庄，而且是圣爱斯泰夫村最古老的三座酒庄之一。她可以从那个酒庄的调酒师们那里学到数不清的东西。她积极地事事亲力亲为，甚至是重活和清理水池那样的脏活也不例外。凯隆世家的酒窖负责人蒂埃里・库尔塔德是一个出身于梅多克的充满

* 摄氏度 =（华氏度 −32）/1.8，1 华氏度≈ −17.22 摄氏度

魅力的法国人。高源的实习结束后，他和另一个酒庄里叫蒂埃里的职员一起开车把她送回波尔多市区。“一开始有两个蒂埃里每周末来看我。后来只剩下了一个。”高源微笑着回忆道。[26]2003 年，他们在波尔多完婚。

高林简直难以相信自己是如此幸运。妻子明智地攒下了一些积蓄，小女儿成功地经营了一家餐厅，大女儿又是接受过专业训练的酿酒师，不仅如此，他现在还有了一位波尔多调酒师当女婿。高家或许没有什么政治上的关系，但他们倾尽自己小家庭的全部力量来制造中国最好的葡萄酒。

他们很清楚，学习葡萄种植和酿酒技术只是葡萄酒生意的一部分。没有政府的支持，配额和营销会成为很大的挑战。而即使得到政府的支持，这门生意也并非易事。

4

回到 1988 年，大卫·亨德森（一位美国工程师）和柯鲁（一位传教士）出生于北京的儿子，创办了北京名特商贸有限公司。名特商贸离天安门广场上的毛主席纪念堂距离仅 600 英尺，是首家拥有向中国内地进口葡萄酒直接执照的公司。从一开始，两位合伙人就发现他们所处的商业环境不容乐观。不仅如此，进口葡萄酒的关税高达 365%（几年后降到了 48%）。[27]

像那一时期在中国的大多数美国人一样，亨德森本来在一家生产橙子和柠檬汽水饮料瓶的合资企业工作。他没有继续待在饮料瓶厂，却爱上了中国这个国家及其文化。那是一个创造奇迹的时期，尤其是对那些善于发现机遇的人来说。西方人正在为刚刚在陕西被发现的兵马俑而疯狂，所以他飞赴中国各地搜集各种手工艺品，在工厂里批量生产并出口到海外。“文革”期间，十多岁的柯鲁曾在一家金属厂做焊接工作。一位长期生活在中国的美国人比尔·辛顿介绍亨德森和柯鲁相互认识。柯鲁虽然不了解葡萄酒，但是他了解中国。

他们一开始进口的是面向生活在中国的外国人的基安蒂葡萄酒和一些针对中国客户的更甜的酒。亨德森认为中国市场的发展方式应该会类似于 20 世纪 70 年代的美国市场，大多数顾客都青睐甜白葡萄酒。他选择了产自意大利优尼特酒庄的蓝布鲁斯科红葡萄酒，这是一种带果味的汽酒，并用彩色的汽水瓶来进行包装。结果却一败涂地。中国人会喝你送给他们的任何免费饮料，但绝不会掏钱买一种价格不低且在他们看来味道发酸的饮料。“我赔了本。我不可能一直免费送蓝布鲁斯科。”他说。[28]

亨德森四处询问接下来可以尝试什么酒。有人建议他试一试波尔多，因为波尔多的酒商们总是愿意开拓新市场。[29] 当亨德森离开法国时，名特商贸已经成为罗斯柴尔德男爵集团旗下拉菲和卡尔维的品牌酒在中国最大的经销商。[30] 卡尔维和罗斯柴尔德男爵拉菲都生产大量用从其他酒农处收购来的散装酒调配的标准化的葡萄酒，这些酒因为冠上了名牌而销路大开。亨德森也进口了罗斯柴尔德拉菲的庄园酒。在克里斯多夫·赛林飞往中国主持的调酒师晚宴上，一位名叫贝纳德·马格列的资深酒商又为名特商贸提供了更多的列级酒庄葡萄酒。

认识马格列的人都知道他是一个强硬的商人。出身于一个富裕的波尔多家庭，他无所畏惧，当然也不怕失败。他的父亲在他13岁时就把他从当地的学校接出来，然后把他送到比利牛斯山脉去学做木匠。他被迫穿着木屐，为了口粮和其他学徒打架。在那里，他结识了另一个男孩，也就是后来成为拉图酒堡堡主的弗朗西斯·皮诺。16岁时，马格列回到了波尔多，为他的叔叔——一位有魅力的酒商让·科尔迪耶当业务员。1964年，21岁的马格列在叔叔的支持下，买下了格瑞洛德公司，这是一个由拉弗尔酒堡的前堡主亨利·格瑞洛德创立的不知名公司。马格列不想让自己的公司冠着别人的姓，他希望给公司换一个听起来高级的名字，所以他选了一个虚构的名字——威廉·皮特斯。到1997年为止，他的公司的营业额已经达到了1.8亿美元。

马格列不停地聘用新员工，解雇老员工，公司的旋转门从不停歇，他以不遗余力追求卓越而声名远扬。当他卖掉烈酒公司转向葡萄酒业务时，目标是将当地的风土条件发挥到极致。在收获时节，他雇用超过100人来手工分拣每一粒葡萄。他派人到一家又一家的拍卖行，寻找宗教艺术品，来凸显他位于格拉夫区的教皇主题庄园——克莱蒙教皇酒堡的特色。

从内心深处来说，马格列并不是一个钟情于葡萄酒的人，他所关心的是市场。他亲自为自己的每一个品牌命名，而他最大的利润来源于其中三个品牌：玛丽莎葡萄酒、威廉·皮特斯波特酒和威廉彼尔威士忌。玛丽莎曾一度成为全世界第二大的波尔多品牌，年销售额高达 1200 万瓶。当豪华轿车产业进军中国时，他也顺势而动，约见大卫·亨德森等活跃在中国的西方人。马格列想在中国市场抢占先机并建立能为自己所掌控的销售网。

20 世纪 90 年代初期，在波尔多的国际葡萄酒及烈酒展览会上，马格列遇到了一个代表青岛市政府的中国商人，他提议一起建立一家合资企业。顺应中央政府对葡萄酒的推崇，青岛的官员们也决定利用起当地已有的基础设施。青岛市不仅有一家 1200 名员工的国有酒厂，更有葡萄园和农场。只要有资金和能力，这里就能发展葡萄酒酿造业。青岛市同意让马格列持股 75%，但他犹豫了：他希望自己对公司享有 100% 的所有权，就像他的威廉·皮特斯那样。然而，将 25% 的股份分给青岛市似乎只是一个小小的代价。如果他对中国足够了解，就会知道，即使是 25% 的股份，也足以让中方拿到掌控权。

他在 1995 年签署了合约，中方开始在黄海之滨的胶南修建一个城堡样式的塔。[31]“在中国修建的建筑很宏伟。”他回忆道。[32]那是一个相对较小的酒庄，只有几个不锈钢大桶和一条小的瓶装生产线。葡萄则可以从当地农民处收购，大多数是用于酿制白葡萄酒的意大利雷司令、霞多丽及酿制红葡萄酒的一种俄罗斯麝香葡萄。马格列不认为这些是最好的或者最适合当地条件的葡萄种类，所以他开辟出一块占地 20 英亩的试验田，种植了霞多丽、赛美蓉、意大利雷司令、赤霞珠和梅洛。[33]他打算在中国长期发展，所以在

1998 年，为了扩大产量，他种植了 74 英亩葡萄，1999 年又扩大了一倍，2000 年再次扩大了 99 英亩。他说："我的目标是生产出能在短时间内达到适饮期而且价格实惠的葡萄酒。"[34]

下一步就是发挥他的营销天赋了。他为这款中国葡萄酒定名为"友谊之塔"。"这是一款出色的酒，十分畅销。"他说，然后他让自己的销售团队将这种酒卖到了法国、德国和英国。[35] 在中国，1/30 的销售队伍被分派到青岛、北京和上海来推广这款新酒和即将进口到中国的马格列的波尔多和威士忌。

从表面上看来，他和当地的权力阶层关系稳固。为了表彰他对当地经济发展所做的贡献，胶南市市长和市委书记向他授予了本市"第十二经济顾问"的荣誉称号。[36] 但从一开始，他们彼此之间就存在着相当程度的不信任。在企业遇到困难之后，青岛政府很快便将自己手中的股份卖给了国有酒厂，而这家国有酒厂立马提出要用自己的会计人员。据马格列所知，这是首家外商占有 75% 股份的中外合资企业，所以公司经常被审计也并不奇怪。作为应对，马格列雇用了一家美国的会计公司来查账，以确保中方的会计人员没有中饱私囊。

无论是谁做的核算，利润都十分可观——不是一般的高。一天，中方召集了一次会议。中方代表首先祝贺马格列取得了如此大的成功，然后强调他只是租用了这些地。马格列无话可说。"这些葡萄植根在中国的土地上。"中方继续推进这个论点。

"我同意，甚至这些石头都属于中国。"马格列回应道。

"所以，你需要分享这些利润。"中方说道。[37]

马格列辩驳道，没有哪条法律规定他必须分出更多的利润。有趣的是，中方说，这是三个月前刚刚颁布的新规定。最后，马格列无可奈何地掏了钱。

他看出中方想让他出局。法方的员工不停地受到骚扰。工人持续性地罢工，似乎是受到了当地官员的支持——甚至可能是鼓励。无穷无尽的矛盾阻碍了生产。情况恶化到了不能维持的程度。2000 年 4 月，距他首次将波尔多的酿酒团队送到中国不到两年时间，他从公司抽走了自己的员工，2002 年，合资企业终于走到了尽头。“我们两手空空地走了，一切都留在了那里。”马格列说道。[38]

遇到这种情况的不仅仅是马格列，20 世纪 90 年代后期，意识到作为外方合伙人永远也不可能全权占有品牌，保乐力加也从龙徽撤出。[39]“就像其他的大公司一样，他们觉得受不了了，就关掉企业。”大卫 · 亨德森说道。[40]在王朝酒业，人头马也将自己的员工调出了天津，仅仅保留了出资合伙人的身份。[41]绝大多数早期的合资企业最后都变成了中国独资或者中方控股的公司。

然而，亨德森却偏向虎山行。在新世纪到来之时，他决定自己投入酿酒业。20 世纪 90 年代，他曾经在带着肯德尔－杰克逊庄园的杰斯 · 杰克逊选址酿酒时对宁夏的潜力进行考察。“当飞机降落在宁夏，我们在中国寻找种葡萄理想之地的旅程就结束了。”他说。[42]

当其他人对无边无际、荒无人烟的沙漠望而却步时，亨德森却看到了复制澳大利亚和加拿大的成功的潜力——种植法国品种的葡萄，生产国际品质的葡萄酒。在中央政府的支持下，在这片土地上种植葡萄可以免付租金。“这是一项规模巨大的再生工程——不仅是荒漠的再生，也是就业机会的再生。”亨德森说。[43]

亨德森说服一些农民种植赤霞珠，并让他们保持较大的种植间距。但这些农民觉得种植一种三年以后才能开始盈利的作物简直是难以理解。在亨德森离开以后，他们在赤霞珠的间隙种上了中国的鲜食葡萄品种——龙眼。“这些龙眼是如此强势，以至于毁掉了整个赤霞珠的园子。”亨德森说。[44]

与此同时，政府投资建立了酿酒设施，也就是后来的贺兰山。2000 年，亨德森利用这些设施生产了他第一年的西夏葡萄酒。这是一个不祥的开端。

“这很可怕。”亨德森说道。

使他的企业和宁夏获得成功的唯一途径就是在葡萄园和酿酒过程中引进品质标准。亨德森开始不懈地推动建立一个官方划定的葡萄园区，类似于法定产区，这样他就可以将产区名称用在葡萄酒的标签上，以向警惕的美国消费者保证酒的品质。而宁夏的官员们对于法定产区和品质毫无概念，所以他转向了自己在早年做进口葡萄酒生意时就联系紧密的北京的国有食品集团。[45]

同时，他把葡萄酒的名字改为了“龙潭”，于 2005 年上市了第一批酒。[46]

经过与华盛顿特区、中国农业部和北京的代表五年的电话沟通和会议，最终在 2008 年，亨德森成功了。他收到了中国代表团从华盛顿寄回的官方文件，同意让宁夏政府在贺兰山区建立正式的国家级标准的葡萄产区。“我们是贺兰山东麓产区的直接缔造者，”他回忆道，“我相信它是中国的第一个产区，这都有赖于北京和华盛顿的合作。”[47]

亨德森欣喜若狂，但他不禁注意到中国官员对此明显缺乏热情。“场面十分平静，”他说，“他们从未拍着胸脯说这真的很重要。”[48]

5

高林急切地盼望着女儿高源能回来协助自己打理葡萄园。他告诉她，葡萄藤种了七年，已经成熟到可以用来酿制好酒的程度了。但是高源却分身乏术，无法全职地集中精力于自己家的小葡萄园。蒂埃里一边在梅多克工作，一边照顾着他们年幼的女儿。而高源一边在新疆维吾尔自治区的葡萄酒厂担任顾问，一边在山东省工作来养家糊口。

2007 年 11 月，高源在桃乐丝中国合伙人阿尔博托·费尔南德斯的手下得到一份工作。这是一个隶属于西班牙葡萄酒公司桃乐丝和菲利普罗斯柴尔德男爵集团的经销商。它是许多著名的家族酒庄的经销代表，包括作品一号和泰亭哲。高源的职务是培训经理，负责向酒店和餐厅的职员们介绍桃乐丝经销的葡萄酒的相关知识。这是她学习营销和配额的绝佳机会。

她注意到桃乐丝经销的唯一产自中国的葡萄酒就是怡园，因而她觉得自己肯定能从怡园的历史中得到有益的教训。这座酒庄成立于 1997 年，正是高源和父亲离开俄罗斯的那年，创始人是香港企业家陈进强，其出产的葡萄酒被认为是中国葡萄酒产业的宠儿，是少数几种西方人喜爱的葡萄酒之一。怡园 2008 年的庄主珍藏葡萄酒——一款用木桶陈酿的波尔多混酿获得了极高的赞誉。怡园所代表的是与王朝截然相反的葡萄酒生产模式：只重视质量而非产量。

高源知道自己和父亲没有怡园所具备的关系和资产。陈进强的父亲 13 岁时就离开了位于福建省的老家去往印度尼西亚，因为他的父母无力养活他。他战胜贫困和疾病，获得了出乎意料的成功，他做生意发了财，建立起自己的家族。当一场军事政变激化了印度尼西亚的反华情绪，陈家回到了北京。像陈家这样的海外华侨被视为响应爱国主义号召来帮助发展新中国，受到了极大的欢迎。

1965 年，14 岁的陈进强还在北京上学，“文化大革命”即将揭开帷幕。陈进强 17 岁时被送到内蒙古的一个养羊场工作了四年，接着又去了呼和浩特的一家钢厂。陈进强结识了一位来自山西省的大学行政人员，他让陈进强有机会进入太原工学院学习，并最终获得了废水处理专业的学位。

毕业后，陈进强遇到了一个同样祖籍福建并在印度尼西亚发家的华侨家庭的女孩。他未来的岳父母同样响应了建设新中国的号召，虽然她的家族已经破败，但因为她的父亲是归国华侨的官方代表，所以她家仍然过着相对安逸的生活。虽然陈进强的家族没有这么幸运，但他在多次的自行车约会中成功地吸引了这个女孩。

“我的母亲说刚刚开始和父亲约会时十分浪漫，他们骑着自行车环游北京城，这里瞧瞧，那里看看，”陈芳说道，“而父亲的版本是这样的：我刚遇见你母亲的时候，她一天的零花钱就相当于我一个月的工资。所以我能做的只有邀她骑自行车。”

因为不愿意接受整个家族社会地位的不断下降，陈进强的父亲行使了他作为归国华侨的权利，为自己和家人申请出境签证。1975 年，他成功得到签证，陈家举家迁往香港。在那里，陈进强施展所学，成为一个商人，在父亲手下工作，在中国搜索能在印度尼西亚的“98”商贸里出售的商品。他从毛笔、锁头和功夫鞋上获得的 2% 的销售提成还不足以养家，[49] 然而，在 1984 年，他在一家南非的矿业公司谋得了一个中国代理人的职位，从矿产丰富的山西购买锰和煤等原料。他用所赚得的酬劳开设了自己的东方世纪矿业公司，买卖和加工焦炭、铁铬铝合金及其他矿物。他选择回到太原这座他读完大学并拥有人脉的城市。

像许多白手起家的人一样，陈进强很难得到真正的放松。每次他前往法国谈成一笔新的生意，他的法国同事们都邀请他去参加一个享受葡萄酒的漫长晚餐，而他只想尽快解决一切回到工作中。他最重要的合作伙伴之一——出身勃艮第的希尔万·詹威尔尤其喜爱葡萄酒，劝说他入乡随俗。随着这个法国人与他联手经营的企业让他发家致富，陈进强也开始慢慢地接受了法国的习惯。“与我的欧洲合作伙伴们相处得越多，我就越享受与他们一起品尝葡萄酒的过程。葡萄酒于我而言是一种很多中国人都会追求的美好生活的象征。”他解释道。[50]

东方世纪在1992年上市。两年后，陈进强以8000万美元的价格出售了自己的股份。一开始他打算用这笔意外之财在法国买一个酒堡，但后来他和詹威尔决定用这些钱将“美好生活”引入中国。

山西无疑是最佳选择。在东方世纪工作期间，陈进强和詹威尔花费了多年时间经营与当地政府之间的关系。酒庄的初期投资约为500万美元，他们聘用了一名法国酿酒师——有“赤霞珠之使”之称的德尼斯·鲍保来研究这个省份的土壤，他建议他们以55年的租期租下黄河流域一块占地247英亩的地。这块地干燥、肥沃，海拔2600英尺，属于温带大陆性气候。沙质土排水良好且土层深厚。葡萄藤可以扎根10、20、100乃至1000英尺之深来获取长出顶级果实所需的各种养分。四处查看时，陈进强和詹威尔发现农民们种了苹果、玉米和大枣。显然，这个区域适于种植作物，但他们仍不知道应该选择哪些葡萄品种。他们广泛撒网，在370英亩的土地上种植了来自法国的11个不同品种。

他们有了土地、气候和葡萄藤，唯一欠缺的就是一名酿酒师。2000年，他们雇用了一个名叫热拉尔·科林的波尔多人来监督第一年的酒的酿制。科林是一名年近六十的经验丰富的酿酒师，由于为埃德蒙·德·罗斯柴尔德振兴了梅多克区的克拉克酒堡而声名远扬。他几年前到了香港，为一名热爱葡萄酒而不在意附在每瓶酒上高昂关税的中国人工作。[51]科林的老板发现了一个漏洞：浓缩葡萄汁没有被征税。因而他雇用科林来用浓缩葡萄汁酿造佐餐酒。这对一个酿酒师来说不是一件值得光荣的事，但科林酿出的酒并不差。一切都取决于葡萄的品质。尽管好葡萄也可能被酿成糟糕的酒，但糟糕的葡萄是不可能变成好酒的。这是葡萄酒界永恒不变的定则。

在怡园酒庄，科林很快便意识到要酿出世界级品质的中国葡萄酒，最大的挑战就是获得成熟的葡萄。他收购了大约 500 家农户的大部分收成，而每个农户都只种植一小块土地。像怡园酒庄自身一样，这些农民都没有土地的所有权，土地是集体所有的，农民只是承租，这就意味着他们的收入尤其依赖于每一年收成的市场价值。科林劝农民放弃大枣和苹果，专心种植酿酒葡萄，并承诺以市价四倍的高价收购他们的葡萄。为了保证葡萄藤的质量，怡园向农民提供种苗和支撑杆，这些物资的费用在十年之内还清，从农民出售果实的所得中扣除。这种长期承诺很合陈进强的心意。他亲身体验过农民的艰辛工作，理解他们希望得到稳定的收入来养活家人的心情。

科林在实践中也逐渐加深了对这片土地的了解。他摒弃了那些品质不佳的地块，将葡萄园缩减到 173 英亩，集中力量种植六种葡萄——赤霞珠、品丽珠、梅洛、霞多丽、雷司令和白诗南。为了酿出好酒，他只需要说服农民降低产量。

多余的枝条必须被剪掉，这样一来，葡萄才能将养分集中到少量的果实上，使其成熟。每一位酿酒师都清楚这种方法才能酿出最好的酒。但农民早已习惯于按重量出售自己的果实，重量才是他们关注的唯一标准。对他们而言，果实产量越大，收入就越多。农民不会修剪多余的枝条，他们也不会等到季末才收获葡萄，因为他们害怕降雨和腐烂会毁掉自己的收成，尽管那时果实的甜度更高且达到了更好的酸甜平衡。如果科林找不到解决方案，怡园的酒窖就将被未成熟的赤霞珠的青椒味所笼罩。

6

高源同时也注意到怡园酒庄不仅仅是一个家族酒庄，更是一个父女联合的企业。到 2002 年为止，陈进强的女儿陈芳，一名个子娇小的 24 岁女孩，刚刚得到密歇根大学学士学位，已经开始掌管怡园酒庄。根据陈芳自己的说法，她对葡萄酒一无所知，但是她很高兴父亲建议自己成为酒庄的董事长。在他们的家族里，她的祖父甚至不允许妻子自己开车，而她的父亲却支持她学习心理学和女性学，不仅如此，现在父亲还表示信任她的管理能力。同样重要的是，陈芳是一个不怕吃苦的人。她还记得自己小时候用胶粘拿回印度尼西亚去卖的装饰品的时光。但她还是太年轻、太生涩，人们常常把她当作为酒庄领导开车的司机，或者以为她是老板的秘书。

陈芳接手怡园酒庄的那年正是怡园第一年所产的酒上市的 2001 年。第一年的酒并不成功。绝大多数中国顾客一看到产地是山西，脑中浮现的就是煤矿和污染，而不是掩映在一排排葡萄藤中的意大利式别墅。商标也很难看，外包装看起来就像是酱油瓶。50 万瓶的产量之中，怡园只卖出了 1 万瓶。公司又送出了 1 万瓶，以期获得好的公众影响，他们也重新设计了酒瓶和商标来展现一个更高档的形象。公司也邀请当地乡村的领导参加宴会，在宴会中以怡园所产的葡萄酒代替传统的白酒，希望他们能帮助怡园推动农业生产，种出更好的果实来酿酒。

当陈芳向当地官员展示她聪明成熟的长期商业计划时，却遭到了冷遇。她很快意识到要想酒庄成功，就要改变策略。[52]

陈芳没有放弃。他们创立家族经营的酒庄的目标就是生产出好酒。政府也许对长期发展不感兴趣，但这是她和父亲所在意的。怡园酒庄和国有酒庄的最大区别就在于怡园是私人所有的。他们或许需要维持关系，但不必应付政府的生产指标，只要他们仍在不停地提供就业机会并上缴税款——或者在税款看似偏低时所收取的额外罚款。[53]

随着一年又一年的新酒上市，陈芳的信心不断增强，对葡萄酒市场的了解也日益加深。怡园需要将客户群拓展到国有企业、富有企业家、政府官员以外，它需要找到一种途径来诱惑新兴的中国中产阶级开始饮用中国葡萄酒。拥有巨额广告预算的国有饮料企业主导了核心的经销网络，陈芳知道，即使自己倾家荡产也无力与之抗衡。所以她采取了一种更为私人的方式——开设了一些小巧精致的零售店和葡萄酒吧。她希望在怡园酒庄和客户之间建立一种联系和信任感。

刚开始的时候，陈芳注意到光顾的客人只是一些想尝试中国葡萄酒的外国人。她渐渐明白了中国顾客对于葡萄酒还太过陌生，他们害怕表现出自己对葡萄酒的无知。她重新在店铺中划出一个单独的、私密的休息区，在那里客人们可以学到更多的葡萄酒知识并点单。她自信的外国客户一瓶一瓶地买酒，而她新的中国客户们通常一次就买上好几箱。

2005年，波尔多的一个电话挖走了热拉尔·科林。罗斯柴尔德男爵拉菲集团的董事长克里斯多夫·赛林告诉他，自己想在中国建一个酒庄，问他是否有兴趣。在怡园待了五年之后，科林准备开始自己新的旅程。科林的继任者名叫肯·莫其森，是一个高大健壮的澳大利亚人，他马上面临着采购成熟葡萄的难题——不是那些青涩或腐烂的果实。收获季的一天里，他到达了当地的一个葡萄园，打算查看葡萄的成熟度，却发现每一条藤都空空如也。他与这些农民签订了合约，但他们还是在前一夜采摘下这些葡萄，卖给了别人。[54]

这时，怡园正在以西方的标准生产大量葡萄酒，但产量与中国的人口相比仍是微不足道。当地的官员和村民开始抱怨陈家正在“退缩”。为什么他们不买更多葡萄，酿更多酒呢？为什么怡园不像国有酒庄那样在更多的葡萄藤长成之前进口葡萄酒呢？

虽然陈芳多次访问波尔多，但她从未打算进口葡萄酒来混入自家的酒中。她去波尔多是为了磨炼自己的味觉，观察波尔多人如何经商。她的顾客们可以直接简单地买列级酒庄的酒，而价格和品牌是他们最看重的东西——再加上一点点自主权。直到中国人培养出了对葡萄酒的味觉并开始理解葡萄的品种和年份的差异之前，他们都不能独立地依赖单纯的品尝来挑选葡萄酒。所品尝过的每一种葡萄酒都帮助她理解了自己的酒所要面临的评价标准和真正重要的评判人——西方人。

7

高家既没有十亿元的资金，也没有政治关系。这一点，高源十分清楚。他们不能只是单纯地复制陈进强父女的成功之路。即便如此，高源和陈芳的轨迹还是如命中注定般地相交了。中国境内由家族经营的酒庄实在是凤毛麟角。

2008 年 1 月，离高源入职桃乐丝中国尚不到一年，阿尔博托・费尔南德斯就将她调入了一个特别企划团队。桃乐丝即将与怡园酒庄合作生产一款名叫“协奏曲”的白葡萄酒，为此，肯・莫其森和桃乐丝的酿酒师们在位于山西的怡园酒庄举行了一次会面。这是一个近距离考察怡园的运作的机会，高源当然不会放过。

但是高源的这次考察还有别的私人原因。到怡园时，她随身带了一瓶酒。这是一瓶没有包装过的酒——没有商标，没有瓶盖，只有一个软木塞。这是她和家人第一年酿出的酒，她解释说。他们有一个小园子——仅仅占地两英亩多一点，这只是一个开端。费尔南德斯不知应该做何感想。他对高源家里在种植酿酒葡萄一事十分吃惊，但他还是兴致勃勃地打开了瓶塞进行品尝。

“我们都印象深刻。”费尔南德斯后来回忆道。这一次，高源在这些西班牙人的面前展现出了潜在的惊人才华。“她不适合干营销——我们听说她当培训经理时让人们在她的课上保持安静——但她绝对能成为一个出色的酿酒师。”[55]

4 月，费尔南德斯飞往银川考察高家的葡萄园。高源说她家的酒庄很小，此言非虚。园子就坐落在一条河边，一排危房，一小块地绵延伸向贺兰山东麓，沙质的土里混着页岩的颗粒。她的妹妹是酒庄的会计，父亲照顾葡萄藤，母亲在高源外出时帮忙照看实验室的工作。小马和畜群不时地出没在被围栏圈起来的葡萄园里，它们是高林为偶尔来访的法国外孙女准备的礼物。这个酒庄实在太小，但费尔南德斯被高林对品质的热情所打动。桃乐丝的指导精神正是打造品质卓越的家族酒庄，这也是他们与怡园酒庄合作的原因所在。他决定同时支持高家。

回到上海，费尔南德斯与他的营销团队开始设计葡萄酒的名字、商标和包装。“我们一点一滴地创造了它。”他说。2008 年 10 月，高源从桃乐丝离职。2009 年 4 月，桃乐丝推出了两款出自银色高地的葡萄酒——一款是出自贺兰山酒庄的顶级葡萄酒，另一款则出自高家的小酒庄——每一款各 2000 瓶。费尔南德斯仔细地计算着五星级酒店的配额。“如此少量，但如此出色。”他说。[56] 这是中国的第一款“车库酒”，简直是一鸣惊人。[57]

那一年的晚些时候，高源又为费尔南德斯带来了另一个样品。“这是一款新酒”，她说，“100% 由一块特别的地所产的赤霞珠酿成。”费尔南德斯完全被这款酒的品质所折服。桃乐丝的总经理建议高源用大桶贮藏这些酒，让其进行陈酿。

两年后，一个没有标签的大瓶被送到了桃乐丝的上海办公室。

这是高源送来的酒。她提醒他，这就是那批赤霞珠酿成的酒，已经在新的法国橡木桶中陈酿过。就凭着这一桶酒，桃乐丝团队被彻底征服。

“这真的是我所尝过的最好的中国葡萄酒。”费尔南德斯说。他知道这有限的150大瓶的产量一定会供应紧张，但他并不失望。

高家即将与怡园酒庄一起，用优质的葡萄酒将中国带入一个全新的开端。

第四章　幸运红

1

罗斯柴尔德拉菲酒堡在中国精英阶层的眼中已经成为财富、地位和世故的象征。一箱又一箱的酒被作为还人情的礼物，炒期货的投资一次又一次地出售，一瓶又一瓶的酒成为宴会用酒，而很少有人在家中享用。中国深爱着拉菲，但这只是一种痴情——鲁莽的、难以预知的、毫无理由的。

酒商集团的所有者兼领导者克里斯多夫·雷布尔·萨尔兹对中国商人为何会对高级葡萄酒贸易感兴趣一事不抱任何幻想。在他看来，中国新兴的富人阶级或许会梦想着西方的葡萄酒，但那只是象征意义上的，中国商人们是务实的。他们亲眼见证了波尔多一级酒庄的酒升值之快，尽管当时正值莱曼兄弟破产，金融危机又随之而来。酒堡们公布2009年产酒的定价在每瓶90~110欧元之间，而包括雷布尔·萨尔兹在内的酒商以每瓶130欧元的价格进行了转手。几个月后，每瓶酒的单价上升到了230~290欧元。“这简直太疯狂了。”他摇着头说道，“我们买入2008年产的拉菲的价格是每箱13500欧元。他们越来越饥渴，不停地变本加厉。”[1]

但“波尔多广场”衡量自身健康程度的标准是普通波尔多葡萄酒的价格而非列级庄园所产的酒的价格。当地的报纸每个星期二都会公布由一个创始于中世纪的测量机构“酒桶”所报出的基于900升或1200瓶酒的即时均价。[2]金融危机以前，每桶酒的价格是959欧元，但许多小的酒农担心这个价格没办法维持。

波尔多的7000多个酒农，及几百个规模较小的酒庄都徘徊在破产的边缘，小的酒农为了卖出他们的酒而苦苦挣扎着。波尔多人大多将此时的困境归咎于20世纪90年代的过量种植，但全世界的葡萄酒消费总量在过去的20年里一直稳定地增长，所以这并不是简单的过量生产的问题。残酷的事实是，法国葡萄酒的市场份额正在被来自西班牙、意大利和新世界的对手侵蚀。这些地区的酒农们生产出了惹人喜爱而果味馥郁的葡萄酒，并为它们设计了令人愉悦的商标，成功地吸引了女性顾客，她们与朋友分享这些酒，也将其作为周日晚餐的佐餐酒。美国和英国的顾客群有了翻天覆地的变化。

而波尔多的推广机制还继续锁定在不到200家酒堡上，其中的大多数都将客户定位在收藏者而非浏览超市葡萄酒货架的普通民众。而一些本来可以发展起来与入门级和中等排名的酒庄竞争的规模较小的酒农，只能凭借一已之力来营销自家出产的葡萄酒，他们对此表示愤怒。他们自己修枝，自己洒农药。他们也不会任何外语。他们没有高端的拥趸和品酒室。实际上，他们中的许多人甚至没有自己进行装瓶。他们将自家产的酒成桶地卖给酒商，由其调制成品牌酒，完全处于酒商的股掌之中。葡萄酒供过于求，所以大多数的品牌酒都价格低廉，但这在中国市场行不通，因为这是唯一一个看重波尔多的名声多于葡萄酒本身的市场。

许多酒商都像圣皮尔一样担心波尔多在中国的前景，但他们很少在公开场合承认这一点。在公开声明中，市场总是一片大好。在2009年9月的新闻发布会上，波尔多葡萄酒行业协会的发言人劳伦特·加彭尼宣布普通波尔多的均价维持在每桶950欧元，比危机前959欧元的价格略有下降。[3] 加彭尼是一个小酒农，同时也是一个酒商，担负着在许多酒农面临绝境的情况下向外界展示信心的任务。事实上，大量普通波尔多葡萄酒的售价仅为每桶650欧元，这个售价大约只相当于小酒农维持酒庄支出的一半。[4]

廉价酒的过剩很快便吸引了精明至极的商人们。

2

香港美酒佳肴巡礼及其波尔多的始祖是向顾客推广葡萄酒的途径，但波尔多的酒农们最重大的盛事就是一年一度的桶边试饮。这项历时一周的活动在每年春天由各个酒堡的联合会——波尔多特级酒庄联盟主办。特级酒庄联盟的133个成员中有许多都是列级庄园，每一家都备受瞩目。

在这一周，特级酒庄联盟指定八个酒堡为进口商、零售商、品酒师、记者及其他葡萄酒贸易行业相关人员举办试饮。这一周的每一天都充斥着用来讨好重要人物的午宴、晚宴和聚会。只有最大的庄园才能容纳得下这种规模的人群。林立的帐篷打破了恬静的田园风光，密集的车辆挤满了狭窄的田间小径。许多小的酒农也受邀参加盛会，许多庄园都意识到自己难以眼睁睁地看着波尔多的年度最佳在身边加冕而坐视不理。在过去的十年中，一些这样的酒堡也联合起来举办试饮。每年总计有超过 6000 的专业人士到访波尔多来品尝当年所产的酒。从一个酒堡到另一个酒堡，一座帐篷到另一座帐篷，访客在一天里就能品尝到 200 种葡萄酒。而像拉菲或玛歌这样的一级酒庄所举办的试饮则门槛更高，需要通过预约才能参加。但即使对访客进行了仔细审核，一级酒庄们还是要在试饮期间接待多达 1800 人。[5]

在浮华的包装之下，桶边试饮本身也是酿酒过程的一个天然组成部分。到了冬季，人们把秋季收获的果实混合在一起，倒入桶中，酿制 18 个月。试饮期间的每天早晨，酒窖负责人都会从酒桶中倒出调制好的葡萄酒的新鲜样品，尽管此时离这些酒的适饮期还为时尚早。橡木的单宁吸干了齿龈，葡萄酒的颜色染上了牙齿和嘴唇，到一天结束的时候，每个人都像扮着一个吓人的深紫色鬼脸。想象一桶样酒怎样经过陈酿变成一瓶评级在 90 分以上的酒，所依赖的是经验。虽然酿酒人否认他们为试饮调制了特别的酒，但毋庸置疑，他们拿出了最好的酒。没有人不会穿上自己最好的裙子去参加舞会。

2010 年 3 月，当访客收到了 2009 年产酒的预览，波尔多人不禁为中国访客的数量而心花怒放。那些足够精明地买入了 2008 年产酒的人正在享受滚滚利润的消息，似乎已经在香港和内地传开。葡萄酒的价格正在以每月 10% 的幅度稳步上升。投资正在得到回报。永隆银行可以提供 500 万港币（约合 65 万美元）的贷款用以购买高级葡萄酒，贷款最高可以用于支付购入价的 50%。[6] 如果贷款人无力偿还，银行就接手这些葡萄酒。这看起来简直是稳赚的买卖。

然而，几乎没有人认为中国商人会以期酒的形式买入新出产的酒。中国人似乎在投资上尤为谨慎，而期酒的游戏对除了酒堡以外的每一个人来说都充满了风险。这也是波尔多与生俱来的魅力中的一部分。所谓期酒，从法律意义上来说，只是从酒商到酒堡在支付全价并接收葡萄酒之前的一笔借款。如果酒商在下订单到接收酒两个环节之间破产了，提前支付给它款项的顾客就倒了霉。酒堡仍拥有酒的所有权，并且没有义务将葡萄酒派送给酒商的客户。中国人绝不会为他们尚未拥有，甚至在 18 个月的时间里不能亲眼所见的东西掏钱。18 个月的时间里可以发生太多的事情，尤其是在中国。但现在看来，酒商们此前严重低估了中国对波尔多的需求。

鉴于绝大多数酒商家族的跨国起源，波尔多对迎接中国访客具有充分的条件。“波尔多广场”上绝不存在排外主义。一些酒商家族虽然早已定居波尔多，却仍世世代代手持祖国的护照，还有一些是其祖国的领事。波尔多人很快便适应了中国文化。酒堡的经理和酒商学会了用汉语普通话问好。菜单针对中国口味进行了改良，筷子也被运用了起来。日历上标出了中国的农历新年和中秋节，以确保葡萄酒及时运往中国以满足节日期间的消费。很快，大家都对在公共场合吐痰、打嗝、放屁这些在中国习以为常但与法国礼仪不相符合的行为见怪不怪了。

但中国还是为“波尔多广场”提供了不同寻常的挑战。中国人不能理解为什么他们不能直接与酒堡谈生意，酒商与中介只是短期的不便。大多数情况下，酒商做生意的对象都是市值超过整个“波尔多广场”总和的公司。一个中等规模的酒商每年的收入达到4000万至6500万美元就算不错了，只有极少的几家公司的销售额能超过1亿美元，但绝大多数酒商的销售额很少达到2500万美元。不仅如此，中国人都是在过去的15年到20年的时间里发家的，因而他们对于数百年的家族历史的关心只出于两个原因：像拉菲这样的古老品牌的价值，以及建立法国版的“关系”的可能性。即便如此，历史还是没什么吸引力。在中国，重要的不是过去，也不是未来，而是现在，你当下的机会。中国的买家都有一个共同的目标：尽可能多地买入葡萄酒，这样他们就能垄断品牌并在中国卖出更高的价格。他们想要快速且有保障的利润，一条万全的财路。

当然，波尔多人同时也不得不克服巨大的并且潜藏危险的语言障碍。酒商们通常都精通多国语言，但很少有人会普通话，会粤语的更少。对翻译人员的需求迫在眉睫。几乎是眨眼之间，数百的中国移民就来到了波尔多，其中的大多数都手持学生签证，声称是法国学校的在校生，他们中的一些人对波尔多并不熟悉。然而，他们几乎全部都在酒堡或酒商公司谋求职位。许多是已经在中国的大学获得高级学历的二十出头的女性，尽管很少人看起来勤奋好学。总体而言，这些女性摒弃了古板的当地风格——爱马仕围巾加上便于驾驶的莫卡辛鞋——偏爱迷你裙搭配六英寸的细高跟鞋。这种配备在当地人眼中简直是可笑的选择，尤其是当翻译人员需要陪同老板巡视地势崎岖的葡萄园时。但酒商们曾在去中国出差招揽新客户的时候看到一些商人带着这样打扮的女助手。这是他们的惯例。确实，一些中国商业大亨去波尔多时身边带着一些年轻女子，其中至少有一位被普遍视为这位男士的情人。法国人对此很理解。

酒商们不得不暗自猜想他们可能误判了这些迷你裙大军。酒商用法语说了一分钟的话，翻译人员却要用五分钟的时间来用汉语向客户们进行阐述。这看起来不可能是直译。越来越多的翻译人员开始扮演起中国买家的守门员角色，并提出销售提成的要求，而且常常是从买卖双方同时获取。这种通常被认为是与中国的经理们分享的提成渐渐变成了惯例——这是对酒商们利润的又一打击。但对中国商人腐败的刻板印象是如此强烈，以至于没有波尔多人对此提出异议。这只是在这个不断成长的新市场做生意的代价。可观的销售额能弥补一切。

3

由于中国的主要酒类消费由白酒变成葡萄酒，各地政府以唯一在中国可能的方式进行了动员。1996年的全国人民代表大会通过了中国的第九个五年计划，号召快速发展国内酿酒葡萄种植业。[7]随后出现了像高林在宁夏所经营的葡萄园那样的新园。因为在国有企业和地方政府，工资和仕途都是由年产量决定的，酒庄的经理们需要葡萄酒，而且是迫切地需要。为了达成指标，中国的工业化酒庄，包括王朝、张裕和长城，都进口智利和澳大利亚出产的散装酒，装瓶后作为国产酒进行销售。然而，随着中国家庭收入的提高，他们不再满足于品质不够上乘的葡萄酒。用大约一瓶长城的顶级葡萄酒的价格，他们也可以买到从法国进口的葡萄酒。如果他们愿意再多花一点钱，也能买到一瓶波尔多，甚至可能出自列级酒庄。为了不再眼睁睁地看着利润被外国公司抽走，一些国有酒庄也决定打入波尔多。那就是王朝酒业的总经理和葡萄酒买手路明在2010年春天参加波尔多的桶边试饮的原因。

路明前一年为王朝酒业在波尔多下了第一笔订单——出自法国最大的葡萄酒生产商之一法国联合酒窖酒业六个集装箱的廉价酒——而现在他打算将业务拓展到列级酒庄。[8]这意味着他不得不与酒商们搞好关系，至少是暂时性的。他很快发觉赚得最多的人买入的是第一批期酒。分批发布制度是“波尔多广场”的另一个特殊制度。每年春天，在一年一度的桶边试饮之后不久，一级酒庄就以一个设定好的价格发布少量的一批酒。新闻报刊会公布这一价格，酒堡就用其试水。需求量究竟有多大？随着销售战的打响，酒堡又会以一个稍高的价格放出另一批酒，这叫作第二批期酒。有时需求量非常大，第三批期酒就会以更高的价格被放出。

第一批期酒奠定了价格的底线，酒堡给出的价格绝不会低于此。所以，买到第一批期酒的酒商和顾客可以得到最大的利润。

当中国人于2009年9月开始买入2008年产酒时，他们买的都是第二批或者第三批期酒。与其他商人一样，路明参加桶边试饮的目的也是为了拿下第一批期酒。他有信心买到自己想要的酒。他手握现金，怎么可能失手呢?

不巧的是，路明遇到了另一个来自中国的强大对手：福建省的厦门建发集团股份有限公司。建发集团是在20世纪90年代基于来自东南亚的资金创立的公司，它的供应链和房地产业务的市值高达1150亿美元，是全中国第127大的公司，同时是福建省的头号公司。[9]厦门市成为经济特区以后发展迅猛，在大约15个省会城市和经济强市中获得了一席之地，成了中国新兴的“二线”城市。[10]像大多数中国的大公司一样，它也是国有的。

建发酒业的总经理是杨文华。他虽年过四十，但身材健壮、保养得当，凭借着出色的英语，杨文华在酒水行业开辟了自己的天地。他在学校学习的专业是化学，但后来在进出口行业找到了工作。当建发集团在1998年分出建发酒业时，他得到了总经理的职位。[11]一开始，他主要经销白酒和啤酒，但随着葡萄酒在中国逐渐打开市场，他与法国最大的葡萄酒公司卡斯特集团达成了经销协议。这笔生意在2006年最终敲定。[12]建发酒业开始销售卡斯特的产品之后，杨文华亲眼见证了自己的利润和在厦门的事业的腾飞。

一年后，杨文华会见了一位波尔多贵族家族的继承人，柏菲露丝酒堡[13]的所有人弗雷德里克·德·露丝男爵。他同时也是酒商家族的第六代传人，与波尔多的其他每一个古老的葡萄酒家族都有着或多或少的关系。杨文华向德·露丝询问他是否有兴趣帮助建发酒业与备受推崇的波尔多酒堡进行互惠互利的合作。杨文华提到了建发酒业与卡斯特集团合作的经历，他可以向德·露丝的朋友和伙伴们提供可靠的经销代理。

从一开始，德·露丝就意识到与如此强有力的买家合作是一件棘手的事。建发集团是一家国有企业，它通过在其市场中控制经销网络和销售价格积累财富。没有例外，杨文华坦白地说，他不希望有另一家经销商与建发酒业竞争。他允诺购买大量的葡萄酒，但交换条件是独家经销权。在“波尔多广场”，独家经销权从理论上讲是极具吸引力的，但实际操作却几乎并不可能。波尔多的葡萄酒是作为商品出售的。同一种酒会被数十家甚至更多的酒商出售，而各家酒商又将其转卖给更多的客户。没有人能保证卖给布里斯托酒商的酒最后不会出现在成都的商店里。

杨文华提出的条件难以实现，但德·露丝是一个足智多谋又极富创造力的人。他对于在中国做生意并不陌生，他的酒商公司特等酒庄已经在中国进行了多年的销售。他知道他的中国买家真正想要的是什么：一个波尔多品牌的独家经销权。接着，他接洽了几家列级酒庄，询问它们是否有意让建发酒业用一个在中国独家使用的名字经销一种葡萄酒。商标由酒堡和建发酒业共同所有。因为中国顾客对拉菲和玛歌以外的葡萄酒名称所知甚少，所以新的葡萄酒并不会在市场中处于劣势。虽然不常见，但列级酒庄为一个长期订购大量葡萄酒的特殊客户开辟一个副牌也并非闻所未闻。

这对于建发酒业来说是一个巧妙又理想的解决方案。杨文华可以完全控制这种酒的售价。不像在法国或美国，中国顾客难以在全国范围内比较一种葡萄酒的价格。很少有人意识到他们可以查询一种酒在中国以外的售价，或者说这样做是有好处的，除非他们买这种酒只是为了投资。杨文华的顾客不是投机商，而是中国新兴的中产阶级。

酒堡方面称只要杨文华每年购入大量的期酒，他们就同意德·露丝的条件。杨文华爽快地答应了。他需要每一种酒尽可能多一些，他每年要销售数百万瓶的酒类饮料。波尔多列级酒庄的葡萄酒或许价格昂贵，但量却小得可怜。很快，一些包括克里斯多夫·雷布尔·萨尔兹在内的其他酒商就为中国顾客提出了额外的“专享商标”。这一年的晚些时候，杨文华可以宣告，建发酒业已经成为 13 个列级酒庄在中国的独家经销商。[14] 当然，其中并没有一级酒庄，但当这些被选中的酒庄正在为它们的特殊地位而兴高采烈的时候，它们的邻居正暗暗地嫉妒到发狂。

中国是这颗行星上最炙手可热的市场。如果你没有打入中国市场，你就什么都不是。被建发酒业挑中的酒堡就说明了这一点。

4

并不是每一个出席桶边试饮的中国买手都为国有集团工作，

也有许多独立的商人到这里来寻找商机，有地毯商、服装商，也有电子产品商和猪肉商。有一些已经在房地产业和旅游业进行了投资，葡萄酒只是另一种生财之道而已。

像厦门建发和王朝酒业这些公司，已经具备了在中国经销葡萄酒的经验，有时还有法国的合伙人，例如人头马。但参加桶边试饮的中国买手有如此之多，他们中的许多人在中国内地以外毫无知名度，他们也没有吹嘘的资本。绝大多数情况下，他们在中国的经营状况难以验证。买手来自酒商们从未听闻的城市，他们也与之毫无联系。中国的公司常常没有官方网站，一些只有全中文的网站，而那些有官方网站的，网站页面上却对葡萄酒只字不提。

在出席试饮的私人的中国买手中，有一对金氏夫妇。[15] 金氏夫妇 40 多岁，来自温州，一个浙江省的“三线”城市。他们解释自己的第一个 100 万是通过进口欧洲汽车业的皮革废料赚来的。这些皮革被磨成粉运往中国，然后再造成人造皮革来制作皮鞋、皮衣和皮包。这种人造皮革有一种特殊的塑料感的表层，但做出的鞋因耐穿而销路大好。他们到巴黎来谈皮革生意，在餐厅时被侍酒师劝说品尝了一瓶波尔多。它在各方面都令人心醉，并且也为他们提供了一个令人兴奋的全新机遇。

金氏与很多国有和私营企业都做过生意，过去的几年中，他们的关系网中一直有人向他们打听如何涉足葡萄酒进口业。政府官员和企业家们一周要例行地出席 18 个左右的宴会，而葡萄酒是官方指定的用于庆祝合作成功的饮品。很快金氏夫妇便意识到他们应该买入葡萄酒，并将其卖给这些人。

他们从巴黎乘高铁来到利布尔讷，靠近传奇的圣埃米利翁酒庄，在桶边试饮会上开启他们的葡萄酒进口事业。他们一下火车就受到了当地酒堡的主人和他的中国实习生——一个迷你裙军团成员的欢迎。酿酒商预料到今年可能会有不少中国买手来参加试饮，他决定不依赖于酒商的介绍。第一步就是向金氏夫妇献殷勤，打动他们。

当他陪同他们来到自己庄园中建于18世纪的城堡入口处时，金氏夫妇已经难掩激动之情。四座曾属于亨利四世的中世纪高塔绝对令人印象深刻。接着，伴随着酿酒商对庄园历史和风土的介绍，他们游览了花园和葡萄园。他们早已脱离温州的血汗工厂，进入了一个新世界。

金氏夫妇开始向中国实习生表达他们的意愿。而当圣埃米利翁的酿酒商听到实习生的翻译时，他知道了这个不好的消息：金氏希望得到独家经销权。他也曾从其他中国商人的口中听到过这样的话，而他知道这实在是自己难以允诺的条件。对金氏是否能锁定他的酒在中国的经销，他也不甚关心。金氏不过是小商人，而他需要市场中的其他顾客。他们来来回回地讨价还价，最后，金氏订下了300箱较早的、已经准备运出的酒，总共3600瓶。他们告诉他，这是一个小订单，只是用来测试一下市场。这位酿酒商笑了。一位他最老的、关系最为亲密的美国客户每年的订单一般也只有50箱而已。为此他兴奋不已。

为了答谢这两位新的重要客户，这位酿酒商为金氏夫妇争取了这周最令人垂涎的邀请函：滴金酒堡于星期三傍晚在波尔多歌剧院，即大剧院举办的聚会入场券。顶级聚会的入场券都是供不应求，而滴金酒堡的受邀名单上只有 350 个席位。

滴金酒堡正在为它的苏岱举行庆祝，这是一种常常用于鹅肝酱和甜点的佐餐的甜白葡萄酒。在 1855 年分级中，滴金酒堡是唯一一家获得了至高无上的“超一级酒庄”荣誉的酒堡。这种葡萄酒的产区位于波尔多东南的苏岱地区，沿着加伦河的河谷延伸，每年秋季（如果有薄雾笼罩的天气条件）贵腐菌就会赋予白苏维浓和赛美蓉葡萄一种甜蜜而复杂的精华。据说沙皇亚历山大二世的兄弟康斯坦丁・尼古拉耶维奇大公曾在 1859 年参观了这座庄园，他付了两万金法郎来买入一桶 1847 年产酒。[16] 与之相比，玛歌酒堡 1847 年产酒当时的售价是每桶 2100 法郎。[17] 生产苏岱的工艺复杂而代价高昂，它要求在葡萄达到理想的腐烂度时进行手工分拣。一整园的葡萄才能酿出一杯酒。

法国的亿万富翁及奢侈品公司路易・威登—酩悦・轩尼诗集团总裁贝纳德・阿诺特在历经家族斗争之后，获得了滴金酒堡的多数股权，但波尔多的每个人都会将这个现代酒庄与另一个人联系在一起，他就是滴金酒堡的总经理皮埃尔・卢顿。卢顿在两海之间产区拥有自己的酒堡，他自己也出身于葡萄酒世家，是自己家族葡萄酒王朝的继承人。他也是波尔多最受欢迎的男士之一，因为其葡萄酒的品质和本人温文尔雅的风度而受人推崇。当金氏夫妇在大剧院 18 世纪的大理石大堂拿出他们的邀请函时，他们激动不已。他们身边的每个人都坚信 2009 年产酒绝对会成为一个传奇，像 2005 年产酒那样好或者更甚。他们来到沙龙时，气氛十分愉悦。吊灯的光线照亮了房间里镀金的画框，镜子映照着壁画，人们品尝着由米其林三星主厨特制的餐前小食。他们被波尔多最重要的酒商们所环绕，享用着世界上最珍贵的葡萄酒之一。

金氏夫妇一边啜饮着美味的甜酒，一边考虑着自己事业的前景。享用美味，享受这些体验的同时，他们也很务实：他们决定放弃滴金酒堡的配额。毫无疑问，滴金酒堡久负盛名，但他们认为自己还驾驭不了这桩生意。

中国人并不认为白葡萄酒像红葡萄酒那样有益健康。金氏夫妇的客户不在上海或北京，尚且不具备成熟的品位。他们想要熟悉的品牌——拉菲的名声，或者点缀在每一瓶罗斯柴尔德拉菲葡萄酒上的五箭标志。事实上，他们或许更适合销售拉菲传说，拉菲集团的一款品牌酒——一款大量生产的以各家酒农的葡萄和葡萄汁进行酿造和调制的酒。拉菲传说没有拉菲一级酒庄的血统，更无法与滴金酒堡独一无二、至高无上的盛名相提并论，但它印着中国顾客所熟悉的五箭标志。

5

试饮和聚会的忙碌日程仍在飞速地进行着，随着评论家们开始公布他们对各种酒的评分，气氛日益紧张。许多酒得到了奇迹般的 100 分，大家都只能长叹一声。价格能涨到什么地步？伦敦的酒商们以史上最贵的2005年产酒为基准对价格进行游说。他们争辩道，因为英镑疲软，即使维持原价，葡萄酒的价格也已经上涨了25%。但波尔多没有人相信这些酒真的被卖到了伦敦。真正有关系的货币只有港币和人民币。

离热火朝天的桶边试饮90分钟的车程以外就是另一个世界，被中世纪的城墙包围起来的小城索韦泰尔德吉安，这里有1800人，地处阿基坦大区。始建于13世纪的索韦泰尔德吉安在百年战争中曾经经历了十次易主，不过它的战略重要性自那以后已经大大减小。这座城位于一个名叫“两海之间”的三角形区域，介于加伦河以北、多尔多涅河以南；其间是石灰岩峡谷，片片针叶林点缀在小山间，还有一亩亩出产廉价葡萄酒的葡萄园，这些葡萄园从未吸引过让波尔多声名远扬的投机商们。这座宁静的小城里，商店一到黄昏便打烊了，有时更早。恢宏而破旧的庄园早已空置多年，无人问津。

离城中心不远矗立着一片20世纪晚期和21世纪修建的预制建筑，全部属于拉古杰酒商集团。拉古杰的所有人是这个地区土生土长的马丁家族，他们既是酒农又是酒商。直到最近，他们才开始生产梅子。然而不幸的是，他们的梅子厂也倒闭了。而这个家族办公室的外边仍然挂着拉古杰德吉安梅子的招牌，大家都懒得去换掉它。这就是索韦泰尔德吉安的状况。

马丁家族经营葡萄酒非常精打细算。每一个星期，有时每一天，拉古杰家族的父亲，即拉古杰集团的创始人米歇尔·马丁，都会核对支出和收入。他身材矮小，穿着简单耐脏的衣服，整天坐在玻璃墙的办公室里，一边对账，一边监视他的员工们。米歇尔的儿子伊曼纽尔负责公司的日常运作。不同于他的父亲，伊曼纽尔衣着体面，非常低调。他自豪于自己将每一个酒窖、仓库和生产的程序都安排得井井有条，并做到了开源节流。

拉古杰的大桶中时时盛放着相当于380万瓶容量的葡萄酒。伊曼纽尔的一个酒窖中盛放着完全由他们自家庄园的葡萄酿制而成的酒，另一个酒窖中则放着他们从各处收购的散装酒。庄园酒产自索韦泰尔德吉安郊区的近1000英亩葡萄，年产量约为300万瓶。而用于调制品牌酒的散装酒，部分是通过那些喜欢现付款的波尔多中介购买的，但绝大多数的酒来自西班牙。西班牙葡萄酒的市场需求量不大，所以西班牙的酒农们以低价出售他们的酒。调入很少比例的法国酒，这些酒就成了欧洲酒，马丁家族可以用比他们从西班牙收购这些酒的价格高出很多的价位进行销售。这是在一个严酷的市场形势下的生存之道。

但最重要的是，品牌部门拖了拉古杰的后腿。他们不是用法国和西班牙出产的酒调制的酒取好一两个商品名，而是让他们的客户自行命名。一队中国实习生被安排到两层的商标室里，在一排排货架之间进行葡萄酒商标的设计。买家们拨弄着贴好的商标并买下他们最看好的一个。如果现有的商标都不能满足他们，他们也可以自由地添加一些新的元素来创造一个全新的商标。广受欢迎的是城堡的图像和与著名酒庄雷同的名字。在两种情况下，交易中都包含商标。顾客选好酒、商标、软木塞和瓶盖之后，葡萄酒经过三周被运抵中国。为了建立一个独家的葡萄酒品牌，马丁家族设立了一站式商店。他们的理财观中最重要的一点，就是拉古杰的大门永远为有钱人大开。

从客户的角度来看，马丁家族提供了一个公平的竞争环境。中国买家中像建发酒业的杨文华和王朝酒业的路明那样财大气粗的并不多，但许多精明的新兴酒商都在寻求独家经销权。[18] 对每个人来说，列级酒庄的数量远远不够，更不用说拉菲，但大胆的买家能找到看起来极为像它的替代品。

6

大多数追捧着 2009 年产酒的中国人并不喜欢他们从桶中所品尝到的东西，而年份的优劣在中国市场显得毫不重要。虽然金氏夫妇十分确定，但大家都在猜测什么样的葡萄酒会适合搭配中国各地的特色菜肴。葡萄酒专家们极力推荐葡萄酒和食物的搭配方案，然而，重塑十亿中国人的口味所需要的是多年的漫长过程。

一些足智多谋的企业家试着快速启动这一进程。苗条、时尚，戴着平光黑框眼镜的马林在新兴的中国葡萄酒界为自己找到了一块立足之地，她的第一步就是在北京开办了波尔多侍酒师学校的分部——戛法培训。她在北京举办了会议，联合了梅多克葡萄酒委员会，这是一个举办培训班、试饮会，结识酿酒商的协会。她在全中国的二线和三线城市——天津、温州、武汉、郑州开班。然而，侍酒师的需求量仍然很少，所以她又拓展业务，为进口商及来自银行业及其他行业的重要客户进行培训。200 位进口商和 50 位记者出席了学校在北京希尔顿酒店举办的盛大成立仪式。60 位进口商参加了南京的培训班。他们全部刚刚涉足葡萄酒业，此前从事着各行各业，都与饮品业毫无关联，但每个人都希望从葡萄酒业中赚钱。从 2009 年 7 月开办这个学校起，短短数月，她就已经培训了 300 名学员。[19]

马林将她的一些学生介绍给了波尔多的酒堡所有人和酒商，这些人需要翻译人员和助手。但还是有数百名中国学生来到波尔多，加入了迷你裙军团，他们只是需要葡萄酒专业知识的人中的一小部分。由于金氏夫妇尚未注册过马林的培训班，他们正属于她所锁定的目标人群。他们需要学的还很多。

桶边试饮是对金氏夫妇的一次考验。他们只有依靠直觉行事，凭借一些外在的标志，诸如酒堡和品牌的知名度。在试饮的最后一天，金氏夫妇坐在了美讯酒堡黑暗的品酒室里，准备试饮其著名的姐妹庄，历史悠久的一级酒庄奥比昂酒堡所产的酒。酒堡的技术总监站在房间的正中央，而试饮者的桌子呈方形围绕在四周。整间品酒室鸦雀无声，气氛肃穆。大多数的试饮者都一边啜饮着各种葡萄酒，一边细致地做着笔记，评估着每一种酒成熟后的可能性。到了第三种酒，金太太停了下来，开始翻看她苹果手机上的短信。即使是一级酒庄，在发酵过程中的这个阶段，单宁的涩味也很突出。她尝不出该如何取舍。

然而，金先生却严格地遵循了试饮的规矩。没有这样的经验，他将永远无法评判葡萄酒的品质——换句话说，也就是这个行业的商机。他仿效邻居的做法，轻晃酒杯，小心地将其向鼻孔倾斜，喝一小口酒，让它在口腔中与空气融汇，然后谨慎地吐进小桶中。做完这一切，他点点头，并为这种酒竖起大拇指。

那天的晚些时候，餐饮供应商供应了最后的餐食。帐篷被拆卸，人们开始大批离开，涌向机场和火车站。大家都已经精疲力竭。甚至最谦卑的酒庄也可以说他们已经成功生产出了一款好酒，圆润且果香浓郁，带着成熟莓果、樱桃及李子的芬芳，还有一点香草和香料的刺激。同时，在单宁的支持下，葡萄酒只会在来年变得更好。他们得到了客户。很明显，美国人和英国人钟爱这些酒。不仅如此，酒堡和酒商终于开始正视中国不断上升的需求量，真是令人非常满足。

7

波尔多指数公司的整个销售团队都被派往了 2009 年产酒的桶边试饮，而他们的老板盖瑞·博姆直到一星期以后才抵达。博姆更喜欢在放松的气氛中试饮葡萄酒。他喜欢一边安静地用餐，一边与酒庄的庄主们谈论葡萄酒的销售计划。他一个月前就打了电话，希望得到他所极力推崇的酒的更大配额。波尔多人已经知道他的心之所属。他只将自己的员工派去参加试饮，因为这样他们就可以诚恳地评价他们将要卖给客户的酒。而他自己品尝从桶中提取的样品，主要是为了对酿酒过程中的每一个环节都有参与感。

当然，这一年，博姆在各种午宴和晚宴上谈论的话题主要是前来参加试饮的大量中国买家，这些人也是他的竞争对手。他很高兴市场在不断扩大，但他已经很久不在香港做生意了，所以他建议酒堡和酒商们要谨慎行事。要经销高级葡萄酒，不光在保存方面要注意温度、湿度，在营销上也需要特殊的技巧。博姆有一个曾学习葡萄酒专业的员工，此人后来负责培训顾客和收藏者。他的生意是透明化的。他们可以相信他，但他们能像这样相信只能通过实习生来沟通的中国买家吗？博姆的忠告很容易被理解为怨妇的闲话。

然而，试饮结束后不久，博姆就发现，已经到了该敲响警钟的时候。他身在香港的销售主管山姆·格里夫得知有内地的不法商人正在销售伪造的波尔多期货。[20]在“酒行”的网页上，2009年的卡旭德拉菲仅售人民币580元。这十分可疑。这种酒的价格不可能是580元，况且它尚未上市。

这些骗子的手法并不新颖。这是一个陈旧的骗局：出售波尔多期酒的份额，聚敛钱财，然后在两年后葡萄酒开始运输之前逃之夭夭。这种事在法国和英国也时有发生。最近就有一个法国的零售商带着他通过售卖虚假期酒骗来的百万美元潜逃了。英国一家销售葡萄酒基金的投资公司的经理们因为被指控伪造期酒订单及挪用资金购买汽车和可卡因而接受审判。这家法国公司最终被强制执行了破产清算，这些英国人也因为欺诈罪而锒铛入狱。

博姆担心，期酒的体系在中国人的眼中会被曲解。他们本来就已经对这种要提前一年付款，不能马上眼见为实的体系怀有疑虑。一些中国的银行已经扣押了对于期酒订单出境电汇的审批。讽刺的是，中国期酒欺诈的阴影刚刚抬头，而伦敦的酒商们也后院起火。这种新闻已经让中国的银行不能坐视不理。

网上交易平台——伦敦国际葡萄酒交易所在伦敦的巴特西区成立了。2010 年 5 月，尽管酒堡还尚未正式公开酒价，葡萄酒也还没上市，但随着大家对 2009 年产酒热情的沸腾，伦敦国际葡萄酒交易所开放了期酒买卖。[21] 在华尔街，这只是常见的卖空，但伦敦的商人却因此而群情激愤。一箱 2009 年的拉菲卖到了 10000 英镑，一箱爱士图尔 3000 英镑，拉图 4275 英镑，玛歌 3330 英镑，罗斯柴尔德木桐 3200 英镑，奥比昂 2525 英镑。伦敦国际葡萄酒交易所为自己辩护，称其大部分的期酒供应都是有银行担保的。[22] 博姆严厉谴责这种销售行为鲁莽可耻。

在“波尔多广场”上，这种卖空行为被谴责还因为另一个负面案例，就是在中国的市场需求中滋生的诡计。正如酒商公司巴利埃弗热丝的首席执行官劳伦特·埃尔曼所说的那样：“拉菲和卡旭德周围有太多把戏，这只是另一种表现而已。”[23] 更糟的是，伦敦国际葡萄酒交易所使许多酒堡抬高了酒的价格。桶边试饮过去了两个多月，最大的酒堡开始放出葡萄酒。酒堡热切地盼望着市场的沸腾。

到 2010 年 6 月中旬，这场恼人而旷日持久的华尔兹终于落下帷幕。奥比昂和拉图公布的第一批酒批发价为每瓶 500 美元，而拉菲、玛歌和木桐则为每瓶450美元。[24] 拉菲的价格比前一年上涨了23%，而较之2005年产酒则上涨了53%。波尔多的关注者们都被吓坏了。这仅仅是第一批酒，后面的批次肯定会更加昂贵。当拉菲允许卡旭德拉菲将价格较之2005年产酒上调89%，埃尔曼大声抱怨拉菲的副牌酒已经卖到了难以为继的高价。[25] 他说，任何信誉良好的商家都没脸推荐这款酒给客户。[26] 但他们还是这样做了，这些酒甚至掀起了销售狂潮。在香港，商店里全部的庞特卡奈存货在不到两个小时里被抢购一空。

而欧洲的零售商们已经被彻底激怒。"他们完全不能给消费者足够的回报。在我排名前20的客户中，有17个一点也没买。他们也不会买。如果在全国范围内都是这种情况，那么波尔多简直是在自掘坟墓，"一位欧洲商人说道，"除非他们打算搬到亚洲去。"[27]

8

在纽约，美国最大的列级酒庄零售商之一的谢利－莱曼酒业已经在新年开始了波尔多的爆炸性销售，但残酷的现实是甚至连富有的曼哈顿上东区客户都身陷经济困境中。贷款难以拿到，房地产业也不稳定。被广泛誉为"世纪之年"的奢侈的2005年产酒抵达时，美国还处在繁荣之中。现在波尔多又出了百年难得的好酒，但似乎没有人能动得了这些酒。酒商们越来越担心酒堡的定价已经超过了美国市场的接纳程度。

其他地方的顾客也几乎是同样的状况。欧洲正在经历严重的经济衰退，南欧国家几乎是认命地急切盼望来自欧盟或国际货币基金组织的救援。希腊正在等着它的急救包，西班牙和葡萄牙面临破产。企业倒闭，房价下跌，失业率快速上升。法国经济也停滞不前。在中国，流传着房地产泡沫的说法，许多人都害怕负债累累的黑色经济将会崩溃。随着波尔多价格的持续上涨，中国政府开始收紧银行贷款和信贷额度。

不稳定的经济形势为那些手握现金的人改变销售条款创造了机会。金氏夫妇告诉圣埃米利翁的酿酒商，他们以每瓶一欧元的价格买入了波尔多。酿酒商惊呆了。一开始，金氏夫妇以为他是不满他们没有从他手里收购葡萄酒。情况并非如此，酿酒商通过他总是会添油加醋的中国实习生进行了解释。在一般的年份，普通的波尔多每桶的售价是 959 欧元，或者说每 750 毫升酒 80 欧分，不包括酒瓶、商标、软木塞和瓶盖的价格。他很想知道是谁答应了这笔生意，但金氏夫妇拒绝告知卖家的信息。

不仅如此，他们并不是以这个价格买到波尔多的唯一的中国买家。整个“波尔多广场”上的酒商都听到了相同的要求。在国际葡萄园集团，伊迪斯·蒂勒蒙特－因贝特正努力坚守着她此前为酒堡与酒庄酒业收购的配额，并希望重建行业。这些中国商人让她踌躇，尽管他们现在是这座城里唯一的生意来源。“你不能用一欧元买到装好瓶的波尔多。”蒂勒蒙特－因贝特坚持道。[28]

这样的要求不仅限于波尔多。在勃艮第，一个久负盛名的博纳酒商的出口总监也从很多中国客户的嘴里听到了每瓶一欧元的要求。“我告诉他我不会以每瓶一欧元的价格出售葡萄酒，在勃艮第，没人会这样做，”她说，“他们告诉我这是从别处得知的。”[29]这真是让人担心。

金氏夫妇在上海郊区新购置的奢华别墅里享受着相对平静的生活，他们正自豪于自己没有将资金用于投资期酒，而是买入了已经装瓶可以马上进行销售的酒并将其顺利卖出的英明决定。他们不愿意承担收购期酒的风险，他们的背后没有国有企业的支撑，他们也不是石油或煤炭业巨头，他们也没有手握重权的亲朋好友。他们炒期货只是为了孩子，为了确保能负担他们在美国留学的开支。

金氏夫妇在进行别墅选址时花费了很多心思。它靠近上海的国内机场，这样方便他们接客户，并把客户接回别墅，这里也展示着他们销售的葡萄酒和用再生皮革制作的各种产品。在别墅这个私人环境里，他们可以向客户推荐哪种酒最适于送礼，使客户避免犯错的尴尬，留足了面子。客户大多是想要将葡萄酒送给政府官员的企业家们，他们希望为自己将来需要得到政府支持和许可的计划做好铺垫。

事实上，金氏夫妇所销售的酒中，他们自己进口的不到一半。市场需求量并不大。政府官员每周收到这么多箱葡萄酒，他们不可能喝得完。金太太小心翼翼地从收到葡萄酒礼品的政府官员处以低于市价的价格回收葡萄酒。以这种方式，她既可以囤积有价格优势的列级酒庄产酒，又可以将钱放进政要的口袋里。然后，她再次将这些酒卖给需要送礼的重要人物。这是一种聪明又低风险的商业计划，有可能一夜蒸发，但金太太钟情于豪赌。

9

在罗斯柴尔德男爵拉菲集团位于巴黎的办公室里，满头银发、充满魅力的董事长克里斯多夫·赛林，正在思索如何更好地利用中国市场对拉菲葡萄酒的需求。苏富比拍卖行葡萄酒部门的全球主管施慧娜多年来一直劝他以“出窖价格”进行拍卖，直接从拉菲位于波亚克的酒窖中提出葡萄酒，而不从各收藏者的手中东拼西凑。出窖价格拍卖既保证了葡萄酒的完美血统，同时也能得到更高的售价。赛林决定叫施慧娜来敲定拍卖的时间。他手握百年难遇的好酒，而且市场正热火朝天。

2010年春，在埃里克·德·罗斯柴尔德男爵的许可下，赛林从罗斯柴尔德家族的私家窖藏中精心挑选了近2000瓶出自139个酒产年份的葡萄酒。这些酒被存放在城堡厚重的铁门后的地下酒窖里，这些酒窖暗无天日，而且蛛网遍布，许多酒都已经在那里度过了几十年甚至上百年的时光。

酒被锁起来进行保护，但这依然不能保证它们状况良好。葡萄酒虽然没有真正意义上的生命，但需要保存在恒定状态下。赋予葡萄酒结构、酒体、色泽和香气的单宁、多酚及芳香分子在温度、光照、湿度和空气的作用下会随着时间推移而发生变化。所以，到了夏末，伦敦的苏富比拍卖行派出了一队专家来检查每一瓶酒的容量、软木塞和酒瓶的完整性。这队人马必须尽可能地确定赛林所挑选的这些酒没有变质成醋。

一旦完成这一系列细致的工作，这些酒准备上市，一张印有罗斯柴尔德男爵拉菲集团五箭标志和“苏富比香港2010年10月”标语的特殊标签就会被贴上酒瓶，瓶底也会激光雕刻上“香港10月”的标记。接着，酒瓶被放入盖有苏富比箱号的盒子，装入一个控温的容器中，尽可能地保持与拉菲酒窖相近的保存条件。每一个盒子都被印上了苏富比的印章，以帮助识别在运输过程中可能出现的任何篡改。最后，这些酒开始了为时五周奔赴中国的旅程。

这139种陈酿的拍卖是一件盛事，而赛林还打算在香港拍卖数箱的2008年产酒。只有酒窖的职员和苏富比的团队才看到了酒瓶上为了促进销售而进行的特殊装饰：一个红色的汉字“八”。

赛林知道“八”在中国文化中是一个吉祥的数字，因为它与发财的“发”谐音。当然，中国的好运，现在也就是波尔多的幸运。

第五章　酒堡热

1

2010 年 9 月初，苏富比亚洲区葡萄酒部负责人罗伯特·斯莱告诉他的团队，已经到了拿起电话的时候。苏富比的员工们给每一个资产雄厚、出手大方的客户打电话以炒热形势。香港 10 月拍卖的首日是从酒堡的地窖中直接买到拉菲的千载难逢的机会。到第二天，列级酒庄的葡萄酒将会全面上市。甚至连斯莱的上司，苏富比葡萄酒部门的总经理兼董事长杰米·里奇都在忙着打电话。里奇在此前的 30 年中一直致力于打造拍卖行的葡萄酒部门。他把斯莱派到了香港。两人都坚信现在全球的葡萄酒市场都由亚洲主宰，而中心正是香港。[1]

斯莱是在为勃艮第的酒商工作时初次接触到葡萄酒的，后来在拍卖行发现了自己的使命，在纽约为苏富比工作了 13 个年头。[2] 他亲身感受到了在数不清的刷新纪录的拍卖里一锤定音的快感，包括 2007 年一个净赚 220 万美元的罗斯柴尔德木桐酒堡的出窖拍卖。[3] 抵达香港之前，他已经为拍卖行卖出了价值超过 2.3 亿美元的葡萄酒。他可以感受到这次香港盛会的暗流涌动，但他毫不担心会失利。

市场对波尔多的需求是很旺盛的。

伦敦和纽约举办拍卖从未出现过问题。为了迎合以日本为首的亚洲国家日益增长的财富，苏富比在1973年就设立了香港办公室。而如今，最有野心的葡萄酒收藏者存在于更大的中国。在北京，一箱箱的拉菲是最理想的奖励，它们常常被转卖了10次甚至更多，才到了最后的顾客手中。价值1亿美元的私人窖藏也并不稀奇。这些中国收藏者才刚刚致富，刚刚接触葡萄酒，而他们为拉菲所着迷。

但他们仍然精心地安排了每一场拍卖。数周前，拉菲被运到了香港新界的屯门，存放在防空洞酒窖所属的一个高安全性的仓库里，恒温55华氏度，并保持65%的湿度——尽可能地接近波尔多酒窖的环境。[4]拍卖将在传奇的文华东方酒店的干诺厅举行，这家酒店位于香港中环。这里有五星级宴会的派头，客人们一小簇一小簇地围坐在铺着白色桌布的圆桌旁，这些圆桌上放置着各种美食。[5]苏富比希望这种精品的氛围能促进出价。

经过电话联络之后，里奇和斯莱意识到他们无力给每一个有兴趣的客户提供食宿。他们不得不将邀请名单限制在那些真正会出手的买家。为了排除那些仅仅是参观的人，每一位被严格甄选的客人都被分发了入场券，用来制造出一种独家的光环。这是苏富比首次为一场拍卖设置入场券，能有幸得到一席座位成了财富与地位的象征。最后，有140位商业大亨入选，主要是中国人，全部是波尔多一级酒庄的实力买家。

2010年10月30日下午6点，拍卖第一天，座无虚席。拉菲的总经理克里斯多夫·赛林在一周前就特意从法国飞抵中国。他亲临中国内地的现场助阵，同时也希望亲眼见证这项盛事。

拍卖中的这种酒非常吸引在座的中国收藏家。在全中国范围内都举办了葡萄酒展览会，但顶级的买家敏锐地察觉到这些酒时常不是真品。在二线城市成都举办的一场展览会上，销售人员公然销售12组假冒伪劣的拉菲，贴着假冒的商标，装着苦涩的酒水，放在明显是假货的木盒里，堆得像墙一样高，生怕别人看不见它们。一年后，当成都再次举办这个博览会时，开展第一天的早上8点钟，罗斯柴尔德男爵拉菲集团及其律师就报警查获了这些假酒。[6]但造假者仍在继续扰乱市场。现在，苏富比提供了购买190组直接来自酿酒商地窖的顶级葡萄酒的机会。

里奇主持了很多场拍卖，并向观众们推荐这些酒。而当他站到台上，他知道自己已经不需要再多说什么了：在第一锤落下之前，苏富比已经收到了超过1000个叫价。他环视宴会厅，看到在座的各位都在摩拳擦掌、跃跃欲试。他的工作只是为他们提供一个机会。

他以一箱（12瓶）2009年的拉菲作为开场。这批酒仍在波亚克的桶里，一年后才会被酒堡送到香港的防空洞酒窖。这一组酒的预估价值是10000~15000美元。三天前，12瓶有着同样无可挑剔的出处的这种酒在伦敦国际葡萄酒交易所以17066美元的价格成交。所以苏富比的估价是十分稳妥的。两分钟后，叫价已经达到了532400港币（约合68632美元）。其他的2009年产酒也同样拍出了惊人的高价。

坐在观众席的赛林思索着，这些高价意味着什么。如果期酒直接来源于酒堡，中国人或许将不再对其抱有疑虑。

接下来，里奇拿出了 9 组 2008 年拉菲，预估价是 6000~8000 美元，其中的两组卖到了 34316 美元。每一锤落下的时候，现场都爆发出雷鸣般的掌声。拍卖的顺序是从比较近的酒产年逐渐向比较早的酒产年推进，这是一种用以保证预期不断上升的成熟技巧。到第 167 组酒时，酒产年已经是 1959 年。里奇拿出了一只大瓶，预估价在 30000~50000 美元之间。而最后的成交价达到了 171579 美元。[7]

苏富比看似极大地低估了这些酒的价值。难道拍卖行为了打造一个创纪录的拍卖而耍了手段？杰米・里奇、罗伯特・斯莱和克里斯多夫・赛林确实被激烈的竞价惊呆了。是的，他们知道中国的市场需求一直在增长，但他们从未想象到潜在的市场需求被压抑到了这种程度，以至于目录上的预估价早已与现实脱节。当拍卖进行到传奇的 1869 年产酒时，没有人——尤其是赛林——知道应该报以怎样的期待。

三瓶 1896 年拉菲是分开拍卖的，每一瓶的预估价都在 5000~8000 美元。对一瓶葡萄酒来说，这已经是很高的价格了，但 1869 年产酒这样突出并非毫无道理。它是詹姆斯・德・罗斯柴尔德男爵在 1868 年 8 月得到拉菲庄园后，完全由罗斯柴尔德家族所酿的第一批酒。这批酒仅有 6 万瓶，与现代酒庄通常而言第一年的 24 万瓶和次年的 36 万瓶的产量形成鲜明对比。它产于酒庄很少自己进行装瓶的时代，在 19 世纪，绝大多数的葡萄酒，包括一级酒庄在内，都是以桶出售，然后由酒商进行装瓶的。1869 年也早于葡萄根瘤蚜的到来，这种昆虫在 19 世纪末让欧洲的葡萄园元气大伤。拉菲庄园现存最古老的葡萄藤种植于 1886 年。1869 年产酒绝对独一无二。

第一瓶酒开拍之前，里奇就有一种预感——不同寻常的事将要发生。竞价的激烈程度达到了空前的境地，而最后，一个电话击败了所有在场的竞争者。一位神秘的中国买家以 181.5 万港币（约合 233972 美元）买下了这瓶酒。迄今为止，这是世界上最贵的一瓶酒。接下来，这位神秘买家行使他的权力，取消了另外两瓶酒的拍卖，以同样的价格买下了它们。现场掌声雷动，里奇会心一笑，心情愉悦的同时也舒了一口气。

克里斯多夫・赛林仍处在震惊之中。还有 93 组出自拉菲酒窖的葡萄酒尚未开拍，包括拉菲的副牌卡旭德拉菲和罗斯柴尔德男爵拉菲集团所有的另外几个酒庄杜哈米隆、乐王吉和丽丝。这些葡萄酒的标签上都印着拉菲著名的五箭标志，有人告诉赛林，这是为数不多的中国顾客能一眼认出的商标。这些酒能卖出什么样的价格？他们明显低估了市场需求。手握现金的中国人，通过如饥似渴的追求来展现他们新发现的成功与优雅。他们正在重新书写高级葡萄酒市场的规则。

这时，罗伯特・斯莱接过了拍卖锤。这位经验老到的行家将拍卖推向了一个惊人的华丽尾声，以 17166 美元的价格卖出了三大瓶 1967 年的拉菲丽丝苏岱。而此前的预估价是每瓶 1200~2000 美元，而苏富比的团队也完全认同这个估价。罗斯柴尔德家族直到 1984 年才收购丽丝酒庄，所以这些酒实际上与他们家族关联甚少。在波尔多，丽丝并不受欢迎。而那天晚上，企业大亨们所在乎的只是现在丽丝已经是拉菲家族的一员。最后一笔拍卖结束后，那天的成交总额达到了 840 万美元，而这些酒的预估总价是 250 万美元。这是葡萄酒拍卖的新纪录。

第二天上午 10 点，拍卖即将开始，许多人看起来仍在为前一天晚上的空手而归感到挫败。他们对于接下来的拍卖志在必得。但这一天拍卖的并不全是拉菲，这 624 组波尔多列级酒庄的拍品出自首凯实业的伦敦仓库。这些酒是通过名叫菲利普·巴比隆的波尔多酒商买入的，并不是直接出自酒窖。这次拍卖将会是一次分类的测试。

在短短 90 分钟之内，里奇就卖出了所有的拍品。拍卖进行得如此之快，以至于他没有时间按原计划在中场将拍卖锤转交给斯莱。[8] 这一天的拍卖又打破了前一天创下的纪录，成交额达到了 1000 万美元。两天下来，苏富比拍出了 1840 万美元。

所有的葡萄酒都以高于它们在纽约、伦敦和波尔多的公布价被卖出，而且价格高得离谱。

中国正在吹起一个气泡。谁知道它在爆裂前能膨胀到什么样的程度?

2

一个阳光明媚的星期六早晨，波尔多工商协会像平常的周末一样聚集着很多人。但是这一天，没有拍卖，大厅里正在接待一个身着深色套装的由政府官员和行政人员组成的代表团，这个代表团来自辽宁大连。大连最成功的公司之一——海昌集团希望把大连变成一个葡萄酒圣地。海昌的行政人员注意到了香港美酒佳肴巡礼的成功，希望在辽宁的“二号城市”也举办类似的活动，这座城市早在1984年就被全国人民代表大会定为沿海开放城市。[9]

设立沿海开放城市是北京的中央政府为了吸引外资而制定的一项政策。特区内不仅可以开办合资企业，也可以设立外商独资企业。这不仅促进了城市建设，还能带来外资。这里不仅鼓励发挥市场的调节作用，还建立了中国唯一的一个大宗商品交易所。成为沿海开放城市以来，大连已经发展到囊括一个自由贸易区和一个高新技术区的规模。许多西方的公司，包括埃森哲、花旗银行、戴尔、惠普、IBM和甲骨文，都在那里设立了办公室。

随着城市的发展，大连的海滩也成了旅游胜地。2001年，以石油贸易发家的海昌集团开始修建主题公园。海昌的第一个公园，即大连老虎滩海洋公园在第二年成功开幕。公园占地300英亩，以13000英尺的海滩为特色，还建有极地动物展览馆、海洋馆、雕塑公园、剧院和购物中心。海昌集团还修建了其他一些主题公园，包括大连最大的游乐园发现王国，包括过山车、“魔法森林”和“传奇城堡”。[10] 海昌的行政人员还注意到，大连啤酒节每年能吸引来自中国整个东北地区的大约600万游客，他们希望将自己的娱乐帝国扩展到葡萄酒领域。

离大连约一小时的车程，海昌集团有一个叫作金石滩的物业发展项目，核心就在于葡萄酒旅游业。一个名为波尔多庄园的高端地产项目提供了法国建筑式样的别墅、联排别墅、公寓、商店和餐厅，为了模仿波尔多历史悠久的码头和豪宅，他们还修建了石灰石外墙。这个项目需要 400 英亩的波尔多葡萄藤和一个容量 200 万瓶的酒窖。海昌的行政人员还有意与波尔多前卫的葡萄酒文化中心合作创办一个葡萄酒博物馆。葡萄酒文化中心是一座耗资 8200 万美元的闪闪发光的玻璃建筑，矗立在加伦河畔，预计在 2016 年对外开放。他们将会在每年模仿波尔多的大众庆典举办大连葡萄酒美食节。如果这些仍然不够，海昌还承诺可以在金石滩扩充 5000 英亩的葡萄园，并从 1200 个酒堡买入 100 瓶葡萄酒来进行市场调研——这笔生意能让不少的酿酒商在中国赢得一席之地。[11] 这最终促成了双方的合作。

因此，在 2011 年 6 月 18 日，大连代表团和波尔多工商协会召开了一个新闻发布会，公布了合作的细节，并鼓励酒商公司和法定产区预订节日的展位，租用葡萄酒度假村的零售空间。在中国代表团的第二排坐着一位男子，尽管他没有开口，却展现出强大的自信和气场。他没有被介绍给观众，而记者们也被要求不能为他拍照。他就是曲乃杰，大连海昌的创始人、控股股东和非执行董事。[12]

对波尔多工商协会的圈内人来说，曲乃杰并不陌生。2010 年 5 月，协会在香港主办的国际葡萄酒及烈酒展览会期间，曲乃杰曾邀请协会会长访问大连。[13] 一般来说，协会只与其他的公共机构合作，但曲乃杰非常有说服力。除了主题公园以外，曲乃杰还拥有一家石油运输公司，是全中国最大的石油公司之一。近年来，他把事业又扩展到了房地产业和高尔夫球场业。在《福布斯》排行榜上，他的个人财富位列中国的前300名。[14]对许多中国人及越来越多的波尔多人来说，他就是“大连先生”。

波尔多很少有其他人认识曲乃杰，而为数不多认识他的人都把他当成曲成，这其实是他儿子的名字，对他来说也算合适。因为他在法国更公开的商业活动——那些房地产相关的生意——都只用过这个名字。2010年11月，曲乃杰以430万美元的价格在波尔多以北的布尔丘买入了一个亟待修缮的城堡，这座城堡占地超过99英亩，而且是用他儿子的名字购买的。这个地区的葡萄园是波尔多最无利可图的，酒农们销路不畅、维生艰难。银行为了逼迫堡主出售城堡，冻结了城堡的信贷额度。除了一栋摇摇欲坠的老房子，没有什么明显的理由让曲乃杰花费430万美元的巨款来买下一个经营不善的葡萄园。但是，卖家有一个极具价值的东西：一个从未使用但进行过商标注册的葡萄酒名字——圣羽拉菲酒堡。

“拉菲”是一个波尔多常见的姓氏，也是一个地名。在古老的方言中，拼作Lafite或Lafitte，意为“小山丘”，被用来描述一个家族生活的地理位置。很大程度上是因为罗斯柴尔德拉菲酒堡曾使用Lafitte这一拼写的缘故，其他酒堡也以Lafitte命名（包括现存的一家）。18世纪，一个姓拉菲的酒商在波尔多的另一边买下了一座庄园，从此，拉菲酒堡开始生产葡萄酒。2003年，罗斯柴尔德男爵拉菲集团控告了这座拉菲酒堡，并赢得了官司，但2010

年，法国最高法院却站在了拉菲酒堡一边。[15]然而，罗斯柴尔德男爵拉菲集团还是认为这个资质平平的酒庄盗用了自己一级酒庄的名声。现在，他们还需要对付一个中国亿万富翁所拥有的圣羽拉菲。

目前，曲乃杰的精力主要放在大连的波尔多城堡上。在与工商协会接洽了一年之久，他最终说服了这些法国人。“最初，英国人、荷兰人和爱尔兰人来了。20年前，日本人也来了。现在，中国人也该来了。”波尔多葡萄酒行业协会会长乔格思·豪沙尔特这样评价此次合作，“波尔多永远为外资敞开大门。”[16]

一些波尔多人对与大连的合作心怀疑虑。对他们来说，中方的掌权者在会议上惜字如金，而且不允许公开他出席新闻发布会的消息，这实在奇怪。大连之行以后，波尔多工商协会的领导者雇用科法斯对海昌的情况进行了考察。[17]科法斯是专业的出口信用保险公司，它可以规避贸易过程中外国企业不付款的风险，同时也提供外国实体合法性的咨询。当科法斯的分析师告诉他们没有问题的时候，工商协会的每个人都松了一口气。但科法斯同时也声明他们要为曲乃杰和海昌集团的其他信息保密。与中国人做生意的时候，这种情况并不少见。

工商协会考察完合作条款后，发现条件简直好得不容错过。如果他们中有人能参与曲乃杰在波尔多的生意，合作就不存在任何问题。而已退休的吉娜斯酒商公司总裁、波尔多葡萄酒行业协会前任会长克里斯蒂安·德尔普奇的加入再次使问题暴露。工商协会建议曲乃杰聘任德尔普奇时，曲乃杰给了他法国总经理一职。[18]事态很快变得明了，这个主题公园巨子并不满足于单纯地在大连对波尔多进行复制，享受一个孤零零的城堡。他对波尔多有更大的野心，而且抱着这种野心的不止他一人。

3

2011 年 2 月 16 日，菲利普 · 拉乌走进他位于梅多克的旅游园区酒庄，考虑着他的前景。[19] 在这座价值 2700 万美元、占地 64 英亩的园区之外，一座重达六吨的名叫“太阳之树”的橙色雕塑招揽着环形交叉路口疾驰而过的车辆。这个巨人似乎比平时还要愉快，它反映出拉乌的乐观天性。

拉乌早在 2007 年就创办了酒庄旅游园区，但它从未真正地成为热门。两年前，他接到一个巴黎并购咨询公司的电话，告诉他有一桩好生意。但经过一系列漫长而令人沮丧的谈判，他已经不再相信这笔生意能最终达成。后来，一个突然出现的竞标者提出了诱人的条件。这一次，他终于确信自己可以结束这项赚钱不多的项目。

在酒庄旅游园区内，拉乌与对方的团队坐在了长形的会议桌旁。众多的照相机和摄影机都在等待着记录双方签署文件的关键时刻。不同寻常的是，拉乌已经同意以 1100 万美元的价格将他位于拉朗德德波美侯的酒庄出售给天津的中国粮油食品集团。他身旁的正是中粮集团酒品类的总经理吴飞。[20]

中粮集团最初是华北对外贸易公司。在那之前，以英国公司为主的外商控制了进出口，他们的被驱逐使得中国流失了国际贸易的现金和技能。任何中国企业直接与外国公司做生意都违法，直接的进出口也被禁止。

华北对外贸易公司和其他的贸易公司享有经销权，他们绝不会进口任何没有现成买家的东西。在短短六个月之内，主管企业的新政府官员就已经意识到全中国进出口货物的数量之巨，因此，公司被分成了六个分工不同的部门：谷物、油和油料、鸡蛋、猪鬃、皮草和毛皮、茶叶及其他土特产。随着一个又一个五年计划的实施，大量资源被投放到工业的各个领域来努力追赶西方国家，贸易公司被一次又一次地拆分、重组，餐饮部门最终成了中国粮油食品有限公司，即中粮集团。无论如何，基本的运作方式仍然没有改变：为一种货物找到买家，然后再进口，为政府提供有保障的收入。

几十年过去了，中粮集团已经凭借自身的能力发展成为一个实力强劲的国有集团。中国在邓小平的领导下开始向西方打开国门，可口可乐和施格兰公司正是通过中粮集团率先打入了中国市场。在20世纪80年代末到90年代，中粮集团迅速扩张，发展了酒品部门，拥有中国最大的国产葡萄酒品牌——长城葡萄酒，其年销售量高达1.2亿瓶，年销售额达4.6亿美元。[21] 如果把所有销售品类累积起来，据说，中粮集团的年收入接近600亿美元。[22]

最近，中粮集团开始用其所支配的100亿美元战略资金从海外购买黄豆、谷类和其他食品资源。[23]现在，中粮集团又把目光投向了国外的葡萄园。

菲利普·拉乌的庄园——维奥酒堡，是中粮集团在波尔多的第一个战利品。中粮集团的扎根方式非常之巧妙。维奥酒堡是拉朗德德波美侯最古老的酒庄之一，是一个以其沙砾质土适宜梅洛和赤霞珠生长而闻名的产区。更重要的是，一条名叫巴般涅的河将拉朗德德波美侯与波美侯产区分隔开来，这对一个精明的投资者而言意义重大。波美侯产区用来酿造标志性的葡萄酒如柏图斯的 2.5 英亩的葡萄园，起价就是 120 万美元，而同样大小的位于拉朗德德波美侯的葡萄园只值 18.4 万美元。[24]

在正式签约时，中粮集团副总裁迟京涛会见了媒体。迟京涛称这次收购是为了中粮长城葡萄酒的成功而实行的从生产到销售的全球战略的一部分。他提到中国政府之所以有意于保证波尔多葡萄酒的直接供应，部分原因是担心假酒进入中国市场。“我们计划建立从生产到消费的完整链条，来规避假酒，保护客户。”迟京涛说道，“收购波尔多的葡萄园有助于确保这一承诺的实现，对葡萄园进行跨国投资也是对欺诈行为作战的一部分。”[25]他正在实践中央政府提出的国有企业必须为人民服务的方针。

中粮集团已经为购买菲利普·拉乌的酒庄支付了 1100 万美元，但是还有一笔更大的生意正在酝酿。中粮集团的行政人员非公开地向拉乌承诺，中粮将与他合作建立一个酒商公司，将波尔多销往中国。中粮集团每年进口的葡萄酒总价值达 1000 万美元，这令拉乌欣喜若狂。中粮集团的目标是针对中国消费者的偏好调配、包装葡萄酒。将一种葡萄酒限定在一个市场，尤其是一个不发达的市场，意味着这种酒不需要被有影响力的评论家品评或者进入热门餐厅的酒水单。但是他可以看到这些酒的商标以烫金精心制作，他也品尝了这些酒——柔和、圆润而适口。他认为这个计划行得通。

这时，中粮的巨大规模让拉乌有所迟疑。它可以将波尔多的低端酒收购一空来生产一种大品牌的酒。他从列级庄园那里听到过很多关于中国人有多么反感在不必要的时候经过酒商公司中介的牢骚。中国人不能理解中介的作用，拉乌们想直接与酒堡做生意。而中粮集团也已经表示希望规避中介。

拉乌希望能与中粮集团进行长期合作，尽管中粮集团似乎对已经在波尔多延续了几个世纪的商业规则持有异议。

4

中粮集团并不是希望重塑这个为波尔多创造生产顶级葡萄酒美名的系统唯一的中国投资者。沈东军就是这些标新立异的人中的一员。沈东军喜欢说自己不是闯入波尔多的来自中国西部的乡巴佬。作为一家叫作通灵的享有蒂凡尼和卡地亚的供应商——在中国有独家经销权的钻石商欧陆之星珠宝连锁店的首席执行官，他常在欧洲出差。同时，他也看到自己祖国正在发生翻天覆地的变化。“我总是在想同一个问题：什么产业会在中国迅速发展？”沈东军说道，“我的答案也总是同一个：葡萄酒产业。”[26]

2010年，沈东军开始从波尔多向中国进口葡萄酒。他是一个市场营销的专家，而波尔多的品牌价值显而易见。“中国有越来越多的消费者正在学会喝法国葡萄酒并爱上这种享受，”他说，“葡萄酒市场是最大的商机之一。一个葡萄酒爱好者怎么会不想拥有一座自己的酒堡呢？”[27]

六年来，他一直在苦苦寻找适合收购的酒庄。他考察了40个酒堡，最终选定了一个——维奥酒堡。而他为买入自己的最佳选择所付出的努力却因为中粮集团的竞争而付诸东流，沈东军说：“两周之内我们就被完全击败了。”[28]在2011年初，沈东军又看中了圣爱斯泰夫附近的乐朗酒堡。

乐朗酒堡并不像一个真正的酒堡，那里只有一座不起眼的农庄风格的房子、一些农场建筑和54英亩葡萄园。但庄园的简陋并没有降低沈东军的热情。合约达成的那天，他在波尔多歌剧院镀金的接待大厅举办了一个聚会来庆祝，结识城中名流，这也是滴金酒堡每年庆祝桶边试饮的地方。然后，他聘用乐朗酒堡的前堡主来继续经营葡萄园。在产权交接的那天，沈东军请前堡主订购新的酒桶和采摘设备。

沈东军擅长于将一颗粗糙的石头打磨成璀璨夺目的宝石。现在，他的目标是将乐朗酒堡所产的每瓶价值10美元的葡萄酒在中国卖到每瓶240美元。他是一个悟性极高的人。他的邻居见证了他在一夜之间扭转了庄园的命运。乐朗酒堡的酒出现在了比利时皇室庆祝新的钻石切工专利的仪式上，也出现在了通灵珠宝所赞助的柏林国际电影节上。沈东军邀请出演过《十面埋伏》和《艺伎回忆录》，并且在《中国最强音》担任评委的女星章子怡担任他的葡萄酒的代言人。他创办了一家叫作法国乐朗葡萄酒的葡萄酒公司，将他的庄园酒和品牌酒进口到中国，在通灵珠宝的门店中销售。葡萄酒的销路很好，而且他拥有了一批贵宾客户。他说，为了确保成功，他所做的第一件事就是将自己所有的酒都从波尔多直接运回中国。[29]

一年后，沈东军邀请他在波尔多的新朋友到玛歌的柏菲露丝酒堡参加晚会。[30] 柏菲露丝酒堡属于弗雷德里克·德·露丝，也就是为厦门建发集团争取独家经销权的酒商。德·露丝男爵的血统十分高贵，他信仰新教的祖辈曾签署过《南特敕令》。虽然在胡格诺派受到最严重迫害的时期他的家族逃往瑞士，但 18 世纪时他们又回到波尔多，做起了酒商和酒堡的生意。

德·露丝是梅多克的所谓中级酒庄的冠军得主，中级酒庄就是指那些没有进入 1855 年分级但品质优秀的酒庄。1932 年，波尔多商会选出了 444 家中级酒庄，但将这次分级合法化的尝试却在 2003 年功亏一篑，因为一些被取消资格的酒堡提起了诉讼。2003 年分级在 2007 年最终被法庭宣布无效。[31] 无论如何，德·露丝所领导的新兴的酒庄群体已经从旧框架中逐渐脱离，德·露丝正想方设法地将它们全部纳入说服中国人购买具有“中级酒庄”商标的计划中来，这种商标是每年根据酒的品质而颁发的。几个月来，德·露丝踏遍中国，希望向客户们证明中级酒庄是一种可以媲美列级酒庄品质的标杆，而且价廉物美。现在，沈东军成了中级酒庄的第一个中国所有者。

梅多克的二月阴暗而寒冷，沈东军加入波尔多左岸骑士会的那天傍晚，寒霜覆盖了土地和休眠的葡萄藤。波尔多左岸骑士会是一个由从梅多克、格里夫和苏岱选拔出来的350家酒商和酿酒商组成的协会。这一天，沈东军穿上紫色天鹅绒长袍，戴上一顶紫白相间的丝绒帽，它象征着用于搅打作为澄清剂的蛋清而使用的木碗，这是从葡萄酒中去除沉淀的传统的精致工艺。帽子顶部的白丝绒象征发泡的鸡蛋。看着镜中的自己，沈东军不由得笑了，然后他踏入了人头攒动的房间，在这里，他将参加一个盲品会和一个小测验，两项活动都在翻译人员的协助下以汉语普通话进行。通过之后，他心满意足地向梅多克宣誓效忠。[32]

沈东军代表着一群中国的先锋，他们一方面在波尔多获得了一席之地，另一方面也坚持以新规则来行商。他的手段很简单：收购资源，消除中介，无视酒商，规避进口商，把酒运回中国自己卖。像中粮集团一样，他也试着摆脱中间人。

在许多波尔多人的眼中，这样做很不明智。“到波尔多投资酒堡和经营出口的外国人不胜枚举，但他们几乎都选择了向多元市场销售的波尔多模式。”一位酒商说，“很少有人直接把所有产品运回本国销售。”[33]波尔多是全球最受追捧的酒，而不仅是里昂或纽约最受欢迎的酒，更不仅是西安最受欢迎的酒。但信息是明确无误的：在可行的时候，中国人将买断“波尔多广场”。

当曲乃杰接管酒庄之后，维特克斯的菲利普·拉西失去了他此前在几个市场销售的三种葡萄酒的配额。一个圣埃米利翁的酒堡被一位中国的电影明星买下之后便退出了“波尔多广场”。而一位中国的建筑师则买下了三个酒堡。收购的进程不断加速。

一个名叫波尔多酒庄联合会的酒商协会的发言人克里斯蒂娜·古拉德，对这种威胁轻描淡写。中国人只收购小酒堡，大多数的价值不超过 900 万美元。“这些中国所有者只代表了市场的极小部分，即使这种现象持续，他们也不会将手伸向特级酒庄。”她说，“所以，就当下而言，没有任何问题。”[34]

很快，房地产经纪公司就意识到如果他们能聘用中国专家的话，收入将大大提升。在接下来的两年内，中国投资者至少在波尔多买下了 30 个酒堡。[35] 还会有更多的酒堡被卖掉，但是一些谈判也因为双方的沟通不畅而流产。对很多的中国买家来说，这是他们第一次向海外进军。一些人提出了不可能实现的要求，比如一份用中文书写，受中国法律保护的合同——这样的情况就发生在一家名叫中爱的大连公司收购布雷附近的沙利酒堡时。通过很多天的谈判，这家公司的经理们才接受交易在法国的法律框架下进行。而在合同最终签署之后，酒堡的新主人消失了数周之久，导致两名员工在没有帮手的情况下卖命修剪 46 英亩的葡萄园，却没有得到报酬。

法国人的谈判策略通常是稍微抬高要价——一个经典的例子就是：“哦，我们的交易里不包含拖拉机。”一些中国人结束交易后觉得自己简直是被诈骗了。

协助沈东军收购乐朗酒堡的通灵管理人员周林君说他们的谈

判进行得很顺利。她曾经在法国生活、工作过一段时间，而沈东军自己也与比利时的合作方有频繁的业务往来。他们习惯于避开会导致合作破裂的文化差异。“最大的区别是，在中国，我们没有这么多的法律，我们可以为钱做任何事。在波尔多，人们照料他们的土地，为好的商业模式做任何事。”[36]

坐在谈判桌两边的双方各执一词，但钱只在一方的手里。

5

在波尔多唯一的湖附近一个不起眼的办公园区里，距离巴克隆码头大约半英里之外，埃尔韦·奥利维尔密切注意着带着房地产经纪人拥入波尔多葡萄园和酒堡的中国商人。奥利维尔是土地开发和乡村聚落联合会的区域主管，这是一个守护乡村面貌的法国机构。奥利维尔有阻止将一个农场变成沥青停车场的权力。他可以帮助一个勤劳的年轻农民在与掌控全局的企业大亨的交易中扭转全局。

奥利维尔清楚波尔多的许多葡萄园都濒临破产或废弃，因为许多当地的酒农来到联合会求助。酒农出售他们葡萄酒的收入常常不足以支付设备和工资的支出。当地酒庄的收入几乎不可能保证继承人能付得起法国沉重的遗产税，这笔款项高达庄园总价值的 60%。

有时，当所有者决定放弃，联合会的经理人会帮助酒庄联系买主。保险公司和奢侈品集团会购买最出名的酒庄，将梅多克和圣埃米利翁的许多庄园从家族资产变成了企业的疗养地。但这些投资人对品质不佳的产区，比如马丁家族和拉古杰所在的两海之间产区的那些庄园毫无兴趣。

两海之间产区的许多波尔多酒庄已经待售多年，奥利维尔无奈地说。900 美元就能买到一个极佳的酒堡及葡萄园，但没有买家能预见自己能收回投资，因为这些庄园的酒低到了五美元一瓶的程度。一旦发生冰雹或旱霜，买家就会来到联合会申请破产或出售庄园。这个地区的商业前景不佳，奥利维尔为了帮助庄园的所有者耗尽心力。在过去的一年里，他好奇地观察着中国买家开始在两海之间产区收购酒堡。他认为他们是被低廉的地价所吸引，并且他们觉得自己的酒能在中国卖出比法国更高的价格。

外国人似乎一直在不停地收购酒堡。一些变成企业疗养地的酒堡也属于跨国公司。富有的英国、美国和日本商人都曾在波尔多投资房地产业。 1997 年，一位出生于胡志明市的港台银行家郭炎买下了欧碧颂酒堡，一个位于圣埃米利翁平原上多尔多涅附近不出名的小酒庄，作为便于他的孩子学法语的疗养地。郭炎自己不喝葡萄酒，但他自称是个亲法派。随着亚洲的法国葡萄酒市场的发展，他狠赚了一笔，并决定再买两个酒堡，这样，他的三个孩子今后就能各自继承一个。[37]

2008 年，中国的买主们开始表现出对于两海之间产区的兴趣。一位名叫程海燕的青岛名媛率先买下了占地 150 英亩的拉图拉甘酒堡，这座酒堡里有一座塔楼林立的16世纪城堡，简直像迪斯尼商标的原型。拉图拉甘的葡萄园占地超过74英亩，年产量为16万瓶，大部分都是普通的法定产区波尔多酒。这块地十分便宜，每2.5英亩仅仅价值27000美元，三年前的价格还是59000美元。[38] 拉图酒堡就在一个半小时的车程以外，程海燕似乎对于收购了一个与出产每瓶500美元的一级酒庄有着某种关联的酒堡十分满意。程海燕的家族拥有龙海投资集团——一个在20世纪90年代初创立的房地产开发公司，她主管龙海的葡萄酒部门。收购酒堡只是他们大计划中的一小部分，他们希望创办一个拉图拉甘品牌之下的葡萄酒进出口子公司，以拉图拉甘连锁店的形式进行销售，起步价为每瓶40美元，目标价为每瓶500美元。[39] 这个价位对于一种普通波尔多来说简直可笑——除非你在中国销售。

由于卖地赚了不少钱，更多的法国酒农开始重新考虑他们的长期规划，就像菲利普·拉乌那样。例如米歇尔·罗兰和他的太太丹妮就建立了迷你的葡萄酒王国，他们在几个国家拥有葡萄园和一个酿酒实验室。魅力非凡的罗兰以他的品位和混酿的天赋而声名远扬。因为客户遍及全球并且长时间待在国外，他被称为“第一位空中酿酒师”，但是，他的根仍在波美侯。尽管取得了这样的成就，他仍然无法劝服他的兄弟保住他们的家族酒庄——邦巴斯德酒堡。

“很多年前我就知道我将不得不卖掉酒堡，因为我的兄弟想抽出属于他的钱。”罗兰说道，“尽管这块地的价格很高，它所带来的收入却几乎为零，所以我的兄弟希望抽出资金，我们也就不得不出售酒堡。当然，卖掉它是一件令人伤感的事，因为它从 20 世纪 20 年代起就属于我们家族了，但我们不是波尔多第一个卖地的家族，也不会是最后一个。”[40]

实际上，罗兰也曾寄希望于地价上涨而保住酒庄。他已经将卖地一事拖延了五年之久，寻找着合适的时机。后来，在一次为纳帕山谷的斯隆酒庄提供咨询的长途出差中，他遇到了香港高银集团董事长潘苏通。潘苏通斥资 4000 万美元购买了斯隆酒庄，并且期望雇用最好的员工。这引起了罗兰的注意，他找到了自己的理想买主。

潘苏通同意让罗兰继续担任邦斯巴德的首席酿酒师，并持有酒堡的较小股权。他也许不再是这座家族酒庄的所有者，但这是他所继承的事业。

6

波尔多几百年来的行为方式面临着转变。

多年来，杨文华一直小心经营着厦门建发集团与法国酿酒商卡斯特集团之间的合作关系。建发集团准备设立一个葡萄酒连锁店来销售卡斯特的品牌酒和建发集团进口的其他葡萄酒，并以卡斯特的品牌酒“玛茜”命名。为了巩固自己的地位，杨文华与 23 家波尔多酒堡签订了专营合约，并将这些酒堡命名为“建发酒业·列级名庄联盟”。现在他正在野心勃勃地尽可能多地买入酒商们手中拉菲副牌酒卡旭德拉菲的配额，以期在全球市场中控制这种酒。结果，卡旭德的价格飙升，除了中国人，谁也买不起。建发集团希望以高价大量收购其专营的葡萄酒，这使建发集团和酒堡都大大得利。因为其高超的零售技巧，建发集团几乎能保证每一个酒堡在中国名利双收。

对于诸如圣埃米利翁的金钟酒堡这样处于上升期的酒庄来说，建发集团是理想的合作伙伴。金钟酒堡曾是一级酒庄的有力竞争者。这个酒庄不像它的近邻欧颂酒堡那样享有风土的盛名，但历任堡主付出了 30 年的努力，以让它进入圣埃米利翁葡萄酒分级顶级的序列特级 A 等，这次分级是为了与梅多克竞争而在 1955 年提出的。圣埃米利翁分级有三个级别：特级、特级 B 等和特级 A 等，后两个级别也被称为头品。对许多行家而言，圣埃米利翁的特级 A 等等同于梅多克的一级酒庄。但与 1855 年分级不同的是，圣埃米利翁分级需要周期性的修订，下一次修订在 2012 年进行。

几十年来，金钟酒堡都被列为特级庄，这个序列涵盖了一系列逊于两个头品等级的良莠不齐的酒庄。1990 年，酒庄的联合堡主休伯特·伯德将酒堡的名字由 L’Angélus 改为 Angélus，以使酒堡出现在以字母顺序排列的圣埃米利翁列级酒庄名表的首位。[41]1996 年，金钟酒堡进入了分级的第二级别，特级 B 等。

伯德不知疲倦地推销他的酒。以植入式广告的方式，他的葡萄酒出现在了 007 系列电影《大战皇家赌场》的一幕中，可惜它在续集《大破量子危机》中的出场被剪辑掉了。用伯德的话说，

007 影迷被编辑们搁置一旁。

当伯德正在宣传他的酒会在即将上映的 007 电影《大破天幕杀机》中出现时，杨文华在他的酒商克里斯多夫・雷布尔・萨尔兹——现在经营着自己的酒商公司——的陪同下访问圣埃米利翁。伯德提到，这部电影拍摄期间还曾到中国取景。[42] 杨文华不会蠢到因为一种葡萄酒可能会出现在一部电影中便为其一掷千金，但他知道如果建发集团可以在中国市场中垄断金钟酒堡，他就可以自行定价。

当酒堡发行期酒时，酒商的订单是通过中介到达他们手中的。"波尔多广场"上有两种价格：一种是出窖价格，也就是酒堡把酒卖给酒商的价格；另一种是出波尔多价格，亦即葡萄酒的建议售价。传统上，出波尔多价格包含给中介的固定 2% 的佣金和给酒商的一定比例的提成。酒商的获益随着葡萄酒在市场上的售价而波动。

在大多数工业领域，加工商设定一个建议零售价，但零售商在实际定价时仍有很大的回旋余地。零售商通常将售价定得高于他们从加工商那里获得货物的批发价来谋利。有时，市场需求陡降，零售商不得不承担损失，但仍能以低于批发价的价格出售货物而回笼部分资金。如果货物非常紧俏，精明的零售商或许就能以高于建议零售价的价格进行销售，但这可能导致消费者的反弹，以及输给不那么贪婪的竞争者的风险。

在波尔多，所谓的建议售价并不是一个建议，它是由酒堡严格规定的。酒商可以用高于建议售价的价格进行销售，却不能用低于建议售价的价格卖酒。几个世纪以来，影响酒堡定价主要有三个因素：通过层层中介而感知到的需求，邻居的定价和他们宏伟的梦想。如果葡萄酒不能以规定的价格销售，问题就出现了，但是在网络时代到来之前，酒商可以偷偷地降低酒价而不让酒堡有所察觉。酒堡的经理人不会理会任何酒商关于他们定价失误的抱怨。一位资深的酒商直言不讳地描述了这个体系的运作方式："他们不管我们是否卖出了这些酒，也不管我们是不是被这些酒套牢。"[43] 酒商承担了所有的风险。

酒商的赌注还远不止于此，因为，不像其他一些工业领域，滞销的葡萄酒不可能被退还到酒堡。对酒商来说，定价越高，危险就越大。酒商们的一个显而易见的解决方式就是降低利润，在需求耗尽之前尽快地抛售所有定价虚高的酒。不幸的是，网络大大提高了葡萄酒行业的透明度，打折的消息一夕之间就可以通过博客和销售网站传播开来。"打折"是"波尔多广场"上受人唾弃的一个词，它意味着来自酒堡的谴责信和来年的零配额。一个试图以打折的方式苟延残喘的酒商会被它的供应商赶出这个行当。

这个体系的规则意味着酒堡在市场强劲的时候有很大的可能提升价格。而在过去一年左右的时间里，市场一直非常强劲。中国人乐于付出高价，实际上，价格攀升时他们似乎更乐于购买。金钟酒堡的休伯特·伯德深知这一点，他为 2010 年的金钟定价每瓶 225 英镑（约合 276 美元）。杨文华毫不迟疑。雷布尔·萨尔兹马上订下了 4000 多箱酒。这是牛市中的另一笔生意。

听到波尔多传来的消息，福尧贸易的叶诗乐不由得悲从中来。

尽管他非常喜欢伯德家族，但从几年前他就开始停止购买金钟。酒堡的定价不合常理——他们似乎只是一厢情愿地致力于提升金钟酒堡在下一次圣埃米利翁分级中的排名，而对市场预期视若无睹。毫无疑问，这种顶级波尔多仍在市场上销售，但叶诗乐对此深表担忧。他的长期客户已经停止购买金钟，这向他表明这种酒的客户群几乎已经被投机者所侵占。投机一直是波尔多行业的一部分，但它此前从未超越传统的分销和消费。他看到葡萄酒消费在中国的成长，但它远远达不到建发集团或者中粮集团这些国有企业打算投入市场的量。事实上，一份最近的研究显示进口葡萄酒在中国的潜在消费者只有 1800 万人。这是任何酒堡都不希望听到的噩耗。

叶诗乐不由得想到了 2009 年的酒。大家都对其赞不绝口，但叶诗乐却苦恼于他的存货。他买入这些酒以来，甚至连最著名的酒也没有升值，他没有从自己的投资中得到一分一毫的回报。2010 年产酒的境况也如出一辙。像 2008 年那样酒价在他们买入后仍然上涨到两倍或三倍的时代似乎已经一去不复返了。如果这种情况持续下去，投机者将开始焦虑。

越来越多的伦敦酒商，诸如盖瑞・博姆，开始报道市场已经到达峰值。苏富比香港拍卖的高度已经无人能及。如果酒堡仍想把即将上市的 2010 年产酒的定价定到与 2009 年相当的程度，葡萄酒毫无疑问将会被打折出售，不论酒堡是否同意。酒商们急切地希望卖出存货。“他们很紧张。”伦敦酒商公司贝瑞兄弟与路德直率的销售主管西蒙・斯台普斯评论道。[44] 他们即使牺牲自己的利润也不会把自己捆绑在一种不停贬值的酒上。

后来，到2011年7月初，警钟终于敲响了。追踪100种投资级葡萄酒价格的伦敦国际葡萄酒交易所指数贬值了。指数中95%的葡萄酒都产自波尔多。伦敦国际葡萄酒交易所网站上也陈列了二手市场上最近的葡萄酒交易。葡萄酒的密切关注者，尤其是收藏者注视着这些交易，以衡量何时才是获得最大利润的时机，但他们看到的却是麻烦。不仅几周前刚刚发布的2010年产酒期酒在二手市场上毫无起色，而且可以用出波尔多市场价——有时甚至更低——买到一级酒庄的酒。酒商们正在缩减损失。同样麻烦的还有大量的供给。购买了2010年产酒的人们对这些酒能够保值或者升值没有信心，他们希望尽快脱手。暴跌的价格也影响了更早年份的酒价。波尔多人以自己独特的方式将这叫作“价格调整”。市场供过于求。

恐慌开始了。各家酒商公司提供的价格被公布在网站上，一些还被转发到推特上。没有打折销售的酒商将打折的酒商报告给了酒堡。

受到打击最严重的酒堡之一就是爱士图尔酒堡。酒堡堡主米歇尔·雷比尔和总经理让-古洛梅·普拉斯所最迫切希望的，就是突破1855年分级的镀金天顶。他们知道，经过多年对葡萄酒品质的提升和对品牌形象的投资，最好的办法就是继续抬升价格到逼近一级酒庄的高度。但是2010年产酒因为价格过高而无人问津，爱士图尔成了打折幅度最大的酒。一个坚定维护原价体系的酒商告诉了普拉斯这个坏消息。普拉斯愤怒地给“波尔多广场”上的酒商们写了一封电子邮件，威胁道：如果他的酒继续打折，后果将极其严重。但这个高卢人的震怒是他们所最不担心的。

中国市场的气泡也开始漏气，它的消失只是时间早晚的问题。

8月，上海太平洋资产管理的职业基金经理凌志君从中国基金监管部得到了对鼎红基金的批准，这是一笔高达10亿人民币的葡萄酒基金。凌志君为她的投资设计了15%的回报率。

凌志君大力宣传鼎红基金的蓝筹凭据。鼎红将从维特克斯的菲利普·拉西和另一个酒商让-皮埃尔·莫艾克斯的中国出生的代理人张彦之处买入葡萄酒。中国投资者被要求锁定他们的资金五年以上——每份基金为个人100万人民币，企业1000万人民币。她预计到2015年底，中国将超过法国的葡萄酒消费总量，成为继美国、英国之后的世界第三大葡萄酒市场。

鼎红基金将在9月买入它的第一支葡萄酒股票，价值两亿人民币。基金的60%将用作较早年份葡萄酒的专项资金。其余部分将用于在来年春天收购期酒。

“挑战之一将是说服那些认为2200万欧元启动资金太少的中国投资者，但我们不得不解释最好是分散投资以降低风险。”维特克斯的菲利普·拉西说道。[45] 拉西认为鼎红基金将有望成为最具影响力的葡萄酒投资工具之一，只要他们能调和投机行为。

7

2012 年 2 月，结束了一天的活动，来自宁夏的枸杞酒业巨头，时年 48 岁的张金山已经精疲力竭，他在新购置的酒堡中倒上了一杯茶。参加新闻发布会的记者们已经离开，现在他终于可以好好看看自己新买的庄园：占地 420 英亩的大慕爱酒堡。酒庄里哥特复兴式的城堡正急需一个耗资 500 万美元的翻新，但酒庄的年产量高达 120 万瓶，这很不错。

最吸引张金山的是这里的发展潜力。他计划将园中 270 英亩的土地改造成面向中国游客的度假村，包括九个球洞的高尔夫球场、网球场、水疗中心、健康中心和慢跑小径。他还招募了一位在整个宁夏拥有八家餐厅的朋友来为他的酒堡开设一家中餐厅。餐厅将使用从中国进口的顶级食材，菜单上将有用芬芳的枣木和梨木烤制而成的北京烤鸭。

张金山相信，在几年之内，他就将迎来一万名中国游客。他只希望他的客人们不要因为没有游泳池而太过失望。“这里已经有太多水，再修一个泳池会破坏风水。”担任张金山的翻译并有志于管理酒庄的年轻女士李莉娟说道。[46] 购买一个位于两河之间的酒堡的决定限制了他的选择。

要获得发展并不容易。张金山拥有的宁夏红酒业集团每年出产3000万瓶枸杞酒，他的品牌最终在银川众多的竞争者中脱颖而出。“我们都担心他的下场如何。”一个被张金山击败的对手说道，“也许他会自杀，也许会有别的结局。”[47]而张金山在法国却没有这么多可担心的事。就在附近的布拉奈特酒堡，张金山有一位中国邻居，同为企业大亨的他可以理解张金山，他就是曲乃杰——这不是说他们属于同一级别。

最近几个月，曲乃杰正在疯狂采购。克里斯蒂安·德尔普奇曾从曲乃杰处得到密令，要求为他买下超过24座酒堡。许多交易都并未公开，但每次有酒堡被中国人收购的消息公开，波尔多人都认为中国的投资是一个好的信号。这些商人现在已经在推广和保护中国的波尔多葡萄酒上享有既得利益。

唯一的难题是一些中国企业家的心中有着非常不同的商业计划。

第六章　品牌的价值

1

这应该是他的最后一个工作任务了。

尼克·巴特曼刚刚结束了在纺织业为时八个月的卧底侦查，这次侦查让他从泰国辗转马来西亚来到印度尼西亚，最后来到中国中部地区。为了保护消费者和商家，他已经追击造假者长达25年之久，这让他筋疲力尽。为了执行任务，巴特曼自己有时也不得不造假，他经常使用一些假身份，这些身份都很普通，便于适应各国国情。他的工作已经让他打入过25个不同国家的造假领域。

他本该在香港办公室停下脚步，放松身心，然后回到欧洲的家。回到那里，他就可以轻轻松松地卸下卧底的身份，但在一个朋友的提议下，他改签航班，参加了2009年香港国际美酒展。他还从未涉足葡萄酒业，但自从香港免除进口葡萄酒的关税以来，葡萄酒业就一直很热门。

戴着参观者胸牌在展会大厅内漫步了不到30分钟，巴特曼就注意到一名中国男子观察着各个展位并为展示的葡萄酒拍照。他环顾四周，展位的工作人员似乎并没有对男子的行为有所不满，好像为他们的葡萄酒拍照并没有什么不妥。而其他更成熟的行业在香港举办交易展览会时，都会明令禁止这种行为。

他的目光扫过一个又一个展位，试着判断周边的氛围。没有一个展位摆出香港通常会使用的“禁止拍照”的标志。这些酿酒商似乎还不知道香港成为仿冒品的大门由来已久。

这名中国男子准备继续，而巴特曼不远不近地尾随着他。很快，两名女子与这名男子会合。到达一个展位时，女子向工作人员索要名片和宣传册来分散其注意力，方便男子偷拍更多照片。巴特曼悄悄地靠近他们，去听他们在用普通话说些什么。他们在谈论中国的葡萄酒销售、商标的复制和造假的收入。他们毫不避讳地闲谈，因为他们认为周围的人听不懂他们所说的内容——展览会的工作人员说粤语，而其他的欧洲人也似乎不可能会说普通话。

听到这些谈话后，巴特曼注意到还有一些中国参观者也拿着相机，有系统地为展台上的葡萄酒拍照。他们似乎随身携带着展览会的布局图，上面还标记了他们预先选定拍摄的葡萄酒。

回到欧洲以后，巴特曼开始注意葡萄酒的相关新闻。葡萄酒越来越多地向中国出口。他深知造假者绝不会错过新兴市场中这样一个绝佳的机会，尤其是在葡萄酒出口商们——至少从他亲眼在香港看到的情况来说——如此毫无防备的情况下。2010 年 2 月，巴特曼自费前往中国对造假问题的严重程度进行了调查。虽然不了解葡萄酒，但他了解应该从供应商和贸易商入手，所以他将目标锁定在出产葡萄酒的地区和葡萄酒购买需求最旺盛的城市，北京成了他的第一个目的地。他考察了超市、小型酒类商店和仓库，拍下照片用以进行后续的检查。照片里都是他初步判定为假冒品的葡萄酒。

从北京出发，经过一个短途飞行，他又来到了山东省。从张弼士在那里创建张裕酒庄以来，山东已经发展成为最主要的葡萄酒产区之一。一些规模巨大的国有酒庄——除了张裕以外，还有中粮集团、君顶酒庄和其他酒庄——都植根于山东，选址于蓬莱和烟台之间靠近沿海的山谷带里。不仅如此，还有几十家中小型酒庄和造假酒厂，通常是一个连接着酒厂或装瓶厂的门面。长期以来，巴特曼发现，鉴于中国广大的面积和欠佳的交通条件，造假者习惯于聚集在一起。山东也不例外。他考察了这一区域的 15 家酒厂和装瓶厂，发现了惊人的证据。他看见了种种印有假冒品牌和产区的酒，这些酒有的是当地出产的中国葡萄酒，有的是化学制剂的混合品。

然后，巴特曼继续南下：纵贯中国的东部地区，从青岛历经上海、宁波、温州、厦门，最终抵达离香港 70 英里的广州，他考察了 100 家左右的商店。“可以说离北京越远，这些负面问题抬头的可能性就越大。活生生的例子是，在这些南方的城市，造假者简直无法无天。”他观察后说道。[1]

一个事实变得明了：最大的问题在于二三线的城市。各地的可支配收入都在增长，人们都想购买法国葡萄酒，但北京和上海以外的消费者对葡萄酒几乎一无所知，他们成了造假者理想的目标。零售店和批发市场同时销售拉菲和卡旭德拉菲的正品和仿冒品。而中国人看不懂法语的商标，他们大致了解欧洲地理，但对法国葡萄酒法定产区的位置和名称并不清楚。同时，他们也愿意出高价购买葡萄酒来炫耀他们的财富。一瓶普通法国葡萄酒的标价可能是 152 元人民币（约合 25 美元），而北京较高水平的月薪只有 800 美元。

在青岛，巴特曼发现上进的市长将“延安路”改名为“红酒街”，几年之内，已经有 25 家葡萄酒商店开业。这些商店的员工不知道自己所销售的拉菲的真伪，即使这些酒的价格远远低于正常的市价。他们不知道自己正身处骗局。

对于像巴特曼这样有经验的西方人来说，假酒很容易识别。波尔多不出产波特或西拉，而声称一种朗格多克红葡萄酒产于阿尔萨斯从地理上来说也是可笑的。中国的 1998 年波尔多比波尔多出口的数量还多。这个年份并没有什么特别之处——实际上，它品质平平——但对于中国人来说，年份无关紧要。这些假酒甚至连酒瓶都品质低劣。巴特曼猜想造假者可能只是看中数字“8”象征财富，数字“9”象征和谐。

他很庆幸地发现造假者的造假技术很粗糙。最初出现在商店里的假劳力士手表的秒针常常抖动，商标也被拼错。商标的不成熟意味着葡萄酒造假仍处于起步阶段。但根据他的估计，至少有 60%，或许 70% 的葡萄酒都存在问题。

与此同时，他也感觉到这项工作的棘手。不同于一家大公司保护一个特定的奢华商标，法国葡萄酒是由数千家小的酿酒商出产的。以波尔多为例，葡萄酒酿成后由中介进行销售，这使生产者离中国市场更加遥远。这些小公司根本不可能凭借一己之力阻止造假行为。最好的办法就是组成品牌持有人或者地区的联盟，集中资源，使中国意识到调查造假问题的重要性。集体活动也会对造假者形成一定的威慑作用。一个身处遥远国度的酿酒商的怒火对他们毫无威胁，而数百个酿酒商的怒火就不容忽视了。但是巴特曼知道，要使这种威慑真正生效，他的客户还需要北京的支持。“如果北京全力出击，造假者将无处可逃。”他说道。[2]

根据经验，巴特曼知道中国的中央政府如果得到支持，一定会严厉打击造假行为，但北京的政府官员自己对葡萄酒都几乎一无所知，而且他们也需要有人督促。造假者正在掠食对葡萄酒尚为陌生的中国消费者。在烟台和蓬莱，一些酒庄打着莫须有的合资企业的招牌。他们伪造了葡萄酒进口权的证书，还精心制作了宣传册，宣扬法国的贵族家庭是如何有幸与烟台肮脏的罐装生产线合作，其行为罕见而大胆，却无人阻止。

巴特曼将自己的见闻告诉了香港的贸易商和伦敦国际葡萄酒展上的听众们。他联系了法国全国性的、地区性的及各产区的葡萄酒组织，也直接联系了大的品牌。他确信自己搜集的情报足以敲响警钟。然而，他所得到的回应却是漠然、无视甚至取笑。

到 2010 年 4 月，他对于波尔多及其他顶级葡萄酒产区对这个问题的漠然已经非常不满。一些波尔多人认为中国的造假活动如此根深蒂固，以至于不用对其采取行动。其他一些人提出假酒会使中国消费者从更接近产地的货源购买更多葡萄酒，这有助于提高酒价。还有一些人毫不担心，他们被牛市中滚滚而来的利润蒙蔽了双眼。

一位美国的酿酒商在如此数量巨大的照片前仍然否认中国有造假行为。令人难以置信的是，在中国假冒品最多的酒之一——尼亚加拉冰酒的生产商也否认造假行为的猖獗。他知道拉菲极具影响力，但当他尽力联络对方时，得到的回复却是他们很清楚这种情况。

他找不到愿意雇用自己的客户。

巴特曼害怕这些酿酒商即将对自己最宝贵的财富——他们的品牌——完全失去掌控。他曾经目睹过这种情况。最初，纺织业和腕表业的国际品牌拥有者没能成功地联合起来抵制造假行为，他们的商标从而深受其害。“行政管理机关不能时时刻刻地在任何情况下控制所有地方的全部商品。但当他们从相关行业获得支持，推动他们聚焦某些问题时，他们就能发挥作用。”他观察后说道，[3]“任何一个单一的葡萄酒品牌想要独自解决这个问题都是不可能的。问题太大且涉及面太广，只有团队活动才能发挥作用。”[4]

巴特曼的执着最终得到了回报。5月，英国葡萄酒记者简西斯·罗宾逊从她与巴特曼的谈话出发撰写了一系列报道。这些报道吸引了波尔多葡萄酒行业协会的眼球。他们希望与巴特曼会面。在路上，巴特曼绕了个弯。

在结束对中国葡萄酒造假活动的初次调查之前，巴特曼曾在深圳稍作停留，这座城市与香港交界，是中国的第一个经济特区。深圳的一位葡萄酒贸易商无知地给了巴特曼商标和运输单的复印件，以证明他所销售的葡萄酒确实来自波尔多。运输单上的地址位于法国的巴约讷。他决定去那里看看。

当他到达那个地址时，发现了一家名叫杜普特兄弟的酒商公司。巴特曼拿出他的照片和文件，说服经理查找有问题的葡萄酒的记录。结果，确实有一些葡萄酒被运送给了这个贸易商。但这些酒来自朗格多克，而不是波尔多。而且，贸易商所提供的文件上的葡萄酒数量要远远大于杜普特兄弟运到深圳的量。

巴特曼回想起深圳仓库里囤积的大量廉价智利葡萄酒。他意识到最说得通的解释是这些酒被重新贴标成波尔多以卖出高价。

酒商说这笔交易是由一个住在法国的中国掮客促成的。

拼图的碎片终于被完整地缀合。在过去的调查中，巴特曼曾经接触过海外的华人社区，这是假货和洗钱的重地。而这一次的案件需要跨境调查。

第二天，巴特曼终于找到了一个愿意支付酬金的雇主——波尔多葡萄酒行业协会。[5] 但有一个条件：协会不希望调查指向任何在法国工作的人，不论他们是不是法国人。

2

几个月后，到了 2011 年 1 月，巴特曼得知他可以组建一支队伍回到中国。奇怪的是，他没有被授权调查造假活动，他的行动被限制在从商店采购葡萄酒上。

他怀疑造假者在这几个月之间已经改变了策略。他开始寻找新一代的假酒。他的团队由四名调查员组成，三男一女，他们在两周时间内突击了 12 个城市，收购可疑的葡萄酒。“我租来的轿车已经被 100 瓶葡萄酒塞得找不到一丝缝隙。”巴特曼说道。

晚上，在他们私密的酒店房间里，这支队伍拍摄了这些酒并记录下购买的数据。将巴特曼引向巴约讷的文件线索初显成效，一种模式正在逐渐形成。许多南方的贸易商，不仅是深圳的那位，很明显正在将便宜的进口葡萄酒重新贴标冒充优质的波尔多出售。而最近，他们又将伪造的法国标签贴在以中国产的酒瓶灌装的中国葡萄酒上，而不再颇费周折地进口智利或其他地方出产的廉价葡萄酒。[6] 这样一来，造假者因为不用付出高达 48% 的关税而获得更大的利润。国有酒庄附近的酒庄里有不少现成的中国出产的葡萄酒。他们所需要的只是一些像样的标签、条形码以及能证明这些酒产于法国的文件。

绝大多数的文件都具有某种程度上的真实性。“这些造假者不可能凭空捏造出文件。事实上，要伪造出带有这么多印章的虚假文件是相当困难的。”巴特曼说，“最简便的方法是购买少量的酒以获得真正的文件。”[7] 这些文件会被反复使用直到它们过时，然后造假者又会再次下单。这些少量的进口葡萄酒也为他们的生意带来了一些合法性。

巴特曼认为，波尔多的酿酒商和酒商应该警惕那些以六到八个月为周期的小额订单。他告诉他们，这意味着造假活动仍在继续。

凭借着在中国多年调查造假活动的直觉，巴特曼认为应该从假酒的源头下手，也就是酒庄和装瓶厂。但是他不得不等待雇主的首肯。

巴特曼沮丧地解散了他的团队。又是几个月过去了。终于，他得到了调查造假活动的许可。而与此同时，成千上万的假酒已经涌入市场。

3

2011 年 5 月，波尔多葡萄酒行业协会指示巴特曼将他的调查范围限定在南方地区，这对巴特曼而言是一个坏消息，因为中国绝大多数的葡萄酒都产于北方。面临着对自己行动的又一限制，巴特曼将目标锁定在葡萄酒贸易公司、发货人和仓库。

对仓库的调查结果令人失望。造假者并没有很多存货，因为葡萄酒的下单、装瓶、贴标以及运送诸环节，从北方的酒庄到南方的客户，在短短五天之内就可以完成。更令人沮丧的是，所有的线索都表明山东省的烟台和蓬莱周边地区及河北省的昌黎县是非法葡萄酒生产的枢纽。贸易商无意中透露中国 80% 的假葡萄酒来自这三地的其中之一。

根据多年打击造假活动的经验，巴特曼认为仅仅打击南方的贸易商、发货人和仓库却不同时追击供应商的策略是错误的。他们只有一次机会。一旦打草惊蛇，造假者就会逃散，各家公司也会隐藏证据，他和同伴的努力将功亏一篑。一般来说，造假者再也不会返回老巢，这样实在太过危险。根据中国的《消费者权益保护法》规定，生产假冒伪劣并存在致命可能性的食品将会受到监禁的刑罚。因此，巴特曼和同伴的这次行动风险很大。

“我试着避免被拍到，但我必须出面行动，而那里的人的手机都有拍摄功能。”巴特曼说道。他担心自己的照片很快会在 QQ 上传播开来，这个具有微博、实时消息及在线聊天功能的软件拥有超过 8000 万的用户，而他们绝大多数都在中国。[8] 造假者让他们的员工轮流进行威胁和报复。当调查人员试图断绝他们的财路时，他们就会毫不犹豫地派出打手。

巴特曼对于波尔多方面阻碍行动日益不满。在他看来，他们雇用他就是因为自己的经验和直觉可以弥补他们贫乏的经验和错误的直觉。于是，巴特曼大胆北上。他没有听从他的客户的指示，而是将自己的队伍带到了北京以东 185 英里的昌黎。昌黎周边有大约 100 家酒厂。这座城市被中国媒体誉为“中国的波尔多”，但这里出产的葡萄酒，不论真假，被公认为品质不佳。对于葡萄酒爱好者来说，昌黎实在乏善可陈，但当地的造假者似乎生意兴隆。

巴特曼列出了 25 家可疑的供应商，其中没有一家愿意接他的电话。他觉得他们可能都正处于惶惶不安之中。2010 年圣诞节之前，中国中央电视台播放了一部关于昌黎葡萄酒批发市场的纪录片，紧接着，警方已经开始第二轮搜捕。令人惊愕不已的是，中央电视台的这档节目拍摄了一位销售经理，他承认青岛生产的一些葡萄酒仅仅包含 20% 的发酵葡萄汁，剩下的部分都是糖水和化学混合物。[9] 其中一些添加剂可能导致头痛、心律失常和癌症。[10]

纪录片在 12 月播出以后引发了广泛关注，当地政府迫于北京的压力不得不采取行动。警方于是对当地的葡萄酒厂进行了调查。

造假者的重大失误之一就是生产了假冒伪劣的长城葡萄酒，而长城葡萄酒正属于中粮集团。长城葡萄酒公司的经理们对于假酒的怒火愈燃愈烈。他们怀疑昌黎警方可能有意包庇当地的公司，便直接向北京提出了申诉。据说中央电视台的纪录片就是申诉的结果。巴特曼很欣赏这种行动：既达成了目标，又保全了当地政府的颜面。

纪录片播出后的几个月里，据中国官方媒体报道，昌黎的三家酒厂——嘉华、野力、更好——被关停。[11] 政府冻结了总值 42.7 万美元的企业账户，收缴了 5114 箱贴了假商标的葡萄酒，并没收了 19 个假商标的模板。一张单据显示嘉华向一位北京的买家卖出了 8000 瓶假酒。根据中央电视台的报道，这家公司一年能销售 240 万瓶葡萄酒。[12]

在这次打击行动中，五人被判处了 7~15 年的刑期。[13] 而第六个被捕的是一家葡萄酒公司的前任副经理王春平，他被判处无期徒刑并被没收全部个人财产。[14] 据官方调查，王春平是中国最早的葡萄酒造假者之一，他从 1998 年就开始涉足葡萄酒造假业。最初，他命令员工在酿酒剩下的葡萄果肉、果皮中加入水、糖和酒精，然后进行发酵。他生产的这种半成品，有一半被卖给了昌黎的两个葡萄酒酿酒商。根据公司的档案，从 2008 年 3 月到 2010 年 10 月，王春平及这些酿酒商通过灌装、销售这些混合物冒充真正的葡萄酒赚取了超过 2800 万人民币。[15]

巴特曼认为昌黎假酒案是法律发挥最大效力的一个实例。如果长城只是对这种知识产权的侵权行为进行指控，就不会有这样显著的效果。欺骗大众是一回事，危害消费者的健康和生命安全则完全是另一回事。

这些打击活动和纪录片是中国公安部于 2010 年 11 月开始实行的代号“亮剑”的专项行动的直接产物，这一行动旨在打击制售伪劣商品犯罪，打击对象涵盖从组织犯罪到葡萄酒造假各领域。[16] 在全国范围内，公安机关已经没收了超过 30 吨散装葡萄酒和 1350 万假酒瓶、瓶盖和商标，价值 20 亿人民币，约 3.06 亿万美元。[17] 巴特曼到达昌黎时，第二次打击行动正在进行。

他决定帮助当地政府。经过一系列电话联系，他安排了 11 位政府人员在一天晚上进行聚会。他向他们展示了自己列出的可疑名单，以防这些企业尚未被列入公安机关的打击对象，然后用 45 分钟的时间向他们介绍了一些法国葡萄酒的基本知识——怎样从商标辨别葡萄酒的真伪。他还向他们解释了葡萄酒在波尔多是如何被定价的，什么叫作配额。他甚至拿出地图向政府人员说明法国葡萄酒产区的位置。这些信息正是政府人员所渴求的，巴特曼看出自己已经激发了他们的兴致。他意识到自己为他们提供了追加那些在押的经理们的罪名的又一证据。从前，中国的政府人员只能集中打击那些他们能读懂商标的假冒伪劣的中国葡萄酒。现在，他们也懂得了如何辨别波尔多的真伪。

晚餐的时候，巴特曼和政府人员不约而同地避开当地的葡萄酒而选择了啤酒。

第二天，巴特曼又在手握重权的卫生官员的办公室做了相同的展示，强调了波尔多的状况并得到了官方的承诺，他们会清理当地的葡萄酒贸易。

此后，巴特曼驱车十个小时来到蓬莱，“在这里，与其说是制酒不如说是种植。”巴特曼这样说道。蓬莱将自己标榜为世界上最大的海岸葡萄酒产区之一，可与波尔多、纳帕山谷和开普敦相提并论。高速公路上的一个路标指向“纳瓦山谷”。

巴特曼一行伪装成欧洲商人和中国助手，很快便发现了葡萄酒造假的证据。一家工厂隐藏了一条假酒灌装的生产线。这个生产线藏在一堵假墙之后，只能从隔壁的金属配件加工厂进入。另一个作坊藏在一家零售店背后的公寓里。当巴特曼走进公寓衣柜里一扇隐藏的门，他发现“一个海德堡印刷机正在印制一卷卷的劣质假商标”。

最麻烦的是一家酒厂的老板，他刚刚踏入葡萄酒业，找了一个在法国的中国合伙人为他接洽了一个酒庄，从那里进口瓶装和散装的酒。为了即将开展的合作，他在中国注册了这个酒庄的商标，然而这笔生意最终没有达成，他撕掉了双方的合同。他说自己后来另找了一个酒庄，并在其商标下灌装葡萄酒。为了让它看起来合法，他伪造了法国条形码。

情况已经足够糟糕，但巴特曼怀疑这个新的法国合作伙伴是否真的存在。这家工厂里没有进口葡萄酒的迹象，而附近却有大量的中国葡萄酒。利用一个注册的法国品牌、一个法国商标和一个法国条形码，他做着利润丰厚的生意。

然而，不像昌黎，北京方面没有出动这里的公安部门。当地的葡萄酒界阻挠调查员的每一步行动，巴特曼和他的团队很快便整理行装离开了此地。

4

当波尔多人开始向中国大量出口他们的酒时，波尔多葡萄酒行业协会就已经要求他们对自己的商标进行注册。很少有人听取这个建议。但造假者并不是葡萄酒品牌知识产权的唯一威胁，还有品牌侵占者。

精明的企业家意识到中国是一个申请优先的国家。中国商标专利事务所将商标所有权赋予首先对其进行注册的人。从前的使用没有任何意义。2011 年 9 月，一个名叫美国格林纳达控股的公司率先注册了大量的葡萄酒品牌，它是一家“影子公司”，位于英属维京群岛，以麦加拉的名字活动。麦加拉现在享有一些著名酒堡或副牌的商标在中国的权利，包括龙船美度、大宝陆军统帅、雅克男爵酒庄、花骑士、天鹏家族等副牌和一些主牌，如迪美酒堡、拉图波美侯、丽嘉红颜容和柏菲酒堡，一个圣埃米利翁的一级酒庄。[18] 即使这些酒中有很多已经在中国销售了多年，并且仍在绝大多数的葡萄酒消费市场行销也无济于事。战胜率先注册的唯一方法就是证明其在中国占优势的存在，而在一个如此年轻的市场中，很少有法国葡萄酒能如愿以偿。

同一个月里，一家公司又在北京市知识产权局注册了 79 个葡萄酒品牌。除葡萄酒品牌以外，还有在葡萄酒销售过程中至关重要的波尔多法定产区名也全部被注册了。甚至连 1855 年分级本身也被进行了商标注册。波尔多的其他财富也被瓜分得七零八落。数家公司对“梅多克”的多种版本进行了注册，包括浙江的蜜多有限公司，内蒙古的一家葡萄酒公司则注册了“波美侯”。这简直是火力全开的品牌之战。

与造假相比，侵占商标风险更低、投入更小。注册一个波尔多的商标耗资约 700 美元，但回报丰厚，吸引了不少的商业流氓。一个入门级的品牌侵占者可能持有不同领域的多个商标，不全与葡萄酒有关，其中一些是合法的。常见的伎俩是对商标的拼写进行细微改动或者将两个名牌组合起来，如“木桐拉图”。

更高级别的品牌侵占者则更专业，专注于葡萄酒品牌，有时对标签上的所有细节都进行了注册。一个极端的例子是烟台的一家公司不仅注册了一家酒庄的名字，还注册了其庄主的名字。酒庄的象征性符号则更常被注册。在中国销售的葡萄酒的背标上通常有为不懂法语的消费者而设的朗朗上口的汉语译名。这个汉语译名可能是葡萄酒原名的音译，但更多的是带有象征意义的一个字母或单词。

例如，Chteau Angélus 通常被称为“金钟堡”，因为其前标上的钟形符号，以及这个酒庄的副牌金钟副牌。金钟堡在中国如此畅销，钟也成了这个酒庄的标志。[19] 休伯特·伯德每年将其总产量 7500 箱的一半卖到中国，所以他很苦恼于编号 9105485，持有者为李道之的商标，这个商标叫作“卡斯特金钟”，大致可译为“Castel’s Angélus”。类似地，东莞瑞欧索维龙贸易公司（音译）持有“奥博安格鲁斯宝拉弗雷斯特”（音译）的商标，麦加拉注册了伯德之花，天津食品进出口股份公司注册了金钟的标志。金钟堡的副总经理斯蒂芬妮·德·伯德－里沃尔感到很困惑。“我们甚至不能确定他们拿这些商标来干什么。”她说。[20]

5

一年后，2012 年 7 月，巴特曼又因为追查葡萄酒造假重返中国。这一次，他的目标是深圳的印刷厂。

深圳，这座位于香港特别行政区以北的大城市，通过蚂蚁军团或者更有组织的走私集团，成千上万的昂贵葡萄酒从深圳非法地进入中国内地。廉价的葡萄酒也从这里过境，不过通常是以合法渠道。

每一天，巴特曼和他的团队都到各处的打印店查访他们的工作。每一家似乎都有某个版本的拉菲标签。造假者通常不敢直接复制标签的原件，他们往往在某些细节上加以改动，使假标签看起来与真品十分相像，但又不尽相同。其中一些很可笑，比如产于米内瓦的“拉菲佳品”。但对于一个只会说汉语的消费者来说，这个标签颇具说服力。这个标签上印有一座城堡的图像，还列出了酒产年、产区和酒精含量。造假者甚至还在上面伪造了条形码。他们在提供所有条形码的货品编码系统的网站上寻找自己仿造对象的条形码。例如拉菲的条形码是3296332007108，造假者把最后一位数由8改为9，这样就有了一个尚未注册的新编码。当顾客发现标签有问题的时候就会被哄骗说这只是设计上的错误，葡萄酒是真品。这些印刷厂还有一些看似海关凭证的授权他们印制标签的文件。如果有人来检查——这似乎并不可能——它们就被掩盖起来。

巴特曼怀疑这些标签是由在法国的人或者他在香港美酒佳肴巡礼上看到的某些商业间谍设计的。他碰巧遇到了一个造假者。深圳一家公关公司的经理自豪地向他解释她的公司如何为中国葡萄酒进口商提供优质的客户服务。她曾亲自到中国北方的酒厂考察葡萄酒标签的规格，然后由她的员工在网上搜索名称、徽标、产区和用以完善整体设计的图像。“她告诉我们这是一个简单的生意，低风险、好操作、易赚钱。”巴特曼说。他注意到这位女士开着价值十万美元的宝马，所以他相信这个行当确实赚钱容易。

下一个环节是运输。如果没有货车司机负责运送这些贴标的酒，造假者的生意就无法进行。把酒从深圳运到葡萄酒产区需要途径五个省份，历时超过12个小时。在长途运输中被抓的机会不小，不过货运公司不可能让一个欧洲人检查他们运送的货物。但巴特曼很走运，一个在印刷厂外等待装货的无聊的货车司机兴致勃勃地与他攀谈起来。

与美国一样，中国每个省份的车牌也各不相同。如果他们的车是当地车牌，那么货车司机被拦下检查的概率就更小。所以公司为这个司机提供每个省的牌照，如果他沿途更换车牌并三缄其口，就能得到额外的酬劳。一卷卷的假标签藏在合法货物中被运往北方。返程的时候，他的车又会满载着派送给客户的假酒。从下单到派送的周期通常是五天。

巴特曼意识到这是一个很大的突破口。一场精心策划的突袭可以对假酒贸易施以重击。法国的许多酿酒商并不知道他们的名字和自己家园的图像被偷来用以制作假酒，卖给不知情的中国消费者。但调查已经宣告结束。

视线回到波尔多，波尔多葡萄酒行业协会遇到了麻烦。协会代表了 7000 个酿酒商、300 个酒商以及 95 个中介。预算和策略是由协会批准的，调查支出的经费也已经确定。与此同时，波尔多葡萄酒行业协会的领导人们面临着对一场没有完全实现其目标的调查的决定。葡萄酒造假对于波尔多来说并不陌生，但波尔多人很难理解这种规模的造假活动的复杂性，深圳的非法印刷厂离商店货架上的假冒伪劣波尔多似乎甚远。波尔多葡萄酒行业协会的领导人们变得紧张而优柔寡断。然后董事会做出决定：到了该脱身的时候。

巴特曼和他的团队耗费了三周之久与造假者进行周旋，而这些努力都白费了，他怒不可遏。

到了 11 月，波尔多葡萄酒行业协会请他重新展开调查。他们决定拓展调查的目标，将保护波尔多产区的商标也纳入范畴，他们希望向北京展示自己的严肃态度。[21]巴特曼的怒火仍未平息，但他还是同意了。他想追踪造假者。最后，波尔多葡萄酒行业协会同意他集中调查昌黎和蓬莱的灌装厂。

他并不十分意外地发现假酒厂仍在营业——即使在昌黎也一样。警方的打击活动已经结束。灌装厂是如此安心，以至于员工们兴致勃勃地带着西方男子和一个中国女子参观，他们已决定要买什么酒了。当他询问这些造假者时，他们都声称自己与一位由居住在法国的中国中间人介绍的法国供应商有直接联系。巴特曼直觉要在造假活动完全失去控制之前将其禁止，他将不得不到法国落实情况。造假的产业链横跨数国并不罕见。他相信造假者有身在法国的同伙为其订购合法的酒，获取官方文件来掩盖他们的不法行为。而且，他们很可能就住在波尔多。

6

巴特曼来到了蓬莱市中心附近山东烟台明洋酒业的停车场。他放出鱼饵，明洋的老板张泉铭上了钩。巴特曼注意到这家酒厂位置优越、装修豪华。当巴特曼走近时，自动门随之打开。他看到接待区的墙上装饰着法国葡萄园的照片，旁边还摆放着老式的酿酒设备，看起来就像是一个迷你博物馆。一座弧形楼梯通向张泉铭的办公室。巴特曼一行充满期待地爬上了楼梯。

他们没有失望。这间办公室足以容纳 50 名工人，却只摆放了四个巨大的沙发以及一张摆放着葡萄酒书籍的咖啡桌。张泉铭正在进行一场谈判的扫尾工作。客户是一名衣着时髦，佩戴着昂贵珠宝的女子，她刚刚为中国北方的超市订购了一批假酒。上一笔生意谈成以后，张泉铭把目光投向了巴特曼这个“未来的客户”。

张泉铭提供的葡萄酒被陈列在一个长形的侧柜上。他才华横溢的内部酿酒师在一所中国的知名大学获得了葡萄酒酿酒学的学位。她穿着白色的实验服，向巴特曼展示她在仿造波尔多上取得的最新成果。

巴特曼注意到许多酒都仿自一家名叫米歇尔·格内特酒坊的公司的产品。张泉铭在中国注册了米歇尔·格内特的商标，商标的设计完全是格内特商标的翻版，是一幅描绘格内特家的画。[22] 张泉铭还特地精心复制了米歇尔·格内特家的条形码，所以任何搜索都会链接到法国的米歇尔·格内特。但米歇尔·格内特只是张泉铭的目标之一。他还伪造了罗斯柴尔德旗下的品牌和他曾造访的波尔多酒商宝悦酒庄以及其他酒庄的品牌。

为了伪装成更专业的假酒经销商，巴特曼向张泉铭表示了对其装备的疑虑。巴特曼说毕竟自己不想被抓住。这时，张泉铭拿出可以“证明”他所用的是进口的法国葡萄酒的文件来安抚巴特曼。而实际上，张泉铭只是在瓶子里装入了廉价的中国葡萄酒，就是这么简单。他迫不及待地领着巴特曼去参观他的其他设施。

在同一地段的一栋独立的建筑里，有张泉铭用于酿酒、装瓶和储存的空间。一切都井然有序，还使用了最新的设备。就是在这里，他的酿酒师用他从住在简陋的窝棚里，耕耘着小块土地的农民手里买来的葡萄酿成了酒。他们没有尝试生产优质的果实，而实际用于酿酒的葡萄品种与商标上标注的品种毫无关系。这样的假酒不难被尝出，但似乎很少有中国顾客品尝过真正的波尔多。

当张泉铭邀请巴特曼共进午餐时，他毫不犹豫地答应了。

餐厅肮脏不堪，他们用有缺口的脏玻璃杯喝着劣质的葡萄酒。张泉铭像喝白酒那样皱着眉头喝葡萄酒。他向巴特曼坦白自己对葡萄酒一窍不通，只是靠它赚钱而已。随着一杯杯的酒下肚，他自豪地透露他们公司的灵魂人物正是他的儿子张太洋。像许多有钱有势的中国人那样，他将儿子送到法国，在一所波尔多葡萄酒学校留学。儿子留学期间，张泉铭自己则忙着建立酒厂和灌装生产线。然后他开始规划下一步。最后，他决定投身利润最多的造假业。

在法国，张太洋通过他的调酒学校接触到酒堡和酒商们。像许多的中国留学生那样，他帮助他们向中国出口葡萄酒。在这个过程中，他锁定了那些名字上口的葡萄酒。他尤其偏爱格内特，因为它像拉菲一样好念。

张太洋在波尔多待了几个月，轻松地融入了城里中国留学生的社交圈，他也打入了“波尔多广场”，为特等酒庄、宝悦酒庄、葡达酒业等酒商做代理。他进口葡萄酒并提供咨询服务，以“法国波尔多葡萄酒行业协会首席调酒师”的身份活跃在中国。不出意料的是，这个头衔并不存在。波尔多葡萄酒行业协会的确办有一所学校提供波尔多葡萄酒相关培训的短期课程，但他们并不认证调酒师。波尔多葡萄酒行业协会否认张太洋曾参加过他们的课程，实际上，他是在戛法培训上课的。[23]

张泉铭一边等待着儿子购买的波尔多到达中国，一边将中国酒装瓶，并用模仿法国品牌制作的商标、瓶盖、软木塞和条形码来加以包装。他还注册了波尔多葡萄酒的商标来作为最后的底牌。这样一来，即使他没有合法的供应，酿酒商也无法指控他侵犯了知识产权。他只是在经营自己的品牌。与其他人一样，进口波尔多的官方文件为他向客户和政府人员证明他出售真酒提供了足够的证明，所以他的生意红红火火。

“这是一个每个环节都经过了长时间缜密计划的大骗局，”巴特曼说道，“消费者很容易被公司的金玉其表所蒙蔽。”

巴特曼认为张泉铭所说的全部属实，因为他假装成一个住在中国，同时有能力在法国核实张泉铭的说法的西方人。巴特曼已经将一个黑心商人的角色扮演得活灵活现。

“他觉得我们是同一条船上的人。”巴特曼说。

张太洋回国后，他的父亲奖励给他一辆白色的保时捷卡宴。而他自己也在青岛开了公司，为当地的执法部门担任顾问。他免费为警方辨识法国葡萄酒的真伪，很显然他可以胜任这项工作。

巴特曼说服张泉铭将自己介绍给他的儿子。他们驱车四个小时来到青岛，晚上，当他们在一家昂贵的餐厅用餐时，巴特曼试着引诱张太洋向自己销售假酒，但这位年轻人实在太过狡猾。“当提及造假时，他颤了一下。”巴特曼回忆道，“如果不是事先知道真相，我恐怕会相信他。”张太洋甚至滴酒不沾。这位年轻人只是向巴特曼说自己可以帮他赚到超乎他想象的钱。

几条线索使巴特曼相信，一个造假者通过一家华人经营的公司运送葡萄酒，公司地址是一个华人福音浸信会教堂，并使用一个邮件包裹代收机构的邮箱。

巴特曼遇到过这种情况：这也许是一个所谓的“影子银行”，经营的项目包括从理财到典当的方方面面。[24]中小型企业并不能总是成功地从一般的银行借到贷款，所以手有余款的人们将钱投入一个非正式的借款网络，赚取高额利息。影子银行提供不同货币之间便捷的现金转账。在上海存入一笔人民币，就能在巴黎提出欧元。一些分析家认为影子银行负债额太高，以至于如果它们拖欠贷款，就会对中国经济形势造成负面影响。[25]

影子银行都以正常的企业作为掩饰。巴特曼知道迪拜就有一家以酒店为外壳的影子银行。这是一个聪明的伪装，这样一来，客户就可以提着空箱子入住，然后带着满箱的现金退房。虽然无法完全证实，但凭借着直觉和经验，他认为张氏父子或许身处更大的犯罪链条之中。

巴特曼开始考虑如何找到这些造假活动和品牌侵占在法国的帮凶。他们应该是以像张泉铭将儿子送到法国那种模式建立起来的，尽管并不一定是将家庭成员送到法国作为代理。他的思绪总是不停地回到巴黎的华人福音浸信会教堂，他怀疑这里除了让留学生感到宾至如归之外，也做着洗钱的生意。

常有中国留学生到达法国后不久便被陌生人联系，问他们有没有兴趣以代购的方式赚几百欧元。购物清单包括奢侈品，通常是一些小物件——例如手表，这些东西寄回中国可以卖出比巴黎高出三到五倍的价格。这样，钱就以代购利润的方式被清洗了。

非法移民也是一项蓬勃发展的副业。用假文书将一个人弄进法国需要花 10000 ~15000 美元。“他们说中国人永远不死。”巴特曼说道。否则，就会有人来核实死者的身份。

一个住在法国的中国人也可以用住宿地址注册一个法国公司，他们可以用当地邮箱来注册商标或申请货物条形码。

“这一整套文件都可以被传回中国，为他们提供一个完美的外壳。”巴特曼解释道，“而葡萄酒所承载的所有这些信息，都会被误解为是法国的。”

7

不久后，巴特曼联系一些此前列出的中国的调查对象时，开始感受到了敌意。他们已经被警告过了。碍事的国有葡萄酒界向各处发出消息，一个参观太多酒厂的西方人很可能并不是客户。

这意味着调查工作将很快被迫减少。“没有人已经确切地知道我们的真实身份，但身份暴露肯定只是时间早晚的问题，如果那样，我们接下来的行动将难以展开。”巴特曼解释道。

然而，离开中国之前，他又得到了一个搜集重要造假证据的机会。12 月，他确定这是找到运送假酒的货车的幸运月。中国的农历新年还有几周就要到来，人们正在订购葡萄酒。他敢打赌这些货车肯定都是满载的。

实际上，他仍需要至少两到三个月才能完成对他的清单上所有目标的调查，但波尔多葡萄酒行业协会的预算已经不能承受了。他决定集中到一些热点上。通过八天的走访工作，他列出了一份确定的造假名单，其中五个是烟台和蓬莱地区造假公司的子公司。他的名单上包括装瓶厂、酒厂、商标印刷厂、运输公司和仓库。他估算这些目标造假者的总值达到了 3700 万美元。关停这些企业将不是一件容易的事，这样做会导致失业和税收减少。这其中包含着复杂的关系，他唯一的希望是得到北京的支持与协作。

意识到打击这些犯罪的政治影响，波尔多葡萄酒行业协会请北京的法国使馆介入此事。巴特曼沉住气，与法国警方一起为中国的中央政府准备了一份卷宗。他的团队整理出关于每一个调查对象的详细报告，还提供了一份包括其客户、商标供应商和运输商的名单。

几天后，法国和中国的政府人员坐在了手握重权的执法部门——中华人民共和国国家质量监督检验检疫总局的办公室里巨大桌子的两边。四位法国官员和巴特曼一起出席了这次会面，中方则派出了一支 14 人的寡言少语的队伍。

在接下来的两个小时里，巴特曼展示了他的证据。吃惊的中方人员解释说他们曾经派出工作人员到蓬莱和烟台调查非法葡萄酒交易，但是没有搜集到确凿的证据。现在他们会全力支持必要的打击活动。

一个特别工作组被组建起来。地方和地区的政府部门被通知安排好日程，但并未得到进一步的信息。打击行动展开的那天，当地公安人员的手机和收音机都被没收了。每辆警车中只有一名高级行政人员知道打击对象的所在。工作组很快关停了作为打击对象的企业，围捕了员工，封锁了大门，没收了文件和假酒。张泉铭的明洋酒业也在打击对象之列。整理所有的证据需要耗费数月之久。

巴特曼对于这次打击活动的操作方式很满意，但他还是无法平息眼睁睁地看着漏网之鱼逍遥法外的挫折感。仓库、商标打印店和运输公司毫发无损。

带着失落的心情，他和他的团队开始了累人的整理工作，检查没收的每一瓶酒，记录造假的每一种形式。如果能在薄纱上留下沉积物，那么这些瓶子里装的液体就是葡萄酒。而许多瓶子里装的液体没有一点葡萄酒含量，全是含有酒精的药汁。与此同时，这些被打击的公司的经理、董事和所有者都被警方带去询问调查了。巴特曼一行试图避开他们的视线，但这是不可能的。离开公安局，他们就发现自己被跟踪了，许多人怀疑自己的手机被黑客入侵。他们知道，一旦暴露身份，威逼利诱就将接踵而来。这一切确实如期而至。

为了加强国家对这些犯罪嫌疑人指控的力度，中法双方协商将一些未开封的假酒送到法国的实验室进行检测。中国科学家对葡萄酒了解有限，所以无法判断波尔多的真伪。波尔多葡萄酒行业协会将负责运输这些酒，并在28天内给出检测结果。

几天后，三瓶酒被打碎的消息传了过来，证据被破坏了。波尔多葡萄酒行业协会通知中方结果将会延期告知。中方怒不可遏。

审判的时间是不能延后的。但更糟的是，“当检测结果最终到来时，它们是法语的，内容对中方政府而言不过是一堆毫无意义的描述性实验术语、数字和百分比。”巴特曼说，“检测结果中没有这些酒是假酒的结论。”——尽管巴特曼认为结论已经不言自明。

对巴特曼而言，这是他在葡萄酒打假上的收官之作。他的身份此时已经暴露。

他对这次的结果感到震惊。“这次虎头蛇尾的行动让中法双方都失去了宝贵的机会。我们因为造假活动而遭受的长期损失的估计值是 3000 万欧元，但实际损失恐怕远远不止于此。”他说，“更糟的是，中国政府的执法行动被发生在法国的诡计所阻碍了。”

还有一件让巴特曼吃惊不已的事，他的头号嫌疑人张太洋仍在青岛的公司与法国酒商进行合作。张氏父子在销售“雷巴赫”葡萄酒，包括一种声称产自梅多克的特酿和一种来自佩里戈尔的梅洛。波尔多葡萄酒行业协会勉强地向巴特曼承认张太洋很可能是一个造假者，但为了控制负面影响，他们尚未证实和公开这一指控。没有造假者的罪犯相册，数十家酒商和数百家酒堡仍然难逃这些非法商家的魔爪。

8

当格内特家族发现山东烟台明洋酒业在中国对他们公司的名称

“米歇尔·格内特”——同时也是他们父亲的名字——进行了商标注册，还注册了他们一个酒庄的名字“雷巴赫”，他们的第一反应就是与其进行协商。[26]格内特家族在他们位于波尔多和香槟的土地上生产着超过100万瓶的葡萄酒。他们自己对葡萄酒进行分销，主要卖给超市，所以他们习惯处理难题。但当他们每一次尝试从张泉铭的公司买回自己的商标，价格都在上涨。在2013年初的一轮讨价还价中，格内特得到了30万美元的报价。[27]这根本不像是协商，而像是一笔赎金。烟台明洋酒业甚至还注册了庄主之子——格内特葡萄酒公司出口主管查尔斯－亨利·格内特的名字“查尔斯”。[28]

听到这个消息，查尔斯－亨利感到震怒，但过了一会儿，他冷静了下来。这些中国人可以拥有他的名字，而他只想要回他父亲的名字。

一位欧洲的商标律师席琳·巴耶说她曾经处理过一个注册了近300个波尔多酒堡名字的中国人的案件。“他只需要卖出两三个就能赚回成本，他并不打算真正地生产这些酒。这几乎就是一种癖好。”[29]

为了方便，进行商标注册的中国机构同时也提供恢复品牌的协商服务——尽管他们不这样叫它。如果商标三年没有被使用，你就可以申请取消注册。基本的服务费是450美元，不包含以小时计费的劳务费。除了劳务费，还需550美元向行政机关提出请求，以及至少650美元对商标侵占提起法律诉讼。

随着酒商试图将越来越多的品牌带入中国市场，商标抢注的问题也日益突出。为了避免法律纠纷，经销商开始在订购一种酒之前在中国的商标数据库里进行查询。他们不进口任何商标被中国的其他人持有的酒，他们不想浪费时间和金钱去推销一种可能有商标纠纷的酒。因此，一个商标侵占者可以有效地将一个酿酒商排挤出中国市场，而这时，中国是唯一有钱的买家。

商标抢注已经发展到不容忽视的严重程度，所以波尔多商业协会在 2011 年 3 月专门开设了如何在中国进行商标注册的课程。参加的人中就有酒商依夫莫的亚洲出口经理布鲁诺・费南思。他在中国待了足够长的时间，深知其中的利害关系。问题在于寻找买家、进行推销、协商价格、发展分销、索要货款这一切都是酒商而不是酒堡的工作。但酒商无权对葡萄酒进行商标注册，只有酿酒商才能。太多的酿酒商认为他们可以在中国捍卫自己的品牌——他们毕竟已经经营了几百年。费南思希望自己可以提醒依夫莫的供应商们，但他对此并不抱以乐观态度。

几天后，他的心情变得舒畅。[30] 罗斯柴尔德男爵拉菲集团的董事长克里斯多夫・赛林在中国对一批中国公司提起了商标侵权的诉讼，并在打击拉菲造假中首战告捷。

此前，11 月，长沙中级人民法院曾在中国法院网上直播了一场拉菲造假案的审判过程。在此案中，拉菲的律师李永波提出，深圳市金鸿德贸易有限公司在销售葡萄酒的过程中使用了“拉菲世族”的商标和类似拉菲五箭标志的徽标。他解释道，拉菲集团 1996 年就在中国注册了商标，并在 2001 年注册了五箭徽标。[31] 他还对波尔多进行了简单的介绍，包括 1855 年分级的基本情况。但他承认拉菲问题的来源之一是它尚未注册它名字的通常的音译“拉菲特”。

造假者蜂拥而至，生产名为“拉菲帝国”“拉菲领域”“拉菲传奇”等的葡萄酒。李永波辩护道，作为一个声名远扬的一级酒庄，拉菲不得不进行自卫。2011 年 2 月 28 日，法院判决拉菲胜诉，给予拉菲 30 万元人民币（约合 48000 美元）的补偿。[32] 李永波十分欣喜，他说，这个案件为保障酿酒商的权利奠定了坚实的法律基础。

但就在判决后的一个月，中央电视台的《焦点访谈》栏目就揭露了不法商贩在影响颇大的成都糖酒交易会上公然售卖假拉菲的事情。[33] 报道称仅浙江省一年就能消费 30000 瓶“拉菲”。警方没收了 5000 瓶假拉菲，如果克里斯多夫·赛林准备对所有这些造假企业采取法律手段的话，这一年他要提起超过 160 个商标侵权的诉讼。这家一级酒庄已经成为造假者的热门侵权对象，而很快大家就会看到它的自卫反击。

“如果进展顺利的话，在中国政府的协作下，假拉菲在两年之内就会被斩草除根。”赛林对上海媒体说。[34]

中国市场上看起来像拉菲的酒数不胜数，但只有一种来自波亚克。

9

几个月后，巴特曼仍未完成所有的工作。坐在欧洲的一家酒吧里，他觉得自己还有一些细节需要完善。波尔多葡萄酒行业协会虽然抱有好的出发点，却没有接纳他理性的建议，他对此感到失望。巴特曼确信只要他有进行跨国调查的机会，就可以找到波尔多和巴黎的华人公司。他在打假这个行当已经干了25年，但这次的案子很特别。“这个案子能影响到如此多的个体而不是普通的一个跨国企业客户。”巴特曼说道，成千上万的家族经营的酒堡比不上一个大型跨国集团那样财大气粗。

在多年的职业生涯中，巴特曼估算自己至少已经给造假者带来了三亿美元的损失。他知道，要使波尔多造假者转移目标，重要的手段就是让法国的酿酒商们联合起来，使伪造波尔多变得困难、昂贵和危险。

“打假是一场与坏蛋之间的智力游戏。”他说。[35]

第七章　僵　局

1

到 2011 年的上半年为止，葡萄酒造假不是中国波尔多销售的唯一威胁，需求量也在不断下滑。对香港和澳门边境上走私行为的严厉打击，冷却了黑市上的投机者对于列级酒庄的热情。而葡萄酒的价格又高得令最忠实的顾客都担心波尔多的未来。

“我相信波尔多葡萄酒的高昂价格最终会损害波尔多的形象。”一位受人尊敬的观察家汤格致说道，“一瓶上好的波尔多已经成为越来越少的人能享用的奢侈品。它也很难成为一个好的投资对象，因为价格如此之高，升值空间已经不多。”[1]

汤格致的名声是只买自己喜欢喝的酒，这让他从绝大多数对葡萄酒不甚了解的中国人中脱颖而出。他是他们家族的玩具加工公司皇后洋行有限公司的副总裁，这家经营状况良好的公司有着一个具有鲜明的中国特色的口号“你们开口，我们办事”[2]——公司所创造的财富让他登上了《尚流》杂志亚洲版的香港 500 名权力精英的榜单。[3]2003 年，他和妻子凯西开始购买波尔多列级酒庄的期酒，后来买入高级勃艮第，又逐渐尝试一些产自加利福尼亚的非主流酒庄。这对安静而优雅的夫妇是葡萄酒名流圈的常客，堪称绝对的行家。

随着2010年产酒的上市，汤格致注意到中国顾客开始表现出他们对于葡萄酒的真实态度。重要的只是盈利潜力，这意味着买家很容易受到价格的影响——不是以常规方式。“贝瑞兄弟与路德为香港准备了600箱2010年庞特卡奈的第一批期酒。这批酒在20分钟之内就被抢购一空，即使价格较之2009年有所上涨。”汤格致说道，“而爱士图尔即使价格下跌了10%，也仍然无人问津。”[4]

葡萄酒的品质——纯净、精致、力度——不再是关键。投资者害怕爱士图尔，因为它的价格涨到了2009年产酒的3倍，已经丧失了利润空间。[5]最关键的是酒庄的知名度是否足以用来开启一场中国的宴会——如果它不是一个一级酒庄，决定性的因素就是酒的价签和形象。如果酒的价格不能震慑客人，它就失去了作为礼品的价值，因为它不能达到“给面子”的目的。

然而，还有其他更重要的因素。中国政府努力促进经济在每一年都快速增长，而中国经济两位数的高增长率似乎也难以使其完全幸免于全球金融危机的余震。现阶段中国经济的发展很大程度上依赖于房地产业的发展，许多中国观察家都担心经济泡沫已经形成。很多收购列级庄园的富豪都在房地产业有所作为。[6]如果中国房地产业的泡沫爆炸，数十亿元人民币将在一夜之间蒸发，而且受影响的不仅仅是一些富豪。2010年的一项审计显示，地方政府用于获取开发项目资金的大约一万个金融平台承担了10.7万亿元债务，而许多观察家认为这个数字过于保守。[7] 评级公司穆迪的分析师在仔细核查了中国官方提供的数据后，又发现了记录不完整的另外 3.5 万亿元（约合 5400 亿美元）地方政府债务。[8] 随着中央银行上调利率并下令各银行紧缩信贷，地方政府和企业转向了“影子银行”。[9]

2011 年紧缩的信贷和高额的利率使汤格致那样富有的香港人都感到了压力。银行迫使他们从香港向内地转账还贷，这导致了他们的现金短缺。[10] 这种情况下，没有人愿意陷入价格虚高的葡萄酒里。

“手中持有葡萄酒的投机者们恐慌不已。他们开始抛售，拖低了酒价。”亚洲科龙精品葡萄酒的沈品同评论道。[11] 值得庆幸的是，葡萄酒是一个相对容易变现的投资项目。但一些大的中国企业——那些冒险买入了大量一级酒庄期酒的人——选择了另一条路。

2

2005 年，菲利普·巴比隆似乎还从未到过“波尔多广场”以外的任何地方。他在波尔多一条小街上的一栋不起眼的二层建筑里创立了自己的公司本质公司，这栋建筑以凿有凹槽的石料筑成，坚固耐用，大门的两侧各有一扇拱形窗。为了降低成本，巴比隆的妻子娜塔莉·卡斯塔格诺将建筑的二楼作为她律师事务所的办公室，但公司的规模也不至于小到家庭作坊的程度。

起初，本质公司只是鲜京集团在法国的独家代理和财政代表，这个集团是韩国的第三大企业，一个拥有七万名员工的财阀，涉足电信、建筑、能源等多个行业。实际上，鲜京集团是巴比隆那时唯一的主要客户，是他在“波尔多广场”上作为亚洲市场葡萄酒销售专家的名片。作为一个快速发展的经济体的大公司的典型，鲜京集团的高层示意巴比隆，他们打算大举收购葡萄酒。[12] 数量越多越好，速度越快越好。

那时，巴比隆自己手里并没有列级酒庄的配额，所以他只是作为一个中间人，陪同鲜京集团的经理们去接洽“波尔多广场”上最有实力的酒商们。巴比隆解释道：“鲜京集团计划在自己的零售网络内销售葡萄酒，也准备在其位于英属维京群岛的投资基金中保留一些存货，因为那里不对资本收益、利润、销售、馈赠和遗产征税。”这种安排是为了吸引投机者。随着中国人开始表现出对列级酒庄的兴趣，鲜京集团也拓展了它的视野，在伦敦和香港开设了高级葡萄酒子公司，并在深圳设立了经销处。

2007 年，鲜京集团初次在波尔多的期酒市场试水，购买了少量的 2006 年产酒。第二年，当酒商们的欧美老客户减少了价格虚高的 2007 年产酒的配额，鲜京集团抓住了这个机会，巴比隆和本质公司从其他更成熟的酒商手里夺过了一级酒庄和二级酒庄的配额。“波尔多广场”上的生存法则就是如此，总有人时刻准备着将你取而代之。巴比隆自己则把赌注押在了一些前景大好的年份上——2000年、2003年和2005年。可以预见的是，任何品牌不错的酒都能很快卖出。“这是一切即将拉开序幕的时候。”他后来回忆道。[13]

到2010年，鲜京集团已经在波尔多上投资了一亿美元，但巴比隆与集团的关系开始出现问题，至少从他的角度来看是这样。每次将鲜京集团的高层带去访问一个酒堡时，他都被他们许下的宏愿吓到。“他们总是加减几个零。”他回忆说。[14]这种轻率之举危及了他在“波尔多广场”上的名声。一旦鲜京集团食言而肥，就如同他自己违背诺言一样——他的酒商生涯将就此结束。

2010年春季的桶边试饮之前，巴比隆终于和鲜京集团划清了界限，这是一个明智的决定。六个月后，苏富比在香港举行创纪录的拉菲拍卖后的第二天，苏富比为鲜京集团的子公司SK Networks卖出了1000万美元的列级庄园葡萄酒。这些酒全部是巴比隆代为购买的，他们不惜一切代价地迅速退出了市场。

“他们以高价买进了太多疯狂年份的酒，”巴比隆回忆说，“他们尝试了，失败了，然后立马收了手。”[15]

现在他们在倾销这些酒。[16]

在起步的五年里，巴比隆表现出色，但他现在需要一个新的大客户。2011年1月，他被介绍给了于克龙。

3

从见面的那一刻起，巴比隆就意识到自己将永远无从得知于克龙的生计。于克龙温文有礼、教养良好，但这说明不了任何问题。于克龙来自浙江省沿海的瑞安市，位于温州以南，他在香港拥有一艘游艇，运营着一家叫作美国保罗杰邦国际集团的公司。这家公司经营着数不胜数的未知业务，公司的所有权掌握在大量匿名股东手中，而除了一些香港有关部门的列表外，网络上没有该公司的其他信息，[17]完全是一个神龙见首不见尾的存在。

巴比隆是通过一个名叫珍妮·陈，通常被叫作“珍妮·C.”的人认识于克龙的，他 2008 年就认识了珍妮·C.，她是一个来自上海的活泼的年轻商人。这位随和的法国人与珍妮·C. 一见如故。她聪慧、真诚而勤奋，并且对葡萄酒业有着敏锐的直觉。于克龙希望尽可能多、尽可能快地收购列级庄园的波尔多，巴比隆决定为此付给珍妮·C. 一笔佣金。

巴比隆可以迅速地出货。最快的选择就是购买几年前出产的适饮的葡萄酒。他给自己熟悉的中介打电话询问有什么酒可以直接从酒堡或酒商出货。在短短几个月之内，他和保罗杰邦的四笔生意的总值就达到了 1700 万欧元（约合 2500 万美元）。[18]接下来，巴比隆开始从酒堡收购葡萄酒。为了按时向酒堡付清款项，巴比隆计划让保罗杰邦分八次付款，第一笔的金额为400万美元，限期2011年3月31日付清。[19]因为与于克龙不熟，巴比隆要求他预先付费，而不是像一般情况那样分别在下单和出货时分批付款。保罗杰邦的第一批货款到得很晚，而且并非全款，但这些钱已经足以让巴比隆相信，他找到了一个可以替代鲜京集团的理想客户。

而保罗杰邦却并不想只与巴比隆做生意。于克龙希望把手伸向更多的波尔多，不论是更早年份的酒还是期酒，他的胃口不是一个小小的本质公司就能满足的。据巴比隆所知，珍妮·C.还为另外12家酒商牵了线。保罗杰邦从玛歌、圣朱利安和圣爱斯泰夫买进了500~1000箱二级庄的葡萄酒。它还在梅多克买入了100~300箱三级庄、四级庄和五级庄的酒。它从梅多克和圣埃米利翁的每一家一级酒庄都买入100箱酒。根据巴比隆的说法，保罗杰邦2010年期酒的订单总额约达到了3000万美元。[20]“那时，这在波尔多是难以想象的。”他说。[21]

但到了7月的第一周，巴比隆开始紧张起来。因为在2011年7月5日，保罗杰邦以100万欧元结清了对巴比隆的欠款，这远远少于其应付的款项。保罗杰邦和珍妮·C.把这归咎于中国的官僚机构，并承诺剩下的货款即将到账。他们坚持要求巴比隆将下一集装箱的酒出货。而对巴比隆有利的是，7、8月间正值暑假，波尔多的一切事务都慢了下来，他可以顺水推舟地暂停出货而避免马上进入对立的状态。7月23日，保罗杰邦称钱将会在八天之内到账，然而，到8月15日，法国的一个全国性假期，巴比隆发现自己面临着一个灾难，因为保罗杰邦拖欠了1040万美元的货款。[22]

所以当巴比隆得到星期六——也就是 9 月 10 日——开会讨论保罗杰邦事宜的消息时，他做好了进行一场具有挑战性的谈判的准备。

巴比隆心想，如果人们告诉你，你是多么好的朋友，这总是一个不祥之兆，而刚刚与保罗杰邦会面时，他就听到了这样的话。他一方面试图保持表面的自信从容，另一方面在脑中审视着危险的情况。于克龙本人没有到本质公司参加会议。会议室桌子的另一边坐着三位所谓的使者：于克龙的弟弟、[23] 于克龙在保罗杰邦的得力助手和珍妮 · C.。巴比隆可以看出，担任翻译的珍妮 · C. 非常紧张。这只是进一步加重了他的担忧。

会议开始。于克龙的弟弟宣布保罗杰邦准备取消 2010 年期酒的订单。巴比隆震惊了。这笔订单的总额是 850 万美元，他可完全没有这么多钱。酒商一般分两次向酒堡付款，第一次的期限在 7 月到 9 月间，所以他总是让客户在此前付给自己足够的钱来确保有钱付给酒堡。9 月 15 日，巴比隆就已经欠了酒堡 200 万欧元，而现在，他的客户要撤单。

巴比隆解释道，撤单是不可能的。他已经为保罗杰邦付了酒款，而且，根据合同，他是为自己的客户付的这笔钱。他的语气很急，几近恳求。如果保罗杰邦不付钱，他就将面临破产。珍妮 · C. 解释清楚了合同的神圣性吗？

于克龙的弟弟仍不松口，巴比隆再次说，他们是好朋友，而他们要取消期酒和更早年份的酒的订单。至此，那天的会谈结束了，他也要动身离开。

巴比隆镇定下来，上楼与妻子讨论应对方案。从巴比隆创业初始，娜塔莉·卡斯塔格诺就确保自己的丈夫和本质公司不受不良投机者的危害。投机者可能同意一笔交易，然后又骑驴找马地在伦敦或其他地方探寻更低的价格。她坚称所有的新客户都要签订合同，对待保罗杰邦也毫无例外。这在“波尔多广场”并不常见，这里大多数的交易都是在一个电话或一封电子邮件里达成的，握手与签订合同有着同样的意义。只有在与苏联解体后因为拖欠货款而臭名昭著的俄罗斯人或其他不稳定的市场做生意时，酒商们才会要求在发货前付款。在卡斯塔格诺拟定的合同里已经准确无误地写明了这些，所以巴比隆不会被要求在付清全款之前发货。

卡斯塔格诺在这周末开始考虑解决方案，她先仔细阅读了巴比隆持有的和保罗杰邦订单相关的文件。巴比隆通过中介与酒堡达成协议，而且他和保罗杰邦签署了合同。这是一个好的开始，但仅仅知道这家公司的名字、注册号和其在香港的地址是远远不够的。然后她问丈夫保罗杰邦在法国有什么资产可以被法庭用作货款的抵押。他知道保罗杰邦把它从各家酒商处购买的葡萄酒都统一保存在一个位于波尔多以北的布鲁日的保税仓库中。根据巴比隆的估计，这批葡萄酒中包括他和其他几家酒商卖给保罗杰邦的超过两万箱的更早年份的二级庄葡萄酒。它们的价值大约是 850 万美元——这笔钱大概刚好能救他一命，巴比隆心想。

在星期二，也就是 2011 年 9 月 13 日，保罗杰邦肆无忌惮地致信巴比隆，要求他重新出货。这一天，卡斯塔格诺将双方的纠纷报送给了波尔多商业法庭，法庭位于海关码头上的交易所广场。

这个广场是18世纪时法国国王路易十五为了欢迎来到这个繁忙港口的参观者而在加伦河边建的皇家广场，其附属建筑包括证券交易所、海关、农业厅——这座古老城市的命脉。交易所广场在很大程度上保留了其原本的功能，被用作法国海关、海关博物馆和波尔多商业协会的办公室。卡斯塔格诺谨慎地起草了送给法庭的文件：政府人员要求封存为保罗杰邦所有的葡萄酒，这些酒仍在法国国土上，被保存在布鲁日仓库中。商业法庭的法官都是商业领袖，卡斯塔格诺和巴比隆希望除了受到法国的法律保护之外，也同时赢得他们的同情。

巴比隆不是保罗杰邦在那个9月造访的唯一一家酒商。在接下来的三天里，于克龙的弟弟和珍妮·C.取消了保罗杰邦在于克龙所有“波尔多广场”上的“好朋友”处的期酒订单。巴比隆计算“波尔多广场”受到的损失接近3000万。在一些会谈中，于克龙的弟弟抱怨保罗杰邦被指控为一个洗钱公司。问题的根源在于，一家重量级的酒商公司卖给了保罗杰邦超出其所能出货的量的葡萄酒。

根据于克龙弟弟的说法，这个酒商在6月告知保罗杰邦它只能发出保罗杰邦订购并已付款的1000箱爱士图尔酒堡的副牌酒爱士宝塔中的500箱。保罗杰邦方称，这个酒商愿意修改订单发票的数额，却不愿退还他们付清的酒款，酒商还以其他葡萄酒来作为补偿。这是“波尔多广场”的惯例，但保罗杰邦不想接收这些替代品，这时，有关部门发现这个修改后的发票上的数额与保罗杰邦电汇的数额不符，便发起了调查。许多酒商信以为真，并为自己的遭遇而抱怨更大的酒商。这比想象他们其他的中国客户也即将开始取消订单要简单得多，也更容易让人接受。

如果这些保罗杰邦曾订购的酒还能卖出，酒商们可能就低调地重新出售它们的配额了。但现实并非如此。

4

上一次造访的五天以后，菲利普·巴比隆再次迎来了他来自保罗杰邦的三位客人。那次会面以后，他一直难以入眠，他不知道自己还能承受多少坏消息。于克龙的弟弟试图通过珍妮·C. 的翻译说服巴比隆同意取消订单。他们已经厌烦了被他催款，希望对此事做一了断——毕竟大家还是好朋友。整个过程中，于克龙的得力助手都面无表情地盯着巴比隆，一言不发。巴比隆认为他们尚不知道他的妻子已经向商业法庭提出了封存保罗杰邦葡萄酒库存的申请。他们仍想全身而退地取消订单，但他们需要从他手里得到一份文件，把这件事办得光明正大。

巴比隆还没有从法庭得到回复，直到得到回复，他知道自己不得不拒绝任何调解。同时他不得不保持这个计划的秘密性，否则保罗杰邦将可以迅速以合法的手段出口这些酒，让他一无所有。他已经不堪一击。最后，当他认为自己再也无力抵抗这三个人的时候，他被叫了出来。从曾经可爱的珍妮·C. 的拷问中成功脱身，他大大地松了一口气。如果他可以永远不再回到那间会议室就好了。

他的妻子从楼上传来了好消息：她刚刚得到了商业法庭授予的封存保罗杰邦在布鲁日的库存的许可。[24] 当他的妻子叫法警执行法庭决议的时候，巴比隆回到楼下不留余地地请他的客人们离开了。珍妮·C.哭了。他不知道她是因为对峙的压力而情绪崩溃了还是忧心于自己的生计。不论出于哪一种原因，这都使他不由得担心于克龙兄弟的反击。

一小时内，他就得到了第一个证据来证明他不能相信任何与保罗杰邦有关的人，珍妮·C.也不例外。离开本质公司后，于克龙的弟弟、珍妮·C.和于克龙的助手就前往布鲁日，企图将酒运出法国政府的管辖范围。[25] 一个办法是将这些酒的所有权转到于克龙在意大利的皮鞋厂。但他们晚了一步，法警已经查封了这些酒。

一个友好的线人提醒巴比隆去仓库参观，所以他毫不意外地看到当天下午那一行三人回到他的办公室，毫无风度，再也不提他们的友谊。

“你简直是个浑蛋。”于克龙的弟弟开始发起攻击。[26]

虽然威胁和侮辱接踵而来，但受到两万箱列级酒庄葡萄酒的鼓舞，巴比隆坚守着自己的阵地。他试着避开珍妮·C.的目光，她都快疯了。这时他想起她也将自己的个人资金投注在葡萄酒上，并且将自己的酒与保罗杰邦的酒放在了一起。没有书面文件能证明哪些酒是她的，哪些酒是保罗杰邦的。她的酒也一并被查封了。

随着法庭采取了行动的消息传开，被保罗杰邦套牢的其他酒商找到巴比隆。他们能不能分得部分被封存的酒来帮助还清拖欠酒堡的款项呢？巴比隆认真地考虑每一项恳求，他意识到许多酒商都面临着破产的绝境。如果是一个好朋友的请求，他或许会答应，但老实说，他在“波尔多广场”上没有任何朋友。他是广场上 25% 的外来者中的一员，一个酒商贵族圈之外的人。他始终觉得，或许在波尔多有一只有力的手想要把他放回他自己的位置。他以前可能太急功近利了。

同时他意识到自己的当务之急是还清酒堡的账单。这些酒庄的经理们本来可以向他收回酒款，但他们没有这么做。“酒堡经理们是我的手足，他们与我分担了这一切。”巴比隆说。每一个酒堡都同意他延长付款期限，给他时间筹集资金。的确，他们中的一些要求巴比隆支付高额的利息，但没有人将他逼向破产的深渊。“如果你取消了酒堡订单，你就丧失了信誉。你就完蛋了。你只能退场，”他继续说道，“这就是金钱和荣誉的问题。”[27]

巴比隆明白事情尚未结束。商业法庭的判决是从保罗杰邦的手中剥夺这两万箱酒，但它并未授权巴比隆接手这批酒并将其转卖。他需要想办法还清酒堡的钱——但不是现在用这批保罗杰邦的酒来还，这并非易事。

巴比隆仍然没有放弃与于克龙谈判的希望，所以两次专程飞往香港去见于克龙。但是于克龙毫不松口，他不打算为自己的期酒订单或其他欠款埋单。

在巴比隆的面前，客户对列级酒庄兴趣的突然消失使他所面临的惨败变得更加复杂——至少，以酒庄所设定的价格而言，这些酒已经丧失了吸引力。仍在酒桶中陈酿的2010年产酒除了以大幅度的折扣低价销售外，已经没有别的出路。而倾销保罗杰邦的大量二级庄葡萄酒会进一步压低酒价。尽管没有明说，酒堡的经理们都心知肚明，在未来的许多年里，他们都不会再有机会以这样的高价出售自己的葡萄酒了。他们沉迷于中国市场火一般的热情，而现在，他们还没有准备好面对这些市场需求已经蒸发的现实。

5

本质公司和另外12家在于克龙取消订单一事中受挫的酒商将很快拥有一家新的公司。2012年初，克里斯多夫·雷布尔·萨尔兹瞪着来自王朝国际酒业总经理路明的一封电子邮件咒骂着。像厦门建发一样，王朝也要求获得波尔多葡萄酒的专营权。雷布尔·萨尔兹大费周折地把这笔生意整合起来，准备为此设立一个新的酒庄副牌，背标印上中文名称和中文内容来满足路明的要求。作为在中国市场中获得这些专有的品牌名称的回报，路明允诺每年购买一批酒。

这不是雷布尔·萨尔兹在亚洲的第一笔生意。在1998年创立自己的酒商公司后不久，他就为中国的免税商店供货。经过多年经营，他公司的营业额达到了5000万美元，其中的80%都来自出口。他在大约 50 个国家销售葡萄酒。在 2010 年 6 月，他在香港和广州设立了办公室，来双管齐下地击败他在中国市场中的对手。

雷布尔·萨尔兹以老一辈的酒商公司的结构为模型建立了自己的公司，这意味着他将风险分散到平价的品牌酒、小型酒堡和列级酒庄上。他并不卖出所有自己收购的酒。他存了一部分酒作为投资，等待其升值，而现在，他已经拥有了 100 万瓶酒，存放在他恒温的仓库里。像许多成功的酒商那样，他也有自己的酒庄——位于布拉伊的两个酒庄，这是一个位于梅多克和吉伦特河河口以北的中等产区。他理解庄园酒寻找一个有保障的客户的渴望，尤其是副牌酒。

早在 2011 年的春天，路明就已经把王朝酒业半数的订单交给了雷布尔·萨尔兹，但后来的几个月里，路明一直对于剩下的部分迟疑不已。雷布尔·萨尔兹的担心不是多余的。路明有时的确不太讨人喜欢，但王朝酒业是中国最大的国有公司之一。它在香港联交所主板上市，第二大的股东是人头马君度集团。[28] 王朝集团的董事长白智生在 2010 年的一次采访中称，在接下来的几年里，王朝酒业计划每年投入一亿到两亿元人民币（约合 1500 万到 3000 万美元）用于投资。[29] 鉴于这些钱，路明实在是一个好客户。但他的话有多大价值呢？

事实证明并不太大。从路明那儿传来的消息很简洁，王朝酒业不打算为剩下的酒埋单。

雷布尔·萨尔兹简直气得冒烟了。如果路明按照原定的计划拿走所有的酒，这些酒在几周前就应该已经变成了钱。而路明却中途停手了，这是他的老板，王朝的董事长白智生出于对市场状况和个人前途的考量做出的决定。王朝的国内销售额在下降，公司的股票价格已经下跌，而现在，波尔多的价格也在下跌。虽然高级葡萄酒只是王朝资产负债表上的一个小插曲，但不管是白智生还是路明都无力以亏本的价格接手剩下的订单，他们的董事会不会容忍这种事发生。所以，路明放弃了这笔生意。

像波尔多的常态那样，酒堡不是直接与王朝酒业，而是与雷布尔·萨尔兹的公司签订合同，这让他成了众矢之的。像巴比隆一样，萨尔兹也不得不自己想办法为这笔酒埋单。他本能地想找到一个办法让路明自己承担这个账单。他知道路明有规律地从法国联合酒窖酒业收购大量的廉价酒。这家公司一直致力于成为法国最大的酿酒商，经营从波尔多到其他各产区的“超级市场葡萄酒”。路明把这些酒运回中国，当作中级酒庄葡萄酒出售。为什么不跟路明做一笔类似的生意，用他自己库存的低价波尔多？这样一来，雷布尔·萨尔兹就能用这些利润来付清酒款，而路明也能如愿地大赚一笔。正如雷布尔·萨尔兹所说：“我们希望进行谈判。”[30]

然而，当萨尔兹向路明提供一种几乎可以与其出售的法国联合酒窖酒业的酒价格持平的廉价葡萄酒时，路明拒绝了。

“我是为你买下的这些酒！”这个法国人爆发了。

而路明在电子邮件中的回复是“我不在乎”。[31] 他将取消订单，他必须务实。在一个国有企业，业绩和利润决定了你今天的职位和明天的仕途。忘了五年计划吧，评估是在短期内做出的。路明曾经承诺的高利润变成了大亏损。最好现在就控制亏损的程度，而不是寄希望于市场在接下来的一年或两年内自发恢复。在那之前他可能就已经被赶出王朝了。

坏消息在波尔多疯传，传得最快的两条就是冰雹灾害和无力还款的窘境。雷布尔·萨尔兹已经在“波尔多广场”上待了30年。在多年的时间里，他曾经讨要过的欠款和面对过的不快的客户数不胜数。但是，他还从未失信于酒堡。“如果有一天我不能兑现自己的承诺，那我还不如从地球上消失。”他说，兴奋和激烈的情绪使他的身体不由得前倾。“如果不能向酒堡付清酒款，我们就干不下去了。我们不得不埋单。”[32]

被取消的订单里有一笔属于克雷芒·法亚酒堡的副牌酒，这座酒堡现在的负责人是波尔多以及吉伦特省葡萄酒协会前任出口经理雅尼克·艾薇纽。当雷布尔·萨尔兹提醒艾薇纽注意这个问题时，艾薇纽在2012年5月香港的亚太区国际葡萄酒及烈酒展览会上找到路明，直截了当地谈了这个问题。两人很快就达成协议。艾薇纽买回尚在波尔多的路明订购的酒，雷布尔·萨尔兹则雇人剥去这些酒的中文背标。“保护这些酒是我的工作。”艾薇纽说道。[33]

拉西仍然坚信市场状况仍会好转，但越来越少的人相信这一点，不幸的孤立事件逐渐变成了威胁整个“波尔多广场”的系统性的症候群。中国客户撤走了他们2010年的订单，不仅如此，“波尔多广场”上的人们还被公开嘲笑寄望于再次被“忽悠”。“我们中国内地的客户说他们对2010年的期酒很失望，所以不打算购买

2011年的。”贝瑞兄弟与路德的西蒙·斯台普斯说。[34]

市场正在倒塌。就像保罗杰邦所做的那样，中国客户开始取消他们的期酒订单和正在贬值的更早年份的酒的订单。一般来说，更早年份的酒从下订单到出货的时间很少超过一个月，这是酒商从酒堡和其他酒商处补齐订单总量的时间。

取消订单的消息传到上海后，沈品同难掩失望之情。他曾经提醒过他的客户购买波尔多期酒是一项冒险的生意。“有大量不专业的中间商承诺着不现实的高回报，”他抱怨道，“所以他们取消了期酒订单。没有人跟他们解释你不能就这样一走了之，这会影响你今后的购买权。他们也不理解期酒投资的风险性。”[35]

听到这个消息后，福尧贸易的叶福章也毫不意外。他曾试着向他波尔多的朋友们解释中国政府在经济发展上有两条铁则：贡献和控制。国有企业的经理们所做出的每一个决定必须表现出对中国经济发展的贡献，购买哪种奢侈葡萄酒的决定也不例外。此外，任何行业脱离控制都是不被允许的，不论是价格的波动还是不当的商业行为。波尔多可能认为自己在葡萄酒界的地位是独一无二的，但中国的中央政府对此并不在乎，他们对任何贸易伙伴都一视同仁。多年来，福尧贸易一直致力于打造一个细水长流的营生。而现在，他们的努力就要被贪婪任性的商人们毁于一旦。

“这种经商的准则就是只看现在，不管未来。只要现在把钱赚到衣兜里就行了。所以这些中国人不在乎。”叶诗乐解释道，他恼怒于波尔多人对中国商业文化的不解。“他们当然会取消订单。他们说‘再见’。”[36]

中国人取消了订单，因为他们不想亏本。而波尔多人尊重与酒堡之间的协议，因为他们不想丢脸。

6

一个酒商如何应对取消的订单取决于其财力的雄厚程度。一些背后有更大公司支持的酒商可以买下2010年产酒，等待其价格回升，将来卖给其他顾客。一个这样的酒商，如果遇到了大量毁约的中国客户，包括保罗杰邦在内，就直接将合同扔进垃圾桶了。[37]他再也看不到这笔钱，但起诉这种毁约行为的做法是不切实际的，甚至是可笑的。另外一家中国公司称下订单的那个职员并没有得到官方授权，因而合同无效。他如何能核实这种情况呢？更何况，与地球另一端的一家公司打官司的开销巨大，甚至多于这些酒的价值本身。向酒堡支付酒款，等待市场状况好转是比较好的选择——除非你是一个像菲利普·巴比隆那样小型的、独立的酒商，你的手里没有足够的资金来静观其变。

这时，希望的曙光出现在天际。“波尔多广场”上的中介称，与前一年相比，普通波尔多的出货量每月增长一倍。[38]中国抛弃了价格高昂的列级酒庄，但并没有抛弃整个波尔多。中国人也没有失去对奢侈礼品的热爱。

波尔多指数的盖瑞·博姆解释道，对一级酒庄的需求量只是更大的市场的一部分，因为其他的酒卖得很好。“尽管买家的兴趣从过去最受追捧的拉菲等酒庄转向了其他性价比更高的酒，但是我们的营业额几乎比去年增加了 1/3。”他说。[39]

尤其是对勃艮第的需求在不断上升，博姆发现高级勃艮第的销量有了显著的提升。过去不曾听说过名为夜丘产区的石灰岩山脊及其风土的人们现在争抢着规模有限的罗曼尼康帝出产的黑比诺葡萄酒。“我们看到人们像世界末日即将到来那样抢购各种罗曼尼康帝，”博姆说，“如果市场需求量一直维持在这种水平，罗曼尼康帝将成为中国新的拉菲。”[40]

在博姆和其他任何人的心中，毫无疑问，亚洲主导着市场的起落。亚洲仍然是目的地，香港仍然是枢纽所在。

在 2011 年 11 月的香港葡萄酒行业峰会上，只要支付 2500 美元的入场费，任何人都可以参加，尽管经历了前几个月的挫折，波尔多仍然是大热项目。在峰会的第三天，著名的葡萄酒评论家罗伯特 · 派克举办了一场限定人数为 1000 人的品酒会。这次品酒会名叫“派克的魔法二十”，展示了他所挑选出的 20 种波尔多明日之星——这些酒堡有望突破 1855 年分级成为一级酒庄，[41] 其中就有靓茨伯酒堡、金钟堡和爱士图尔酒堡。

在试饮会之前的几个月里，时任西班牙葡萄酒学院院长的葡萄酒大师邦丘 · 坎波联系了几家公司作为赞助商。[42] 李道之就是他所联络的高管之一，李道之立刻答应了赞助这项在葡萄酒界影响力巨大的盛事。最后，李道之成了唯一的中国赞助商，在台上被罗伯特 · 派克搭着肩，仿佛他们是多年的老哥们儿。李道之容光焕发地微笑着。他的时代到来了。

然而，参会的许多中国人却在这番景象面前迟疑不已。两人身后的背景板上印着李道之公司的名字“Caves Maître France”[43]。这家公司的名字被翻译成了“卡斯特”，而品酒会上的每一个人都很清楚“卡斯特”是目前波尔多最大甚至全法国最大的葡萄酒公司 Castel Frères 所用的译名。看起来，李道之利用了这个品牌的名字，并选择了一个显眼的平台来展示他的挑衅。

李道之祖籍温州，起初举家移民西班牙，后又回到了中国内地。最初，他任职于国有的温州五金交电化工集团公司，1998 年，他成了葡萄酒部门的经理。[44] 同年，这家公司申请了卡斯特的商标并于 2000 年获得批准。这个商标注册在第 33 类分类之下，意味着它适用于葡萄酒或烈酒，但这家公司并未在这个商标的名下生产任何东西。2002 年，公司进行重组，李道之离开后，创办了自己的两家公司——班提酒业和上海卡斯特酒业公司，保留了未曾使用过的卡斯特商标。[45] 他正立足于一座金矿之上。

这座金矿叫作卡斯特。1949 年创建于波尔多的卡斯特最初以生产佐餐酒起家，后来又将业务拓展到啤酒和软饮料上。这家公司每年出产 4.6 亿瓶饮料，葡萄酒是其小而久负盛名的一项业务，占其中的 640 万瓶。当酒商们利用 1855 年分级和波尔多代表性的酒堡的美名在奢侈品的华丽王国推销葡萄酒时，卡斯特与新世界的品牌酒企业正鏖战于超级市场的货架之上，从薄利多销中杀出一条血路。

“二战”后，卡斯特在全球范围内开拓市场，以非洲为第一个目标，20 世纪 90 年代又决定打入中国市场。1999 年，卡斯特的第一个中国装瓶厂——廊坊红城堡酒庄——在其中国的子公司法国葡萄酒及烈酒公司的主持下开业。[46]他们计划从法国进口散装酒，在中国进行装瓶、销售。在年报里，红城堡酒庄将其所有者列为“法国卡斯特集团”。这家合资公司发展得并不顺利，但这是法国卡斯特第一次在中国被正式地称为“卡斯特”。

卡斯特进行了重组，2001 年，与 19 世纪晚期由张弼士创办的张裕合作创办了合资企业。张裕的名字来源于创始人张弼士的姓氏“张”，而“裕”则意为繁荣，几十年来，张裕葡萄酒公司以它自己的方式繁荣着。它见证了共产主义革命的成功，历经了“文化大革命”，尽管那时其出产的酒质量差强人意。自从邓小平提出“改革开放”以来，张裕占领了中国国内葡萄酒市场的 1/4，击败王朝、长城和其他的国有企业成为中国最大的葡萄酒酿酒商。[47]带着其合伙人卡斯特注入的大笔资金，张裕在山东半岛的蓬莱—烟台葡萄酒产业带建起了占地 333 英亩的葡萄园和张裕卡斯特酒庄。两年之后，卡斯特在上海设立了办公室，名为法国卡斯特兄弟股份有限公司上海代表处。卡斯特曾用过数个中文译名，但卡斯特是最主要的一个。

不久，卡斯特就知道了温州的李道之的问题。卡斯特设立上海办公室的那一年，李道之提出以 100 万元人民币（约合 11.8 万欧元）将卡斯特商标卖给他们。卡斯特同意了他的条件，但李道之变本加厉地将要价提高到了 100 万欧元。谈判破裂。

李道之有几个优势：首先，他认为当地法官会偏向一个土生土长的温州人而不是一个外国人；其次，中国实行申请在先原则，不论卡斯特用这个名字在法国和中国经商多久，都无关紧要。在中国首先注册了商标的人就享有这个商标的一切权利。李道之认为自己会不费吹灰之力地胜诉。

但中国的商标注册法里有一个漏洞可以为卡斯特所利用：如果商标持有人在三年内没有以该商标生产商品，这个商标就可以被质疑为未使用。虽然李道之拥有几家葡萄酒公司——包括温州班提、上海班提、深圳班提、上海卡斯特酒业和杰卡斯国际酒业[48]——但他没有以卡斯特的商标销售葡萄酒。这是击败李道之的最佳方案。2005 年，李道之尚未使用卡斯特商标生产葡萄酒，卡斯特向中国商标专利事务所申请取消李道之的商标注册。卡斯特成功了。

但李道之是一个老谋深算的对手。他提出了反驳，称没有收到卡斯特方面的通知，因为它们被寄到了一个无效的地址。让卡斯特大跌眼镜的是，温州法院恢复了李道之对于商标的所有权。他又获得了三年的时间。

卡斯特上海办公室的职员们拒绝不战而败。他们与厦门建发集团的杨文华合作，继续建立公司在中国的销售网络：他们联手开办了玛茜零售连锁商店，他们还把数百万瓶法国葡萄酒运到了中国。虽然从官方意义上讲，这些酒是以法语名“Castel”被销售的，但酒瓶上的中文标签也使用了“卡斯特”。卡斯特的营销人员发现中国客户读不懂“Castel”。在中国大众的语境下，“卡斯特”才是表明葡萄酒来源的至关重要的信息。

虽然李道之漫天要价，但卡斯特的合伙人，厦门建发集团的杨文华很清楚，低调地买下商标才是解决问题的唯一办法。[49] 但是他也知道，这些骄傲的法国人不会容忍一个被他们视为低等浑蛋的来自温州的家伙作威作福。

2008 年，三年的期限就要结束，李道之抓紧时间创办了一家名叫卡斯特的新公司，公司的法语名是 Caves Maître。这个法语名在汉语普通话里更直接的翻译是“酒窖大师”，但李道之坚称“卡斯特”才是更准确的译名。[50] 他还注册了“法国卡斯特”的商标，来避免任何不利因素。这家新公司开始进口法国葡萄酒，从卡斯特最大的对手法国联合酒窖酒业处购买大量的酒。建立公司后不久，李道之又把公司总部从温州搬到了上海。然后，他大胆地主动出击，将卡斯特告上了法庭。在温州市中级人民法院，李道之声称卡斯特从 2001 年以来一直在侵害他的卡斯特商标。他说，卡斯特利用他品牌的名牌效应销售了数百万瓶葡萄酒，并要求其赔偿 4000 万人民币。

搜集辩护材料时，卡斯特的律师们发现李道之手中持有 63 个独立的商标在中国的所有权，而其中没有一个与他自己的公司有任何关联。许多都是波尔多酒堡的音译名或者国际品牌，比如“奔富”。在 2011 年 1 月，李道之注册了“卡斯特金钟”，这一举动明显是企图抢占金钟堡最恰当的中文译名。[51] 他甚至注册了一些通用的名字，例如“酒堡”。[52]

李道之的商标抢注并不总是一帆风顺。他曾经尝试注册“木桐”和“木桐酒庄”，都没有得到批准。[53] 他还试过注册“拉菲”和“立兹蕾”（音译），也没有成功。[54] 但是李道之绝不会轻易罢休，他和另一个名叫李深的人注册了“奔富”这一中文译名，而该品牌原本属于澳大利亚的富邑酒业集团。“奔富”的意思是奔向财富，恰好点出了李道之的前进方向。[55]

尽管商标抢注的行为是如此明显，卡斯特的律师们还是不能说服温州法院李道之从法国公司的手中抢走了原本属于他们的商标，2012 年 3 月，法院声明李道之是商标的所有人。而国家知识产权局非常明确地表示：“法庭认为卡斯特利用了李道之的‘卡斯特’的品牌效应在中国进行销售。”[56] 法庭甚至谴责卡斯特不经李道之许可在其品牌下生产和销售葡萄酒。尽管李道之的 Caves Maître 很少使用这个商标，法庭还是认为卡斯特在中国所获得的全部利润都属于知识产权侵权获利。判决结果是卡斯特向李道之及其公司赔偿 33734546.26 元的损失（约合 560 万美元）。这笔赔偿的金额创了中国葡萄酒侵权史上的新高。

卡斯特的中国区总经理尹凯非常愤怒。“葡萄酒行业的圈内人有谁会相信卡斯特，一家创建于 1949 年的欧洲行业巨头会希望客户把它的产品与一家中国公司或者一个中国商人的产品混淆？”他恳求道。[57] 但是，即使在他驳斥李道之对商标的所有权的同时，他也通过申辩卡斯特从未将“卡斯特”作为官方名称使用，来力求减少卡斯特可能受到的损失。它只是公司交易名称“Castel”的中文译名而已。

那一年的晚些时候，李道之低调地以 600 万美元在波尔多购买了三个酒堡。[58] 其中之一就是莱慕酒庄，一个默默无闻的占地仅仅九英亩的小庄，紧挨着卡斯特位于圣埃米利翁的酒庄。

7

叶诗乐在福尧贸易位于丰业街的办公室里写着他的年度经营报告。每年 3 月，桶边试饮之前，赶在酒堡制定价格之前，他将自己的报告发送给远在波尔多的朋友们，让他们可以对亚洲市场有一点初步了解。叶家是香港最大的期酒买家，但他们从未参加过桶边试饮。相反，他们通过电话和电子邮件处理绝大部分的生意，仅仅在每年秋天收获的季节前往波尔多进行一次朝圣之旅。最近几年，他们注意到自己的一些客户参加了桶边试饮，这或许意味着他们面临着被排除在经销链之外的威胁。因此，在试饮开始之前，与供应商进行直接沟通对叶诗乐来说尤为重要，否则，他们可能会受到诱惑而减少他的配额，这样有利于直接交易。

有目共睹的是，市场陷入了困境——叶诗乐不需要告诉他们这一点。截至 2012 年年初，伦敦国际葡萄酒交易所指数在之前的一年下降了 15%，而从 2011 年 7 月市场初现疲软开始计算，已经下降了 21%。2009 年拉菲的价格在半年内已经下降了 27%，而其他的一级酒庄，如奥比昂酒堡和罗斯柴尔德木桐酒堡则下降了 16% 到 17%。甚至连大名鼎鼎的 2008 年拉菲也失去了魅力，价格暴跌 43%。

叶诗乐小心翼翼地措辞，逐字逐句地进行推敲。中国内地和香港的葡萄酒消费总量仍在增长，这是一个好消息。然而，他看到在购买需求上发生了一个明显的转变：消费者想购买的是价值在 25~50 美元之间的葡萄酒，形成了一个竞争激烈、价格敏感的市场。[59] 叶诗乐强调道："在中国购买葡萄酒的人不再是投机者，而是消费者。"

叶诗乐报告的第二个段落的主题是特级酒庄的供应问题。他试着提醒波尔多人，列级酒庄所出产的酒随着年份的增长应该适度增值。他要求酒堡尊重购买和品尝这些酒的顾客们，不论他们对葡萄酒的知识多少和品位高低。在此前的 20 个月左右时间里，投机者和酒堡抬高了酒价，但这种情况不可能无休止地持续下去，因为几个月来，取消的订单也增加了。一直有人告诉他波尔多的价格是"运作"出来的，然而，他最忠实的老顾客们都不约而同地停止了下单。

来年的经济前景不容乐观。2010 年期酒不可能卖得出去，那些买入了 2010 年、2007 年和 2006 年产酒的人很可能要亏本。他说，他没有抱怨，只是担心。

随着越来越多的中国买家寻求直接从酒商或酒堡处购买葡萄酒，波尔多人也越来越多地面临着风险——失去进口商对市场和特定客户的可靠性进行评估的眼光。"越来越多的酿酒商试图规避我们。"叶诗乐忧心忡忡地写道。[60] 福尧贸易的目标是与酒商和客户建立长期的合作关系。他希望双方都能愉快和自信地进行波尔多的买卖。这难道不也是波尔多人所喜闻乐见的吗？

另一边，让 – 皮埃尔 · 卢梭正在葡萄酒及烈酒国际配额公司津津有味地读着叶诗乐的报告。叶氏父子以专业、精辟和谨慎而闻名。葡萄酒及烈酒国际配额公司60%的销售额来自亚洲市场，而其中绝大部分由中国内地占据。他赞成波尔多现在依靠中国的观点，而中国人却不遵守波尔多的规矩。当中国买家取消订单时，他的许多酒商同伴不得不自己掏腰包购买价格虚高的2010年产酒。那些压迫经销商购买存货的酒商发现，在这个过程中，他们已经失去了一个常客。像其他的酒商一样，他担心酒堡不会把2011年产酒的定价降低到能重新将传统的客户群吸引回期酒销售的程度。酒商将很可能不得不再次为除了最畅销的几种酒以外的大部分酒自掏腰包。而列级酒庄的酒是如此昂贵，购买这些酒需要的是堆积如山的现金。许多人不得不贷款。最终的结果是，参加期酒游戏的酒商的数量减少了，酒商所能购买的酒的数量也减少了。

2012年3月，桶边试饮的一周终于到来，热度远不及往年。葡萄经过了冰雹、干旱和热浪，酒的品质平平。一些英国买家来了，个个都在抱怨酒价过高。虽然法国向美国出口葡萄酒在2011年创了新高，但很多美国的常客仍然按兵不动。他们厌倦了波尔多费尽心机地讨好中国市场而将美国的订单视作理所当然的做派。

“我不是说这个系统已经坏掉了，但我不能连续两年将钱投在一些差强人意的酒上面。”基于美国中西部的比尼饮料连锁零售店的葡萄酒买手芭芭拉·赫尔曼说道。她是决定不参加那一年桶边试饮的人之一。“在买入2011年产酒的可能性极小的情况下，去参加桶边试饮简直就是浪费我们公司的经费。”[61] 赫尔曼毫不讳言，如果波尔多想要在美国东山再起，就必须要降低价格来迎合芝加哥的中产阶级经理人们的预算，而不是讨好成都的富豪们。

如果不是参加桶边试饮的中国买家比上一年减少了，酒堡和酒商可能根本注意不到赫尔曼。波尔多人曾坚持认为中国人不会买期酒，他们惊喜地发现自己错了。而现在，他们极度失望地发现自己并没错。

桶边试饮一结束，法国亿万富翁弗朗西斯·皮诺所拥有的一级酒庄拉图酒堡就提出：是系统被破坏了，而不是酒的售价有问题。2012 年 4 月 13 日的早晨，每一位手握拉图配额的酒商都收到了一封来自酒庄总经理弗雷德里克·恩格勒的信。这封日期为前一天的信，声明拉图将退出期酒体系，2011 年产酒将是最后的期酒。

近几年来，拉图精简了合作的酒商数量，其销售的期酒也数量极少。酒堡不将酒分给经销商，而是将大量的酒存在其位于波亚克的酒窖中。随着库存的建立，恩格勒开始要求这些选定的持有配额的酒商提供客户的名单。"一开始，他只是问这些酒运到哪个国家；后来，他又问公司的名字；最后，他希望确切地知道每一箱酒的去处。"一位酒商说道。[62] 恩格勒声明他不是打算规避酒商，他只是单纯地想知道这些酒是不是都被顺利地卖出去了，并给予拉图最好的顾客一些特别关照。

酒商们对此表示怀疑。要求客户名单最直接不过的理由就是酒堡打算直接把酒卖给他们。经过一些调查，他们发现了恩格勒不忠的证据：法国海关的数据显示拉图正在建立一个规避"波尔多广场"的隐秘的销售渠道，而这笔交易的总值使拉图成了波尔多最大的出口商之一。[63] 当"波尔多广场"上的良民在全球忙活着卖出拉图时，酒堡却在他们的背后自行销售，不仅仅将酒商，也将长期为酒庄经理担任忠实的提议者的中介排除在外。这不是将酒价调整到与市场需求一致。对于消费者和投资者来说，酒的定价并没有降低。酒堡已经决定尽可能地将所有利润收入囊中。

当拉图酒堡宣布将退出期酒系统，这一举动被普遍解释为是为了抢占中国市场。[64] 中国人想要能用来品尝、馈赠或买卖的酒，他们希望能得到这些酒是正品的保证。弗雷德里克·恩格勒打算每年供应两批陈酿以取代期酒——发布的时间不固定，仅仅是他觉得这些酒到了适饮期就行，而且，这些酒只通过 29 家酒商进行发布。买家不必耗费 18 个月之久来等待酒的寄送，而拉图也会以一个特别的标签和追踪标记来保证酒的纯正血统。

酒商们暗暗祈祷拉图开局不利。拉图失败的唯一可能性就是弗雷德里克·恩格勒在"波尔多广场"上不佳的名声。人们对他的评价两极分化很严重，对于葡萄酒评论家来说，他是亲密的朋友；而对于酒商来说，他则是刺激剂，很多酒商都恼火于他的傲慢，诅咒他早日遭到报应。

波尔多的商业和社会网络是建立在 1855 年分级的等级结构的基础之上的，关系和忠诚仍然举足轻重。期酒体系就是这种联盟的一个缩影。数个世纪以来，酒堡一直依赖于酒商为其所出产的葡萄酒开拓新的市场，酒商则扮演着酒堡的银行家的角色，从酒堡处获得其应得的佣金。酒商与全球的经销商合作，树立起波尔多的品牌。将年份和市场因素排除在外，是桶边试饮和期酒买卖将买家、批评家和记者的目光聚焦到波尔多葡萄酒上来。甚至当人们在为波尔多的高价而哀号不已的时候，波尔多仍然是人们谈论的焦点。没人会花时间谈论朗格多克的价格。

对于像葡萄酒及烈酒国际配额公司、年份琼浆和杜克罗特出口这样的酒商而言，拉图的做法已经超出了底线。他们反击道，如果拉图不回到期酒体系中来，他们就拒绝销售拉图。而大多数的酒商仍然继续销售拉图，不论是作为被恩格勒选中的一员还是通过其他酒商转手得到。但仍有很多人同意创立于1739年的施罗德席勒酒庄的掌门人杨·席勒关于拉图的决定对于波尔多、经销商和其自身的意义的观点。“这在一些市场中可能有效——那些不买期酒的尚处于成长期的市场，比如中国。”他说，“但与此同时，对于酒商耗费几个世纪经营的其他市场来说，这是毁灭性的打击。”[65]

席勒家族从18世纪起就手握一级酒庄的配额，而且他们自己也拥有一个三级酒庄麒麟酒堡。在他的品酒室中，一箱已经开箱的陈酿正等待着开瓶。他的办公室里摆放着滴金酒堡和玛歌酒堡的商标和酒瓶，这些酒从19世纪起就在他们家族的名义下出售。在他掌舵期间，施罗德席勒已经卖掉了原来宽敞的酒窖和位于莎桐湾的公司办公室楼上他童年时代的家，内迁到康斯杜梅多克。罗斯柴尔德男爵拉菲集团的克里斯多夫·赛林在波尔多的办公室就在街对面，此外，他还能看到其他四家酒商。

许多酒商都在忧虑其他的酒堡，尤其是一级酒庄和二级酒庄可能会被拉图大胆的行动激励，退出期酒系统而直接把酒卖到中国。这样的大批撤退将会毁掉“波尔多广场”。一级酒庄有其自身的责任，它需要创造一个高山仰止的光环。但最重要的是，一个一级酒庄是一个无价的使者，也是“波尔多广场”上的一个关键点。在一个像 2011 年这样的年份中，一级酒庄及其副牌对酒商们来说意味着 4.2 亿欧元（约合 5 亿 ~ 6 亿美元）的期酒销售额。中介赚取其中的 2%，酒商则提取 10%~12%，但绝大部分都是酒堡的纯收益。转瞬之间，葡萄酒就被卖给了全世界的买家。在一级酒庄的美名的助力之下，数百种酒被卖出。在波尔多这样的一个地区，1/6 的工作机会都与葡萄酒产业息息相关。酒商们将一级酒庄的酒与其他酒进行捆绑销售的情况也并不鲜见。早已有许多记者和葡萄酒买手对刺激投机热的期酒体系评头论足。拉图只是进一步验证了这些批评，它将以排除中间人的方式破坏波尔多的体系。这让酒商们怒发冲冠。

8

接下来那周的星期一一早，拉图变节的消息就席卷了各家报刊的头条，但这一事件并不像许多人所害怕的那样成为期酒买卖终结的标志。相反，大家的目光都被聚焦到了拉菲上。克里斯多夫·赛林已经发布了 2011 年期酒，定价为 350 欧元（约合 467 美元），比前一年下降了 50%。这一决定被誉为“波尔多广场”团结的典范，不仅如此，拉菲还大散家财，将其配额分给了超过 70 家酒商。

而这个时机的出现纯属巧合，赛林在数周之前就已经决定了新酒上市的日期和价格。他考察了五个最易获得的年份的酒，并参考了品质最接近 2011 年产酒的酒的价格来为第一批期酒进行定价。[66]

“他们早早地公布定价的行为令人称道，这对于这一年尤为重要，而且所发布的价格也显示了他们的努力。”莉莉安·巴顿－赛多利斯说道，这位盎格鲁－爱尔兰裔酒商的家族拥有二级庄巴顿酒堡和三级庄朗高巴顿酒堡。[67] 另外两家一级酒庄，罗斯柴尔德木桐和玛歌，公布的 479 美元的定价也让她十分振奋。[68]

她和她的父亲安东尼·巴顿谨慎地为自家的巴顿酒堡定价为 60 美元，[69] 比同为二级庄的碧尚拉龙酒堡和碧尚男爵酒堡便宜了近 40%。订单滚滚而来。“市场需求很旺盛，大家都致电来确保他们的配额。这批酒基本卖完了。”她说。

对中国市场的占领变成了一场中国的国有企业、吹牛商人、波尔多的机构及标新立异企图通过破坏规则来卖出更多酒的酒庄之间的四方角力。垄断供应，疯狂炒作，知识产权侵权，取消订单，价格暴跌——这一切都是为了获胜而采取的手段和相应的对抗手段，但这需要付出代价。“波尔多广场”正在发生改变。

第八章　变换的风向

1

“波尔多广场”上的动乱制造了风险和机遇。让－皮埃尔·卢梭考虑着是否已经到了抓住他面前的现金提款的时候。他已年近六十，从 1987 年进入葡萄酒及烈酒国际配额公司以来，他就成为一名酒商。在 2011 年，销售额增长了 73%，从 2400 万美元上升到 4200 万美元，其中绝大部分的收益来自出口。仅仅中国的订单，在 2011 年就为公司创收 3800 万美元。葡萄酒及烈酒国际配额公司拥有大量的列级酒庄的存货，还有许多诱人的期酒配额。问题在于公司今后将去向何处。

卢梭和他的合伙创始人皮埃尔·贝诗的子女都不愿意继承公司，卢梭在没有新的资金注入的情况下运营着葡萄酒及烈酒国际配额公司。列级酒庄不断上升的酒价、变幻莫测的市场及在中国经商的不稳定性都要求雄厚的资金和强有力的营销网络。一些酒商的背后另有靠山，葡萄酒及烈酒国际配额公司却没有。然而，有一支充满创业精神的劲旅正急切地渴望能在“波尔多广场”上占取一席之地：那就是中国。

卢梭权衡着他的选择，他知道如果把公司卖给中国人将会震惊波尔多的贵族。但他同时也认为这就是他们一直以来在无意识中前进的方向。历史上，每一次对新市场的征服都会给“波尔多广场”带来一批新的外国酒商。最早来的是英国人，然后是荷兰人、德国人、斯堪的纳维亚人和美国人。中国人拿下一家酒商公司是必然的事情。他只是刚好可以从这件事中获利而已。

在 2012 年 6 月 27 日，卢梭和贝诗与上海最大的国有食品公司光明食品集团的子公司上海市糖业烟酒集团公司签订合同，将葡萄酒及烈酒国际配额公司 70% 的股份进行转让。像中粮集团一样，光明食品集团也创立于新中国成立初期，始建于 1951 年。“注资葡萄酒及烈酒国际配额公司开创了中国企业进军波尔多葡萄酒产业的全新商业模式，”光明食品在官方新闻发布会上宣布，“这将为与当地葡萄酒产业的合作奠定基础，促进集团在葡萄酒产业的迅速扩张。”[1]

光明食品拥有健全而稳定的销售渠道，涵盖六万个零售店铺，其中还包括中国的各家超市。对光明食品而言，将一种外国生产的商品引入市场简直不费吹灰之力——只是现在，这种外国商品为中国政府所有。与此同时，光明食品得形成自己的产品组合，并理解外国的经销网络。

虽然光明食品对于“波尔多广场”而言还很陌生，但它在欧美的其他地方早已成为一张熟面孔：又一个以国有资金在海外赚取丰厚利润的中国工业巨头。[2] 许多中国消费者都十分害怕被国内生产的食品所毒害，以至于愿意付出额外的高价来购买进口食品。

光明食品就瞄准了符合中央政府提出的既能发挥国际影响力又能为全中国的13.5亿人民提供安全的食品来源的公司。[3]

光明食品集团公司的董事长王宗南是一个颇具影响力的人，他因为积极地收购外国品牌而受到推崇。在买下葡萄酒及烈酒国际配额公司前一个月，光明食品刚刚收购了广受欢迎的英式早餐麦片维他麦60%的股份。[4]它还曾尝试收购优诺酸奶和美国维生素零售商健安喜，但都未成功。[5]

在波尔多，光明食品获得了更大成功。它以取而代之的方式规避了这个体系中不可动摇的中间人，还获得了法国最出名的葡萄酒，上及丰富的营销经验、管理技巧和酿酒诀窍。按光明食品监事会主席的话来说，买下葡萄酒及烈酒国际配额公司的股份，“为光明食品集团整合更多的国际葡萄酒资源和品牌打下了坚实的基础”。[6]

从卢梭的角度来说，与上海官方合作实在是难以拒绝的诱惑。“与中方的合作不仅仅意味着资金，还有世界上最大的奢侈品——例如高级波尔多葡萄酒——市场的消费者群体。”他说道。[7]

作为合约的一部分，卢梭在接下来的五年内继续担任葡萄酒及烈酒国际配额公司的总裁兼首席执行官，为光明食品的经理人们引路导航，教会他们如何把公司的酒卖到世界各地。而中方的上海市糖业烟酒集团公司的董事长葛俊杰则表示会对葡萄酒及烈酒国际配额公司的发展提供经济和“软实力”上的支持，首要的举措就是在中国内地推广高级葡萄酒文化。他计划这一年内在上海开办一所葡萄酒学校来教会中国新兴的中产阶级如何喝葡萄酒，这将是波尔多侍酒师学校戛法培训的中国分校。

正如菲利普·拉乌和中粮集团的合作方式那样，葡萄酒及烈酒国际配额公司会针对中国人的口味调配一种波尔多，并以吸引中国顾客的方式来对其进行包装。这对于光明食品来说是一个明智之举。公司可以从当地的酒农处收购散装酒，自主决定酒的调配方案、价格、数量和销售，并控制其品牌。

葛俊杰说，通过拥有自己的直销品牌酒，光明食品可以保证每一瓶酒及其商标都货真价实。他要么是一厢情愿，要么是公关高手。尽管卡斯特控制了每年数百万瓶酒从酒庄到商店的整个生产和经销的进程，造假者还是伪造了卡斯特。如果卡斯特不能阻止造假者，那么光明食品又如何能做到呢？让造假者罢手的唯一策略就是让你的酒的伪造难度或成本高到让其知难而退，逼他不得不另择目标。而实际上，葛俊杰买下葡萄酒及烈酒国际配额公司的控股权，从中得到的是多年的专业经验、列级酒庄的直接供应和更多的普通葡萄酒的货源。

到合约签订时为止，2011 年产酒的销售战已经接近尾声，这让将葡萄酒及烈酒国际配额公司卖给中国的决定看起来更加精明。

2

“波尔多广场”上的每一个酒商都知道自己手中的王牌就是期酒系统，这是在全球范围内分销酒庄酒最快捷有效的方式。酒商、中介和酒堡都依赖于尽早地出售和买入期酒来保证其每年的流动资金，但2009年和2010年产酒的高昂价格让“波尔多广场”传统顾客群中的许多人望而却步。美国和欧洲曾经的老顾客被虚高的价格气得七窍生烟，而列级酒庄产酒的价格在像伦敦国际葡萄酒交易所那样的转售市场上又一直处于下跌状态。除非2011年产酒的定价低廉且发布迅速，否则这一年的波尔多很可能会遭遇无人问津的窘境。顾客的不满程度日益上升，他们开始将目光投向别处——西班牙、意大利和南美。

中国仍是列级酒庄和波尔多中档酒庄所产的酒庄酒的最佳选择，毕竟，这里是全球最大的奢侈品消费市场。上海的胡润研究院发布年度报告称中国有超过100万名千万富翁。他们是私营企业家、职业股市投资者、房地产投资者及薪资丰厚的高级管理人员，不仅如此，资产超千万的私营企业家的数量正在以每年5%的速度不断增加。波尔多人尚未打入东莞、佛山、宁波、苏州这样的中国二三线城市，而根据《胡润百富榜》，这些城市有超过8万的千万富翁。[8] 内蒙古有12300名千万富翁。

所以，当中介告诉酒堡需要降价时，许多人都认为或许酒商们应该做的不是对着酒价发牢骚，而是直接飞赴内蒙古。无论如何，酒堡的压力还在不断增加。这些论调归结成几点，就是：大家都从2009年产酒中狠赚了一笔，但是只有酒庄从2010年产酒中赚到了钱。中国买家仍在为那一年的酒不断下跌的转售价格而耿耿于怀。中国商人曾反复无常地取消订单，拉图酒堡也表示对期酒系统失去信心。酒商的资金正越来越多地聚集在相对较少的一些酒上——那些最有可能卖出的酒。酒商和中介的预算有限，他们都希望酒价能下降到与市场需求相符的程度。只有酒被成功出售的时候，中介才能拿到 2% 的佣金。

2012 年春天的形势尤其紧张。经过了两年的冲击，2011 年产酒的定价将最终决定波尔多的命运。如果情况照旧，将没有任何的流动资金可以被用来购买葡萄酒，不仅一级酒庄，还有数百家价格合理的家庭酒庄会受此影响，而这些家庭酒庄正是波尔多的灵魂所在。“去年，波尔多人已经从他们的傲慢和无能中吸取了教训，包括我们自己在内。”爱士图尔酒堡的让 – 古洛梅 · 普拉斯说道，“今年的酒仍会尽早发布，我认为，如果酒价下降，我们将可以对美国市场有所期待。我们必须大幅降价来吸引美国人。”[9]“波尔多广场”上的许多人认为让市场回归正轨的最佳方式就是尽早、尽快地公布一个低于近几年任何一年酒价的定价。2011 年产酒必须看起来物美价廉。

2012 年 4 月 16 日，罗斯柴尔德拉菲酒堡给出了一个答案，公布第一批酒的出窖价格为 350 欧元（约合 450 美元），而酒商的售价是 420 欧元。这个价格比前一年下降了 30%。[10] 当酒商们计算出前一年三批酒的均价时，每一批都比前一批更贵，而 2011 年产酒的价格降低了 50%。[11] 它也比市场上流通的品质相当的 2006 年产酒更便宜。

但是拉菲的做法并不一定适用于其他的酒庄。“2010 年产酒的价格虚高，但 2011 年产酒降价 30% 对我来说并不现实。”谢利 – 莱曼酒业的首席执行官克里斯 · 亚当斯告诉《葡萄酒观察家》，“倘若2010年产酒是好酒，那么2011年产酒堪称非常不错，所以把一个可能价格虚高10%的东西降价30%是不合理的。”[12]降价30%对拉菲来说可行，因为他们还占据着亚洲市场。但其他的酒庄不可能做到。所以，目前形势仍不明朗。

正如亚当斯所预料的那样，2011年产酒的前景不容乐观。靓茨伯酒堡和庞特卡奈酒堡两家五级庄已经把价格降到了当初为2008年产酒所设的底价，当时正值全球金融危机前夕，而他们的酒最终卖了出去。其他酒庄则没有这么幸运。

“中介们告诉酒堡，酒价需要下调，可以高于2008年产酒的价格，但不能高出太多。”靓茨伯酒堡的联合所有人让－米歇尔·凯泽斯在2012年5月接受《葡萄酒观察家》的访谈时说道，“但是人们看着当前的零售价，不想降价太多。问题是那些价格大多反映的是亚洲市场的需求，而亚洲市场现在已然降温。”[13]

美国的谢利－莱曼的亚当斯只买下了他前一年所购配额的15%，[14]美国的另一零售巨头莫雷尔葡萄酒集团只订购了其常规配额的5%。[15]酒价高昂，品质平平，而经济又不稳定。在伦敦，商人们曾一度希望市场已经触底，但二手市场上列级酒庄的价格仍在下跌。

卢梭在葡萄酒贸易行业的朋友们都暗暗地祝贺他把烫手山芋成功地甩给了中国人。在人们对卢梭的决定疑虑重重的时候，这同时也是“波尔多广场”向外国人敞开胸怀的途径。虽然大家都希望能从中国的国内生产总值中分得一杯羹来维持自己的底线，但这并不意味着他们也希望听从中国政府的发号施令。他们只能祈祷来年形势好转。

他们还没有看到最糟的情况。

3

现在，酒商们不得不与不受欢迎的中国“入侵者”展开竞争。在波尔多湖畔维特克斯的办公室里，菲利普·拉西正在为“波尔多广场”无力自卫而灰心丧气。他已经联络了波尔多葡萄酒行业协会的同事，提醒他们中国商人正在慢慢抢占“波尔多广场”的生意，但是他觉得大家都对他的话充耳不闻。[16] 中国的葡萄酒批发商正在成倍增长，最明显的就是中国的酒堡所有人，他们全都发展了出口业务，不仅意在将他们自己的酒直接运往中国，也包括其他的酒。还有的代理人和小商人开起了商店，其中一些明确旨在在“波尔多广场”上获得一席之地。2012 年 2 月，帝纳斯酒业就在距波尔多葡萄酒行业协会几步之远的地方开业了，操着汉语普通话的员工将廉价的庄园酒专销给中国顾客。

拉西并不是对中国酒商或者中国酒堡所有人抱有偏见，他甚至曾经为一位购买酒堡的中国投资者出谋划策，而且他也把大量的酒卖到了中国，他担心的是另一种趋势。

“似乎每一天都能在波尔多看到新来的中国酒商或中介。”他用手指敲打着他的电脑显示屏强调道。就在那天早晨，他还收到了一封一位酒堡经理转发的电子邮件，来自一位自称“中介”的中国女士。“中介！”他嗤笑道。[17]女性的中介也使用这个男性的头衔——如果他们合法的话。一个打给中介联合会的简短电话确认了这位女士并不是一个经过认证的中介。拉西估计这些暴发户会试着偷走“波尔多广场”上硕果仅存的客户，而且用灰色交易污染整个市场。

全球金融危机以来，北京的领导人们一直谨慎地处理着经济问题。百万富翁的数量在不断上升，全国大量农民工的工资却被拖欠。2010 年，一系列爆发于外资工厂的罢工显示出中国的贫富差距拉大的速度之快。根据中国人民大学教授常凯的说法，罢工的次数正以每年 30% 的速度增加。[18]

不言而喻，奢侈品——包括列级酒庄葡萄酒在内——的供应商们，将目光聚焦在有钱人身上。在这种情况下，他们的目标客户群是那些手握人民资产的人们。这是正确的：政府拥有国家绝大部分的资产，占据着金融、农业和工业部门的主导地位。如果得到北京的许可，官方媒体将会爆出奢侈品贸易与经营状况良好的国有企业和政府官员密切相关。[19]这些掌控着世界上发展速度最快的经济命脉的人们怎么会不想得到某种奖赏呢？

2012 年 3 月全国人民代表大会召开的第四周开始，温家宝谈到了工人的不满情绪增长的问题。他承认对官员的监督措施离人们的期望还有着一定的距离。他宣誓将颁布新规定对政府账户实施透明化，特别是，北京将取缔“三公消费”——因公出国（境）经费、公务车购置及运行费、公务招待费。[20]

在亚洲科龙精品葡萄酒公司，沈品同阅读了温家宝的讲话稿。政府在从前也曾许诺过要约束自身的行为，但官员们依旧踩着红毯出入于奢华的宴会大厅，开着德国车，享用着免费的进口奢侈品。但讲话中有一句却让他为之一震："禁止使用公款购买香烟、高端酒类和礼品。"[21]

总理这样点出包括高档葡萄酒在内的价值昂贵的酒类是不同寻常的。每一位官员应该都清楚地领会了总理所传达的信息。事实上，温家宝的表述正是对上海市人大代表慎海雄提议禁止用公款喝茅台的回应。这种烈酒是用高粱发酵蒸馏而得来的。这个最著名的白酒是由位于茅台镇的国有的贵州茅台酒厂生产的。贵州茅台在1951年就获得了"国酒"的名号，曾作为1972年理查德·尼克松访华时的宴会用酒。

尽管茅台如此的根正苗红，慎海雄还是提出在官方接待时喝茅台是"浪费公款"。[22]2012年的《胡润百富榜》将茅台列为最受欢迎礼品的第五名——它是唯一一个进入前十的中国品牌[23]（路易·威登、卡地亚、爱马仕和香奈儿占据了前四）。胡润估计茅台的品牌价值为120亿美元，其对手五粮液价值70亿美元。[24]在前一年贵阳的拍卖会上，一瓶茅台陈酿拍出了136万美元的高价。而一瓶19世纪60年代的五粮液的价格为155687美元。[25]一瓶最为畅销的飞天牌茅台酒的价格从2000年的200元人民币上涨到了2012年的2100元（约合332美元）。毫不意外的是，茅台的利润年年创新高。

慎海雄同时也是新华社上海分社的主编，所以他可以很容易地将自己的观点公之于众。“据我所知，政府严禁奢侈品消费。”他告诉《中国日报》。关于这则报道的评论引发了一个问题，波尔多是不是也该被禁止。一个人写道：“上周商检局的检验员来到我们酒店，我们不得不设宴招待。他们喝了茅台或者用芬达调的拉菲（每瓶价值人民币 7000 元）。他们真是会喝。”[26] 第二天，茅台公开交易的股票就下降了 6.5%。[27]

成了众矢之的可不仅限于茅台，一份 2011 年的报道曝光了惊人的公款滥用。根据《中国日报》的报道，来自中国财政部的统计数据显示，中国最高的行政单位国务院下属的 60 个部委和机构在一年之内用于“三公消费”上的支出高达 30 亿元人民币（约合 4.67 亿美元）。[28] 扶贫办公室在官方宴会上花费了 145 万元，[29] 海关办公室则花了 5.03 亿的巨款。而北京的地方政府则在宴会上花了 9000 万元，海外差旅费花了 1.3 亿元。

2012 年 7 月，温家宝下令国家公务员在 10 月之前必须开始采取“一种节俭的工作方式”，否则他们将失去自己的工作。[30] 他们此前已经被要求削减公费开支，但现在温家宝宣布了禁止使用公款购买奢侈品的禁令。一些城市已经预测到北京的风向正在转变。温州港已经卖掉了 215 辆车，并将官员使用公费的额度限定在每人每餐 60 元（约合 9.4 美元）。[31] 无疑，波尔多已经不在他们的酒水单上了。

史上最大的公费酒水单现在被正式叫停了。

4

2011 年的期酒销售遭遇了滑铁卢。在一些情况下，酒商将他们接手的全部配额打折出售，只为了尽量卖出他们所能卖的，并保住来年的配额。许多人认为 2013 年春天的销售战也将折扣漫天。“不打折的话，销售网就失灵了。人们尝试过以建议价格出售，但卖不出去任何酒。大家都不蠢，”一位商人说道，“酒商赚 5 欧元，我赚 7 欧元，对酒堡来说，酒的成本是 6 欧元，他们的利润是 94 欧元。有些东西不起作用了。”[32] 问题在于酒堡得到了绝大部分的利润，以牺牲“波尔多广场”上剩余的其他人和他们的进口商和零售商网络为代价。

尽管如此，还是有一线生机。2013 年春，一些中国人所有的酒堡将他们的酒重新投放到了“波尔多广场”。购买了三个酒庄供每一个子女继承的金融家郭炎，试着在激发酒商们对他的酒庄所产的酒的兴趣，这批酒的总量有 20 万瓶。他仍计划将大部分的葡萄酒直销到中国，但同时他也希望发展一个囊括中介和酒商在内的传统的经销渠道。“一种好酒首先应当被其原产国的市场所认可，”郭炎解释说，“我知道以 2012 年产酒作为开端或许并不是一个最佳选择，我也并不寄希望能一举成功。我们只是踏上了树立我们的品牌和在市场中立足的漫长道路。”[33]

几个月后，大连海昌集团的曲乃杰所拥有的两种酒也重返维特克斯。“他们也开始发觉卖酒不易了。”菲利普·拉西说道。[34]

虽然新的变化令人欣慰，但这些酒的数量并不多，而且列级酒庄降价所造成的损害也尚未因此减轻，更不用说缓和那些在期酒上亏了本的中国客户的怒气了。中国顾客对期酒的心灰意冷并不令人吃惊，但现在他们对已装瓶的酒的兴趣也开始降低了。曾经在一年一度的桶边试饮上最受追捧的、一掷千金的厦门建发酒业的董事长杨文华，在2012年的春天向酒商们传达了这样一个噩耗：建发集团将不再购买其与列级酒庄合作的17种专营葡萄酒。[35]建发决定放弃它们。杨文华的老板，即福建省建发集团的领导层，虽然在建发酒业亏损的情况下仍允许他来波尔多，但这已经是最大限度的宽容了。他们对高价葡萄酒的渴求之火已然熄灭。建发酒业的转身离去为酒堡经理们敲响了警钟，但严格说来杨文华并没有取消任何订单。他尚未确认这一年的订单，这意味着建发酒业并未授权酒商们为其从酒堡订购任何酒，而且酒商们也没有与酒堡订立合同。也就是说酒堡可以自主地将这些酒——如果他们找得到一个有意愿的买家的话——卖给其他人。这至关重要。

杨文华的境遇的转变很容易理解。直到最近，建发集团已经完全清理了它控制经销的品牌葡萄酒和其他酒类。波尔多是作为商品出售的，其价格在互联网上可以很容易地查询到。他最初的计划是，比如说，花20美元买入一瓶酒，然后以1500元人民币（约合240美元）在中国卖出。如意算牌落空后，他又降价到500元人民币（约合 80 美元）。这仍是利润丰厚的买卖，而且他和他的团队极力推销这些酒。建发酒业试着笼络全中国的客户，邀请他们参加豪华的宴会和品酒会。它邀请酒堡堡主们前往中国主持品酒会，还参加大量的宴会。专营权使他们排除了会另外增加成本的同类竞争，只要建发酒业能将利润额度维持在合理的范围内就行，但事实并非如此。结果，任何人都可以用一种葡萄酒的名字在网上搜索其在全球范围，包括中国在内的市场价。这种透明度意味着，任何消费者，只要有智能手机，就能在不到一分钟的时间里发现自己花了冤枉钱。当消费者发现建发酒业和许多其他商家的酒价都被人为地抬高了，他们自然也就不再光顾。

这使得建发酒业和杨文华陷入了困境。他正在设法建立罗斯柴尔德木桐和玛歌的稳定客户群，事实的确如此。他最畅销的产品之一就是“1855 年分级六支礼盒装”——有两种版本，一种是 2007 年产酒组成的，另一种是 2008 年。但这些酒并没有全部卖出，仓库里 2008 年和 2009 年产酒堆积如山，如果不亏本甩卖就难以脱手。很快将在波尔多装瓶的价格虚高的 2010 年产酒成了压在杨文华心上的一块大石。他正在对存货进行打折促销，尽多、尽快地卖出这些酒。“很快我们的库存就能减少到 50 万瓶，这是我们这种规模的公司可以承受的合理水平。”杨文华说。他买进了 90 万瓶波尔多，这意味着他正在将 40 万瓶波尔多变现。他在中国的葡萄酒行业已经干了 15 年，而他并没有为自己倾销存货的行为感到不安。

“我们不希望改变‘波尔多广场’的长期面貌，进口商、中介、酒商和酒堡。”杨文华坚称。他的担心在于中国的情况。中国的国产葡萄酒已经凭借其产量和价格的优势占据了国内市场——酒庄们不用支付关税，而且这些酒绝大多数都不在温家宝禁令的范围内。杨文华或许还能卖出这些酒，但他必须抓紧时间。他从未如此忧虑建发酒业的前景，尤其是建发酒业在股市上的股票价格。[36]

王朝酒业的前车之鉴已经为杨文华敲响了警钟。在2011年的上半年，王朝酒业的报告显示利润降低了54%，其在香港股市的股票价值一落千丈。持有王朝27%股份的人头马君度损失了其投资的1/3。[37]2013年2月，王朝已经提醒股东们在2012财务年度预计将会出现亏损。[38]然后，在2013年3月22日，一个星期五，其股票被暂停交易。[39]几天后，王朝的董事会在公司提出，负责其审计的普华永道会计师事务所“收到了对某些交易的匿名指控”。[40]为了掩盖2011年惨不忍睹的销售数据，王朝的管理层将超额的酒分发给批发商，以至于批发商纷纷要求王朝买回这些酒。[41]而在20年前就已经与这家合资企业脱离直接关系的人头马君度，也向王朝施压，要求其做出公开解释。在独立的审计机构审核这些指控之前，王朝都可以暂时从股市抽身并搁置年终财务汇报。否则，公司继续营业，其高管们则面临着丢饭碗的威胁。

克里斯多夫·雷布尔·萨尔兹幸灾乐祸地在波尔多目睹了王朝的惨剧。前一年路明取消王朝的订单的时候，他度过了一段尤为艰难的时光。[42]他几乎不可能从一个涉嫌会计欺诈的公司榨出货款——在中国的全境——但他也仿效菲利普·巴比隆，将与王朝的纠纷诉诸商业法庭。他胜诉了，法庭授权他封存一批酒来抵押他应得的货款。在陷入最近的危机之前，王朝购买了一批价值高昂的列级酒庄 2009 年产酒——购自别的酒商处，不是雷布尔·萨尔兹——这批酒已经装瓶并准备运出。现在，如果雷布尔·萨尔兹得不到货款，这批酒就不会发货。“他们将退出高级葡萄酒贸易圈。”雷布尔·萨尔兹预测道，带着一个对更大对手初战告捷的大将军的决心。[43]

伦敦的葡萄酒贸易商盖瑞·博姆对酒商们的前景并不看好。“这不是一个健康的状况。五年前，我 95% 的业务都在波尔多，而不是 50%。”他说道。当然，他的葡萄酒销售额依然可观。但波尔多已经失去了 45% 的市场。“这都是价格问题导致的，是价格和需求的问题。”[44]

“波尔多就像是一群在平原上迁徙的角马。你找不到队伍中哪里是第一只，也找不到最后一只。”他继续说道，“一些酒堡听从了建议，比如玛歌。而拉菲却沉浸在自己的世界里。他们充耳不闻，但这是我销售量最大的酒。我每年卖出 1500 万英镑的拉菲，但半数的时间，当我出现在拉菲时，他们不知道我是谁。我们与他们之间是公事公办的关系，他们不会脱离自己的轨道来帮我们营销他们的酒。”[45]

近来，排名前二三十的酒堡——主要是一级酒庄、二级酒庄和三级酒庄——已经开始询问从他们手里获得配额的进口商们是否愿意买下酒商传统上捆绑销售的那些酒。当经销商拒绝了这些酒，酒商就不得不为其另寻出路。而它们越来越多地被卖给了公众，而不是经销商或进口商。“不巧的是，那是我的市场，所以他们把越多的酒卖给公众，我就越多地向酒堡申诉，”博姆说，“我向酒堡陈述的论点是我与酒商并没有不同，我只是业绩更好而已。”[46]

“突然地，我的大客户们开始说，另外的五个酒商都向我提供了更低廉的价格，为什么我要从你手里买期酒呢？”博姆说。他想到了自己在“波尔多广场”上的伙伴们。一些酒商，比如葡萄酒及烈酒国际配额公司和施罗德席勒酒庄，尊重常规的分销链，但现在越来越少的酒商像这样做。“实际上，酒商们并不真的是我的朋友，他们是我的竞争对手。这种关系变得难以驾驭。”

中国，当然是伦敦贸易商和酒商之间最具争议的地方，在接下来的十年里，随着中国的酿酒商开始生产品质优良的葡萄酒并进行出口，酒商们的国际市场份额也许会进一步收缩。

5

当盖瑞·博姆思索波尔多的出路时，他发现了一线希望。“圣埃米利翁和波美侯因为产量小而容易卖，但还有其他原因，”他观察后说道，“庄园主们仍在拣选葡萄，抚育葡萄藤。”[47]博姆将圣埃米利翁和波美侯的酒庄与梅多克的酒庄进行了比较，梅多克的酒堡中有如此之多是为保险公司、奢侈品集团或其他缺席的投资者所有。当然，在广阔的葡萄园由不露脸的大企业所控制这一点上，梅多克与中国不具有可比性。而中国酿酒业的工业化进程有了竞争者，有一些中国的酿酒商也赋予了他们的酒以个性，比如说高源和她的父亲。

从高源与她的老板在桃乐丝分享一瓶酒那天算起，银色高地已经历了很长时间的发展。2011 年 12 月，吉姆・博伊斯，长期运营中国葡萄长城博客的博主，在宁夏和波尔多之间组织了一个面对面盲品比赛。五种来自中国宁夏和山西的红葡萄酒对阵五种波尔多红酒。所有的葡萄酒的价位都介于 30 美元到 70 美元之间，并且都是 2009 年产酒。十位专家评审都是从葡萄酒贸易圈中挑选出来的，五位来自法国，五位来自中国。

所有的葡萄酒都得到了很好的试饮评分，但是其中四种尤为出色，而它们都来自中国。拔得头筹的是怡园酒庄的庄主珍藏，而银色高地的阙歌获得了第二名。顶级的法国葡萄酒，罗斯柴尔德男爵拉菲集团旗下的品牌酒拉菲传说梅多克 2009，只获得了第五名。法国的评审们偏爱怡园的酒，但中国的评审们更喜欢高源的酒。无论如何，宁夏都是赢家。

“就目前的状况而言，我最大的收获是中国产的葡萄酒再一次获胜了——不是第一次，也不是第二次，而是再一次——展示出它们在全球舞台上的竞争力。”博伊斯写道，“事实说明：这些葡萄酒仅仅代表中国市场的一个侧面，而作为一个整体，中国葡萄酒业还有很长的路要走。但是，对于那些问‘中国能酿出好酒吗？’这个问题的人来说，答案是肯定的。”[48]

接着，2012 年 11 月，在北京的一个由法国最大的葡萄酒杂志

《葡萄酒评论》中文版主办的沙龙里，中国葡萄酒有机会与法国、意大利等国的名酒一起供人品尝。活动规模不大，仅有不超过35个展柜用于展示供品尝的葡萄酒。但是参与者——记者、评论家和知名的葡萄酒博主——具有很大的影响力。中国为数不多的葡萄酒爱好者很关注这些人对酒的评价。

当然，吉姆·博伊斯也出席了。他取了一杯2010年的银色高地家族珍藏，品味其香气和味道。“找不到更合适的词汇来形容，这种酒回味悠长，怪不得人们评价高源的酒有个性。它有一种果味，能很好地平衡酒体，我既想让它在口中多停留一会儿来好好品味，又想尽快吞掉它来感受余味。”博伊斯后来回忆道。[49] 高源以酿酒技术精湛而声名远扬，她的酒中透出旧世界的影响。

但是银色高地规模很小，高源又不是一个热衷推销的人，她和父亲只是依赖于主办方为他们展示葡萄酒。而高源的酒并没有完全地得到发挥，人们业余的倒酒方式简直是暴殄天物；他们只是枯坐在那里，对葡萄酒一无所知，博伊斯提到。“这可能不关银色高地的事，因为它只是一家小酒庄，工作人员分身乏术，无暇顾及这次展会，但《葡萄酒评论》应该承担责任。”他将矛头指向《葡萄酒评论》。

旁边展示的就是保乐力加的贺兰山，同样来自宁夏。这家酒庄的珍藏黑比诺干红和珍藏美乐干红大获好评，每瓶的价格都在220元左右。银色高地有了对手。

营销并不是唯一的挑战。那年秋天，超出寻常的降水量为宁夏的酿酒葡萄带来了灾难。高源曾在波尔多目睹过与霉变和腐烂的斗争，她记得法国的果农们深受其害，但宁夏的果农们不知道应该怎样保护葡萄藤。大多数当地农民对购买化学喷剂的建议怀有疑虑，认为这只是酒庄为了收取回扣而骗他们多花钱的伎俩。最后，依照建议管理葡萄藤的宁夏果农们幸免于难，而那些没有这么做的则损失了这一年一半以上的收成。这印证了高家人从前的想法：他们需要管理自己的葡萄藤，而不是依赖当地的果农提供葡萄，他们需要开垦自己所拥有的每一寸土地。

高林一如既往地精心打理着他们的小葡萄园。从他们的第一桶酒开始，最初的葡萄园一直没有改变，尽管高源已经让他们的葡萄酒更臻于完美。酒庄仍蜷缩在那个果园大小的范围里，几栋摇摇欲坠的建筑就是他们的休息区和储藏室，而高源还是使用着父亲为她修建的小小的地下酒窖。

未来看似无限，如果不是周围林立的高楼日益逼近着这座葡萄园的话。

6

如果说有一个人决心改变宁夏新兴的葡萄酒产业的话，那一定是荣健。

荣健是宁夏葡萄产业协会会长，前宁夏回族自治区农业厅副秘书长。20 世纪 90 年代中期，银川举办了一次葡萄酒会议，李华谈到了宁夏葡萄种植的潜力，荣健从那时起就开始投身于宁夏的葡萄酒业。[50]

荣健和其他的当地官员一直以这些话自勉。到 1997 年，葡萄完全地融入该地区的农业发展计划，而在 2001 年，也就是高林从他位于石嘴山化工厂的葡萄园第一次收获的那年，荣健创立了宁夏葡萄产业协会。[51] 宁夏的果农可以直接种植葡萄，并将其卖给长城或张裕，荣健解释说，但这样一来当地的经济效益就不高。如果果农也自己酿酒，经济效益就能显著提高。几年后，宁夏大学设立了葡萄与葡萄酒教育部工程研究中心，对荒漠沙质土的组成成分进行更深入的研究。它不像北京的农业大学或者陕西的葡萄酒学院那么出名，但荣健认为如果没有当地的人才和研究的支撑，宁夏的葡萄酒贸易将会陷入困境。

经过一番讨论，宁夏葡萄产业协会决定选派一小批学生访问法国，学习波尔多的做法。协会的投资很快得到了回报。高源第一次前往波尔多就是作为协会代表团的翻译，但后来她自己留了下来，成为一名酿酒学系的学生。其中一个学生现在是路易·威登—酩悦·轩尼诗集团下属宁夏夏桐酒庄的总经理，而高源自己也已经声名远扬。杂志上发表了她的故事，评论家称赞她的酒，餐厅和收藏者希望得到银色高地的酒。

而成名并不意味着高源可以放弃她的日常工作。银色高地的产量极少，为了满足市场需求，高源要为一些大的工业化酒厂担任酿酒顾问。她曾经为新疆维吾尔自治区的乡都酒业担任发酵过程中的首席酿酒师，后来又为山东蓬莱半岛的康达酒庄担任顾问。

她喜欢旅行，看看大城市，探访她在上海和北京的朋友们，但她的心中却一直挂念着远方与蒂埃里待在圣爱斯泰夫的女儿。每一年中与他们在一起的两三个月都是高源的幸福时光，在这些日子里，她放下工作，只与女儿一起画画、玩耍，或阅读、烹饪，而蒂埃里则管理着凯隆世家酒堡的酒窖。

虽然目前没有办法在她自己的葡萄园全职工作，但她已经利用媒体正面报道的影响力，促成父亲在银川西南租到了一块面积99英亩的土地——这是对他们的小酒庄的一个极大扩充。2012年，她们在那里种上了葡萄藤。很快，他们的酒庄就将不再只是生产车库酒，而成为一个成熟的精品酒庄。她希望到2016年，他们能从每年5万瓶的产量扩大到20万瓶。

7

在宁夏，荣健还是国有的贺兰晴雪酒庄的总经理。贺兰晴雪位于银川市西部贺兰山东麓，致力于中国酿酒科技的发展。大楼的左翼装备了一个现代化的储藏室，前方树立着现代化的灰色石幕墙。周围大量国有酒厂“中国酒堡”式的建筑风格使贺兰晴雪显得尤为低调。

建筑内部，荣健的办公室一看就是一个纯工作的地方，房间的每一个角落都能反映出某个项目正在进行中。他的办公桌后挂着一幅令人惊艳的照片，照片中，贺兰晴雪的葡萄园被白雪覆盖，远山伫立在高原之上——洁白、鲜明、不可逾越。酒庄是以一首诗的名字命名的——“贺兰晴雪”。

“明朝的时候，宁夏的统治者写了一首诗，”荣健一边喝着一杯意式特浓咖啡，一边解释道，“这首诗的标题的意思是说，在夏天，你仍然可以看到贺兰山顶的皑皑白雪。随着全球变暖，我们已经看不到山顶上的积雪了，夏天里完全没有雪。但是看着酒庄现在的样子，你可以想象当年夏天的景象。”[52]

贺兰晴雪实验性的葡萄园是宁夏葡萄产业协会将宁夏提升为首屈一指的葡萄酒产区四个计划的一部分。计划包括在葡萄种植和葡萄酒酿造方面对当地的技术人员进行培训，对葡萄酒消费者进行教育，自主修建酒庄。宁夏的酒庄要取得成功，从土壤到葡萄藤的每一个环节都需要研究。大部分的葡萄品种都是从国外盲目引进的，在发酵过程中使用的酵母菌和橡木桶也是如此。人们越来越多地意识到，中国需要培育自己的品种，发展适合的酵母，研究不同种类的橡木与中国种植的葡萄之间的相互作用。本地的酵母菌能否比从法国挑选的酵母菌更好地、以更独特的方式带出果实的风味？能否为宁夏挑选出一种特别的酵母菌？美国或法国的橡木能催生出吸引中国消费者的香气吗？荣健希望贺兰晴雪可以为上述问题找到答案。

荣健已经提携了一名成功的年轻女性作为贺兰晴雪的酿酒师。这位女性名叫张静，出生于一个公务员家庭，于 1998 年从宁夏农学院毕业，在山西获得了农学的硕士学位，然后前往罗讷攻读葡萄酒酿造学学位。她还师从北京农学院的李德美教授学习品酒。她在南非和澳大利亚接受了训练，然后回到宁夏，在 2005 年进入了贺兰晴雪。

张静的成名是在 2011 年，当时，她的贺兰晴雪加贝兰 2009 赢得了《醇鉴》葡萄酒国际大奖赛价格 10 英镑以上最佳波尔多红酒单元的比赛——成为从《醇鉴》杂志获得奖项的第一种中国葡萄酒。她为这款酒取这个名字，是因为酿出它的那年她刚好生下了一个女儿，这款酒是在全新的法国橡木桶中进行陈酿的——这只桶是一位朋友为了祝贺她喜得千金而赠送的礼物——桶上印着她新生女儿的足印，这象征着好运。加贝兰的产量只有 1000 瓶，张静和荣健都没打算将其投入市场。这款酒将主要用于宣传，尽管其中一些将为张静的女儿封存起来。

两年后，在北京饭店莱佛士的一次品酒会之后，张静被《葡萄酒评论》中国版评为“年度酿酒师”。她还在中国优质葡萄酒挑战赛中被评为“中国杰出酿酒师”。这些胜利是醉人的，她也获得了加贝兰的股权。

张静的成功很大程度上要归功于她在尊重市场的同时也尊重葡萄种植的技巧。娇小活泼的她能说法语，她愉快地解释了贺兰晴雪目前对 16 个法国葡萄品种的实验，她还打算尝试一些意大利的品种。她是中国葡萄酒界一颗冉冉升起的新星，预示着宁夏将在优质葡萄酒的世界地图上占得一席之地。

8

2013年11月初，银川林业局的工人们得知，在宁夏回族自治区修建一条“葡萄酒之路”和50个新酒堡的计划已经确定。一条标记出的葡萄酒之路将便于游客参观当地的品酒室。这让荣健想起了他访问波尔多的经历——驱车沿着著名的酒堡之路D2大道行驶。“酒堡一个接着一个，”他微笑着说，“这不仅是葡萄园和葡萄酒，更是葡萄酒文化，不论何地，只为了葡萄酒。有投资者在宁夏投入了大笔资金，但他们找不到像波尔多那样的和谐或者说平衡。”波尔多的酒堡之路是经历了数个世纪自然形成的。而宁夏与之相反，是由北京所颁布的五年计划所支配的。

曹凯龙，这位人到中年的宁夏回族自治区林业厅副厅长兼自治区葡萄花卉产业发展局局长感到恼怒。他坐在铺满文件和资料的巨大办公桌旁，房间四周的书架上井井有条地排列着各种公告和农业指南。他的办公室最近继承了荣健的葡萄产业协会的功能，这增加了他的责任和影响。他叹了一口气。“实际上，这是误传。”他说，谈及职工们中间流传的修建50个酒庄的流言。“我们有发展‘一千’酒堡的计划。”曹凯龙以渴望被理解的语气说道。[53]这是只有一个拥有后门外的荒漠和无限供应的劳动力的中国政府官员才能说的话。

曹凯龙十分严肃。每一个新的酒庄可以租得50英亩的土地。土地的数量至关重要。而银川，拥有美国中西部城市般的外貌，一马平川，宽阔的网状混凝土大道蔓延到高原。宁夏需要对荒漠宣战。这是一场生死较量，迄今为止，荒漠中的沙土占了上风。每一年，风暴都从蒙古顺势而下，1000个酒庄将会阻拦下大量的沙土。

曹凯龙的计划对任何阅读过浅显易懂的十二五计划说明的人来说都不难理解。中央政府已经从2000年便开始实施“西部大开发”战略，帮助边远省份赶上东部沿海的发展进程。葡萄酒已经成为让西部摆脱贫困的又一途径。五年计划号召，到2015年为止，中国葡萄酒的年产量达到22亿升，并保持15%的年增长率。这是对旧世界的酿酒商的直接挑战。2011年，法国是世界上最大的葡萄酒生产国，年产量为52亿升——但其排位在遭遇冰雹和虫害的年份会陡然下降。在任何情况下，不论是法国一国还是欧洲整体都不会有一个葡萄酒“计划”。国际葡萄与葡萄酒组织预计，有五个非欧盟国家在2030年之前会超过旧世界，其中之一便是中国。[54] 中国人预计销售收入每年增长13%，最终达到600亿元，在2010年的水平上翻一番。计划还要求利润和税收增加88%。而中国的西部地区，包括宁夏在内，预期在2015年之前生产出全国20%的葡萄酒。[55]

曹凯龙决心使宁夏成为中国葡萄酒业发展的推动力。北京的计划者们呼吁加强文化品牌建设，发展科学技术，推进产业结构调整，保障原材料供应。曹凯龙认为，宁夏能比其他资源不足的省份更顺利地达成这些目标。

曹凯龙希望澄清的是，并不是宁夏的政府要投资葡萄酒。政府要投资的是基础设施。政府将提供有利于种植葡萄、发展酿酒和销售葡萄酒的电力、交通及商业环境。当然，它还会提供劳动力。

在宁夏，葡萄藤的株距较远，便于每年冬天人们将其掩埋起来抵御严寒的天气。正如高林和妻子所学到的那样，在冬天掩埋葡萄藤并在春天将它们挖出来是一项十分繁重的工作。在宁夏，这项工作主要是由回族人完成的，回族是这个地区的少数民族。许多回族人的人均年收入在 2300 元（约合 365 美元）。在占据了宁夏中部一大片地区及南部山区的八个县的西海固，人们的生活更加艰苦。几百年的农耕和放牧使土地变得贫瘠。用当地人的话说：寸草不生，水比金贵。始于世纪之交而长达十年的干旱将仅存的生机逼进了大山。家庭年收入降到了 2000 元以下。[56]

西海固是关于荒漠化和贫困的教科书式的典例。2012 年，政府实施了一项计划：将这里的 35 万居民迁移到宁夏的农场。他们是那一年中国农村 2300 万贫困移民中的一小部分。2013 年，政府又迁移了 30 万人。[57]

尽管有自来水、一个温室、两头牛、子女们更好的教育和一个家庭成员在城市的一份工作的诱惑，但移民工程的进展并不像政府官员们所计划的那样顺利。迅速致富的承诺也很难减轻移民们的忧虑，更不用说一瓶食用油、一袋大米和几天的蔬菜供应。移民意味着完全不同的生活方式——他们需要为自己的新房贷款，为子女们的教育贷款。

而宁夏的回民们早就听说了这些承诺。像对其他的少数民族那样，政府对回族放宽了计划生育政策，山区的夫妇可以生三个孩子。但作为西部大开发战略的一部分，宁夏政府实施了“少生孩子，快速致富”的计划，为少生孩子的回族夫妇提供 2000~3000 元的现金奖励，或者同等价值的免费保险。[58]

无论如何，当要搬离他们位于山区的家时，还是有很多回民拒不搬迁。在宁夏南部的一个计划移民 23 万人的市里，市长预计会发生“激烈的冲突”。“我们已经充分准备好克服可能出现的任何困难。大约一万名工作人员将被派前往进行劝服民众及相关工作。”这位市长在接受《中国日报》采访时说道。[59]

不知道是不是有人建议回民通过采摘葡萄来致富。但那时，很多的回民可能并未被预先告知他们中的许多人会被雇用到宁夏的葡萄园工作。“这些人习惯了山区的生活。那种生活很艰苦，但并不意味着他们会愿意到一个农场来工作。”怡园酒庄的陈芳解释道。[60] 他们习惯了贫穷，并不一定想要这份被安排好的工作。

这是在中国生产葡萄酒所面临的众多挑战之一。一方面，酒庄的所有者们可能会为需要稳定的人们提供工作机会而自豪。他们可能想以集中住房的方式帮助家庭搬迁，以自己的方式确保他们的工作人员充分利用教育、通信及医疗保健服务。但作为该地区发展计划的一部分，酒庄们被迫雇用移民。通常情况下，他们会换一种表述，比如以降低土地租金来交换对一定数量的工人的雇用。许多工人掌握了这种权力动态，包括酒庄不能真正解雇他们的这个事实，所以工作的积极性很低。

最重要的是，葡萄园的劳动力成本一直在上升。“我们过去每天支付 40 元，而现在要支付 100 元。”早年与陈芳一起在怡园酒庄工作的热拉尔·科林说道。不幸的是，几乎没有别的选择。在冬天用土将葡萄藤掩埋起来是一项劳动密集型工作，但它是必不可少的。

9

宁夏的严冬对酿酒商生产有品质的葡萄还有另一个影响。葡萄藤需要修剪，这会影响植物的活力和长势，是生产成熟葡萄的关键所在。当葡萄藤被掩埋在土里，要准确决定其何时应该被修剪几乎是不可能的。如果葡萄藤太早被挖出而又遇到寒流来袭，它将会死去。“这是一项繁重的工作，在你每年要掩埋和挖出葡萄藤的情况下，修枝并不容易。”热拉尔·科林解释说。

在掩埋和挖掘过程中对葡萄藤的损伤也令人头疼。在被这样对待了 15 年后，葡萄藤几乎要折断了。而到了这种年份，葡萄藤才刚刚开始结出能酿出好酒的果实。宁夏的红葡萄酒常被批评味道太淡，呈现出草味。这是新藤结出的葡萄酿成的酒的典型问题，不知道宁夏的酿酒商们是否找到了解决问题的长远之道。

“我们可以在这里酿出有品质的葡萄酒——这一点已经为许多的国际专家所证实，不仅仅是《醇鉴》大奖，还有不少国内赛事。”荣健坚持道。[61] 到目前为止，梅洛、西拉、小维多和意大利雷司令看起来前途可观。而赤霞珠成熟晚，增加了其根本不能成熟的风险，但它一旦成熟，就会产生柔滑的单宁。

当然，荣健和曹凯龙都清楚当地的酒庄仍需要提升其葡萄酒的品质。正因如此，宁夏正在建立一个五个级别的分级体系，与著名的 1855 年分级在结构上惊人地相似，但标准不同。在这个体系中没有中介，也不考虑酒的价格。

“我想要解释一下，因为似乎存在一些误会，”荣健说，“人们认为我们做这个分级是为了赚钱，抬高酒价，但这并不是事实。这是让葡萄酒贸易更专业的管理方式，同时也可以提高酒庄经理人的能力。这不是简单地复制波尔多的分级，而是让酒庄更好地组织起来。”[62]

评选最低的第五等级的标准已经公布。酒庄的占地面积要在 13 英亩以上，年产量要在五万瓶以上。酒庄还必须证明其用于酿酒的葡萄有 75% 产自宁夏，并且与标签上标注的葡萄品种和酒产年有 85% 的吻合度。它还需提供四星级酒店标准的客房、一家餐厅及葡萄酒旅游活动。酒庄的建筑风格不受限制。

与波尔多的 1855 年分级不同，宁夏的评级中包含了一个争取和完善的机会：排名每两年更新一次。许多酒庄都申请了参评五级庄，但在第一年中，只有十家能入选。在两年后的 2015 年，这十家酒庄可以申请参评四级庄。然后，在 2017 年，其中一些甚至可能升级为三级庄。这一流程将不断重复，直到第一批“宁夏一级酒庄”在 2021 年首次亮相。而在随后的每一次排名中，葡萄酒的品质都扮演着更为重要的角色。如果获得国际奖项，酒庄将能得到奖金。

不仅如此，政府还发起倡议，呼吁每一个葡萄酒产区发展两个知名品牌。这些品牌应反映地方特色——也许是为了展示根据五年计划对葡萄酒产业进行投资在环境和国家经济上的收益，为一个更大的营销活动打下基础。销售额不到 100 亿元的酒庄不能申请国家资助。就全国范围而言，30 家公司生产了中国 43% 的葡萄酒，它们更有机会获得国家资助，高源的银色高地和贺兰晴雪都不在此列。曹凯龙是幸运的，因为宁夏境内有中国最大的酿酒商所拥有的酒庄——张裕、王朝和中粮集团。王朝在贺兰山有 20000 英亩地，而张裕与宁夏的农业厅合作建立了一个占地 8000 英亩的葡萄园。[63]

国际认可在建设中国葡萄酒业的过程中至关重要。"宁夏葡萄酒的销售渠道通向国内市场。在这里，它是奢侈品，我们能卖出高于出口市场的价格。中国人现在不能参与国际市场的竞争。"荣健说。[64] 随着葡萄酒被越来越多的中国人所熟知，并将其接纳为优于粮食酒的健康之选，同时随着消费者购买力的增强，越来越多的中国人将会购买葡萄酒，他申辩道。

"潜力是巨大的，但为了向国人说明我们的酒是好酒，我们需要国际认可，"荣健继续说，"我们想变得像波尔多那样出名。"[65]

除了国家资助品牌和宁夏的分级系统，曹凯龙还致力于打造国际知名的葡萄酒产区。这个任务不小，但他会找到自己的方式，五年为限。

10

2013 年 7 月 18 日在上海举办的第四届中国葡萄酒挑战赛上，银色高地大获全胜，以 2011 年阙歌赢得了“中国最佳葡萄酒”和一块银牌，2011 年家族珍藏和 2009 年爱玛私家珍藏都获得了铜牌。没有其他的中国酒庄能与之抗衡，银色高地是唯一收获奖杯的酒庄。

这个奖项与葡萄酒与烈酒教育基金会（世界上最大的葡萄酒教育项目）和葡萄酒大师协会关系密切。其他赞助商还包括发布《胡润百富榜》的胡润研究院、《葡萄酒评论》的前葡萄酒评论人所创立的贝丹德梭公司以及高端玻璃制造商醴铎。

高家人看似顺风顺水。在多年的分离后，蒂埃里也带着女儿来到了银川，与高源及其父母团聚。高源终于阖家团圆，蒂埃里凭借着在凯隆世家的多年经验在银色高地的储藏室工作。

但即使银色高地赢得了中国葡萄酒挑战赛，高家还是得到了一个灾难性的消息：当地政府将征用他们的酒庄。多年来，银川市的发展日新月异，他们的小小葡萄园已经被发展区所包围。他们被告知自己的土地在银川的整改计划中被进行了重新分区，并不再适于工业用途。在中国，葡萄酒酿造是被视为工业活动的，所以高家放弃他们租赁的土地，搬走自己的酒桶，但尚未找到一个合适的建筑来安置它们。而他们花费苦心在培育第一代葡萄藤上的时间将付诸东流。这感觉就像是每前进一步却倒退了两步。

在这利害攸关的时刻，高源不会坐以待毙。她向当地政府人员申诉，但徒劳无功。她甚至邀请法国大使到中国，在银色高地用餐。高源的女儿牵着大使的手，向他介绍外公买给她的许多动物。大使说他们的葡萄园就像是天堂，如果能保留下这片小小的绿色空间该多好。但外交官的观点并未让银川或宁夏的官员有丝毫动摇。

当 2014 年 2 月公布宁夏的五级庄评选结果时，荣健和张静的贺兰晴雪位列名单的十个酒庄中。[66] 而引人注意的是，银色高地竟然没有入选。这座位于城市开发区，由摇摇欲坠的建筑集合构成的，小马和鸡群漫步其间的酒庄，与名单上的十个酒庄相比实在是有碍观瞻。四星级酒店标准的客房和餐厅意味着银色高地根本无权申请参评。

第九章　干　杯

1

中国勤劳的市民们只需要看看他们的当地政府或者国有企业，就能明白社会主义公有财产的诺言已经成为普世性的人性缺陷——贪婪——的牺牲品。随着中国经济惊人的发展，中国的传统美德，诸如朴素和克制已经让位给熏心的利欲。深圳的一个居委会副主任被指控拥有 80 处房产和 20 辆汽车。[1] 还有以纯金月饼行贿的流言。[2] 当然，还有对拉菲的疯狂追捧。

对许多成功的商家而言，贪污已经成了常规的预算项目。一些企业家听从政府官员的摆布，为他们戴上来自巴黎的奢华名表，或者将代金券掖进一个红包。[3] 将现金交付给当地警方可能会引发一个粗略的调查。一个小企业需要营业许可？一只劳力士蚝式恒动手表可以解决问题。要与政府官员共进一次重要的午餐？不要忘了给他带一瓶拉菲，给他的情妇带一个路易威登的包。但问题不仅仅在于贿赂，企业家、国有企业和当地官员之间的关系就建立在送礼的才干之上。

这就是为什么沈品同会吃惊于政府在 2012 年的全国人民大表

大会上将矛头指向昂贵的酒类。沈品同已经卖出了足够多箱的波尔多，他明白葡萄酒是许多商业宴会的不二之选。他的脑中回响着“干杯！”的呼喊声。好酒量通常是成功求职的重要因素。大多数人都认为禁酒令不可能真正落实。要把烟、酒和阔气的宴席从促进国内生产总值增长的日常工作中抽离出来似乎是不可能的。多年以来，亚洲科龙精品葡萄酒通过为中国的精英们提供酒水而稳定发展。在中国做生意不喝酒，可能吗？

政府发表声明的时候，沈品同正准备对亚洲科龙精品葡萄酒的经营方式进行改变。他从内心深处意识到，他是一个创业家。他喜欢想出如何销售葡萄酒的主意，打入新兴的市场。亚洲科龙精品葡萄酒上海总部接待室的一面墙上，镶满了葡萄酒木箱的末端，每一个上面都雕刻着亚洲科龙所进口的一个波尔多列级酒庄的名字。这个展示令人过目不忘。《醇鉴》杂志三次将沈品同列入其影响力榜单，[4]《葡萄酒爱好者》杂志在其葡萄酒之星颁奖典礼上将沈品同评为“年度国际人物”。[5]然而，最近，他又将目光投向了新的目标。亚洲科龙精品葡萄酒主办了中国的第一场慈善葡萄酒拍卖，筹集了超过 70 万人民币的善款，就在苏富比在香港举办壮观的拉菲拍卖的几周之后，在内地成立了新中国成立后的第一家专业的高级葡萄酒拍卖行。[6]

这家父子携手创办的公司现在只剩下一个掌舵人了。亚洲科龙精品葡萄酒在全中国的范围内拥有超过 1200 名员工，在北京、成都、深圳、厦门和香港设有地区办公室。2010 年 1 月，日本的酒业公司三得利控股收购了亚洲科龙精品葡萄酒 80% 的股份，但公司仍保留了独立的企业文化和原来的领导结构。在三得利收购后不久，沈品同就决定亚洲科龙精品葡萄酒需要一名专业的首席执行官来进行管理，理想的人选应该是一位喜好红酒的中国通。他心中的人选是一个名叫华金声的美国人——他的一名熟客。华金声是圣皮尔父子最早的送货上门的顾客。[7]

"我想我是最早的为了享受而进口葡萄酒的西方商人之一，"华金声回忆道，"我对72度的白酒和'干杯'是如此厌倦。我觉得如果我真的给他们喝好东西，他们就不会这样牛饮。但他们还是这么做了……至少味道好点儿。"[8]

像沈品同一样，华金声从合资企业诞生初期就开始在中国工作了。他最初任职于西北航空，在那里的18年中，他被提拔为公司副总裁及中国区总经理。在西北航空之后，他又加入了重型设备制造商康明斯，管理分散在21处的7000名员工，在六年之内，将公司的利润翻了两番。[9]后来他又被任命为通用电气和中国航空工业集团公司的合资企业的首席执行官兼总裁。[10]虽然华金声从未涉足葡萄酒业，但他深知如何在中国拓展业务，能把握风云突变的市场环境。

鉴于多年在中国的经历，华金声有信心政府对于昂贵酒类的政策不会持续下去。新官上任三把火。过渡时期规矩总是很严，然后又会回归常态。[11]

但这次情况不同。

2

2012 年 11 月 8 日，习近平成为中共中央总书记以后，政府打击过度消费的政策演变成了对贪污腐败的切实打击。12 月，在河北的一次公务餐上，习近平提出他只要简单的菜式，不要酒水。[12]14 世纪的明朝皇帝为了整治自己朝廷的铺张浪费而首次提出的“四菜一汤”，很快便为其他政府官员纷纷效仿。[13] 习近平提出了针对党政官员的“八项规定”，包括对红毯和鲜花的禁令。“领导人必须与群众保持紧密的联系，”规定中称，“要解决人民群众的实际问题。”[14] 党纪方面，习近平承诺绝不心慈手软，“不管牵涉到谁”。[15]

2013 年 1 月，习近平又解决了共产党如何进行自我监督的棘手问题，“把权力关进制度的笼子里”。[16] 在北京召开的中国共产党中央纪律检查委员会全体会议上，习近平宣誓要打击官员中那些令人厌恶的行为，要坚持“老虎”“苍蝇”一起打，既要针对位高权重的领导，也要针对低层官僚。[17] 习近平正在清理政党内部的各个层级中的腐败行为，从上到下。中国共产党中央纪律检查委员会是一个隐匿在暗处的执行者，在前一年中，超过 73000 人，包括 4698 名干部因为腐败或渎职而受到惩处[18]——而那还是习近平执政以前。

尽管诸如白酒的高价酒水在中国新年期间的销售额比前一年同期下降了 30%，[19] 许多官员还是一如既往地参加很多聚会。一位地方共产党官员邀请了80位客人到海滨度假区，花费63000美元。[20]但是在2013年3月的全国人民代表大会上，习近平被选为中国的新一任国家主席时，北京饭店的宴会大厅空无一人。[21]代表们明智地将宴会移到了饭店的包间和首都周边的餐厅中，转移到公众的视野之外。大张旗鼓的奢侈宴席已经成为过去。

当中国的与会代表们力图保持低调时，波尔多的2012年产酒还是一如既往地高调登场了。在2013年4月的桶边试饮会上，帐篷如雨后春笋一般，米其林星级主厨们拥入，买家们亮出他们的客人徽章，拿出他们的笔记本，一切都与往年相差无几。

沈品同带着他的首席执行官华金声前往了一年一度的盛会。坐在奢华的大酒店大堂酒吧一角的桌旁，沈品同点了很多香槟。穿着深色天鹅绒夹克的他看起来十分精明，尤其是坐在因为长期从事管理工作，警惕地、毫无表情地板着一张脸的华金声身边。这不是华金声第一次造访波尔多，但这是他第一次以葡萄酒进口商的身份来到这里。沈品同正在为他引路。虽然初入葡萄酒贸易这个行当，但很快地，沈品同聘任他的理由便清楚了。

华金声深刻地把握了在中国经商政治上的复杂性。即使一个财阀是通过合法途径谋利，如果公众要求，抑或是他与当前的决策者没有"关系"的话，他也可能会面临反腐调查。官员们担心即使是合法的业务往来，简单的"四菜一汤"也可能会被调查。"一位市长最不愿意遇到的状况就是被发现与一位房地产开发商一起出现在餐厅，被拍照，然后被上传到微博上。"华金声说。[22]与国有企业做生意的人都面临着一种截然不同的生活方式，他解释道。"用于娱乐和送礼的公费显著减少了，”他继续道，“政府与政府、政府与国有企业、国有企业与国有企业之间，所有的娱乐活动都消失了。”

节俭风潮将会影响到销售额，但华金声似乎很淡定。反腐行动为习近平塑造了良好的公共形象，一个稳定的中国将更适于经商。华金声为这场最新的反腐运动设定了 12 个月的有效期。一旦新一届政府站稳了脚跟，一切就会恢复常态。他对此十分确信。

3

波尔多市向东行驶 40 分钟就是利布尔讷，这里在历史上是右岸的圣埃米利翁、波美侯、弗龙萨克产区葡萄酒的商业枢纽。2013 年 6 月，正是在这里，另一个身着正装的中国代表团与法国葡萄酒界签订了合约，利布尔讷沾了波尔多商会和梅多克的列级酒庄的成功的光。

在前一年的冬天，拥有 236 万人口的普洱市与人口 24506 的利布尔讷经谈判达成了双边协议。普洱市政府将协助在中国推广右岸产区的葡萄酒，利布尔讷政府则在法国推广普洱茶。这个协议为右岸产区的酒农们提供了云南省的两个大的商业空间：一是其省会昆明市，二是普洱市本身，还有在普洱市博物馆举办一次大型葡萄酒展览的许可证。考虑到在中国销售波尔多困难的现状，利布尔讷市长菲利普·比松和圣埃米利翁—波美侯—弗龙萨克葡萄酒联合会主席让-弗朗西斯·昆宁都认为，在这个双边协议中，他们是获益更多的一方。

普洱茶商们对这种价格高昂的饮品如数家珍。他们所销售的茶中有一些 3.5 盎司就价值 800 美元。[23] 一个餐盘大小的茶饼价值能达到 27.5 万美元左右。高级茶叶的买家和波尔多列级酒庄的买家是重合的。普洱带来了高额的利润——有的甚至远远大于波尔多的利润——几位富有的茶农也出席了。

与曲乃杰逃避镜头不同，利布尔讷的精英贵客——经销茶叶和酒店业的大亨郝琳，乐于与普洱市的官员们一起接受采访和拍摄。为了庆祝协议的正式签署，柏联集团的所有人郝琳夫妇组织了一场特别的试饮会。三位美丽的中国女子进行了精湛的茶艺表演，不同的表演搭配不同的服装。这种茶的制作过程十分精细——深色的经过发酵的茶叶被压制成盘状、团块、砖状和瓜形，有的储存了 100 年，像高级葡萄酒一样，它们的香气也随着时间的沉淀而变得复杂。为了巩固两个城市之间的友谊，普洱茶的旁边摆放了盛放着白马酒堡、柏图斯之花堡和宝雅酒堡的葡萄酒的酒杯。

气氛热烈而恭敬，旨在让大家觉得普洱茶和波尔多有很多的共同点。“普洱茶每年由人工进行采收，以出产的年份标注，可以储存长达 50 年的时间，”利布尔讷市长解释道，“普洱的味道会受到其生长的土壤和采收年的天气状况的影响。”[24]

最重要的是，比松市长知道中国政府已经签署了合作协议。普洱市的官员是通过北京和法国商会的官方渠道接洽右岸产区的酒农的。普洱代表团的一些成员向法方表示，他们的目的并不仅仅在于茶叶。他们小心翼翼地低声说，他们中的部分人想投资波尔多的酒庄。可以参观一个美不胜收的酒庄吗？

几个电话之后，市长为普洱代表团安排参观位于弗龙萨克的大河酒堡，它的历史可追溯到查理曼统治时期。童话般的城堡伫立在山丘之巅，俯瞰多尔多涅河，20 英亩的石灰岩山洞被开凿出来用作酒窖。堡主詹姆斯·格雷瓜尔用卖掉自己机械收割机公司的资金买下了这个酒堡。

看到大河酒堡后，郝琳夫妇就想买下这个酒堡，将其改造成柏联集团旗下的一个高级酒店。在前一年的 12 月，他们就尝试买下梅多克的罗蒂尼酒堡，但输给了劲敌贵州茅台集团。[25] 郝琳怀疑自己被利用来制造一场竞购战，这对他打击不小，他再也不想错失良机。这个酒庄现在不是待售状态也没关系，中国有句古语，叫“有钱能使鬼推磨”。他当场开出了接近 4000 万美元的高价。虽然郝琳的妻子反对，但格雷瓜尔同意了。格雷瓜尔解释道，这样一来，他和两个儿子就可以在圣埃米利翁换购一个列级酒庄了。

只有中国人才可能向格雷瓜尔给出这样的高价。弗龙萨克的葡萄酒在欧美销路不佳，但在中国还享有一定的知名度，这在很大程度上归功于他自己的酒庄的努力。为格雷瓜尔提供财政支持的酒商公司维特克斯在中国内地分销大河酒庄所产的葡萄酒。他的酒供应给中国国际航空公司的商务舱，也是中国南方航空公司内部庆典的指定用酒。

郝琳不是想要收购波尔多酒堡的唯一的亿万富翁。根据房地产代理的说法，有不少中国富豪正在“狩猎”酒堡，中国投资者已经占有了弗龙萨克 10% 的酒庄产权。[26]

一个单独的外国集团在波尔多的自然资源和文化遗产上投资如此巨大不是坏事。问题是在奢侈品集团和保险公司的带头作用下，中国人的收购潮正在加速。越来越多拥有酒堡的家族不再住在酒堡。中国富豪到来之前，企业之间的竞购战只局限于最昂贵的酒庄。而中国人则将相同的投资心态带入了法国家族世世代代居住的两海之间产区和右岸产区。那些酒庄不再是家园。他们越来越多地变成了一间间被消毒、打磨和除尘的办公室，被一些买酒庄就像挑一辆新的法拉利的人管理着。或者说，至少在当地人眼中，事实就是这样。

尽管颁布了限制奢侈消费的规定，波尔多和中国还是在商业领域中紧紧相依。波尔多人将抢购土地解释为一种对他们的财产和波尔多的声誉在较长的时间内充满信心的标志。

4

2013 年，中国富豪们最大的投资项目就是海外房地产。好处是直接的，法国及其他国家能提供永久的所有权。银行也一直致力于使中国向海外转账更加便捷。中国工商银行允许中国人用国内资产作为抵押在利率更低的欧洲进行贷款——比如说欧洲的利率是 3%，而中国的则是 7.5%。[27] 沈品同认为富豪们投资酒堡更主要的原因在于中国而不是波尔多。“大背景是中国的企业家们害怕他们在中国的财产以后会生变，”他说，“他们缺乏安全感。他们所寻求的是资产保值。”[28] 短期内的盈利倒在其次。

随着越来越多的酒堡易主到中国人手里，波尔多人开始注意到自己对新邻居的一无所知。一些买主召开了新闻发布会，但他们中的绝大多数都将自己的身份隐藏在空壳公司的背后。房地产中介甚至常常不知道真正的房主是谁。“商业地址，或支付资金的地址，并不总是与买家的信息一致。”米歇尔·贝恩斯说道。他是佳士得国际房地产 2013 年 5 月在香港开展酒庄销售的全球咨询业务以来波尔多地区的负责人。[29]

贝恩斯估计 2013 年已有 70 个酒堡属于中国人。根据波尔多商会中国业务部的说法，那一年至少已经有 25 个酒庄被中国人收购，比 2011 年或 2012 年增加了 50%。但是，因为有如此多的交易是暗中进行的，不可能知道真实的数量。

不难理解曲乃杰或者说其家族拥有圣羽拉菲酒堡、加颂酒庄、布兰达酒庄、奥特里夫酒庄、劳雷特酒庄、蒙贝尔酒庄、宝贝酒庄、朗克洛酒堡、布拉奈特酒庄、飞博酒庄和尚杰酒庄。[30] 人们普遍认为，这些酒庄只是其中一部分，他拥有的酒庄总数在 27 个左右。据说曲乃杰在三年之内斥资约一亿美元，在法国买下了占地近 1500 英亩的地产，这些土地上每年出产的波尔多有 500 万瓶。他买下的都是一些不太出名的酒庄，这样就不会在波尔多引发关注——如果不是如此多的中国富豪都在这么做的话。

而现在，他在波尔多遇到了麻烦。他控股的公司之一拉蒙正面临非法雇用中国工人进行城堡重建的审查。[31] 其他的中国酒庄主也同样因为他们的管理手段而广受批评。一位庄主从不出现，让他的员工们一片茫然，分毫无收。另一位在装瓶的前一天决定只使用大瓶，即使此前订好的标准瓶已经发货，而现有的灌装机器不支持大瓶。当对曲乃杰行为不当的指控流传开来，他在波尔多的负责人克里斯蒂安·德尔普奇却隔岸观火，与这位大连富豪的波尔多企业疏远开来，只保留一个与其关系松散的顾问角色。

接着，在2013年夏，曲乃杰决定卖掉他的几家法国酒庄。据相关房地产经理人的说法，曲乃杰一直打算在建立一支中国式的管理团队后将这些酒堡转手给其他的中国投资者。[32] 这是中国房地产投机的一种奇怪的扭曲，但曲乃杰的想法是基于他对他的同胞们所喜欢的操作方式的认识。许多中国投资者虽然买了酒庄，却不想打理酿酒生意。他的准备工作让事情变得简单。

而对曲乃杰来说不幸的是，他在酒庄上的投机行为即将陷入困境。2013年7月，法国的反洗钱机构，非法金融资本流动信息收集和处理小组发表了其年度报告。小组着重指出了销售给中国、俄罗斯和乌克兰的酒庄数量的上升，这些买家很多都是以设在有税收优势的国家的空壳公司的名义购买的。报告称，要确认这些交易的实际买家常常十分困难，更不用说购买酒庄的资金来源了。[33] 小组的调查员怀疑中国的财团通过投资酒庄来洗钱。

那个夏天的晚些时候，供进一步调查的案卷抵达了波尔多。波尔多不需要这种形式的宣传。

5

波尔多的葡萄酒贸易已经是寸步难行。前一年的夏天，一些中国常客已经警告欧洲的出口商，中国国内的公司已经对来自进口葡萄酒的竞争十分愤怒。王朝酒业的表现尤为突出。王朝通过官方的媒体渠道宣称自己只完成了年度销售任务的40%。[34] 公司的管理者没有将这惨不忍睹的销售业绩归因于其葡萄酒差强人意的品质、暧昧不明的标签、乏善可陈的营销，或他们买入了过多的高端葡萄酒而非普通中国消费者所能承受的品牌酒。与之相反，他们埋怨欧洲酿酒商们不公的贸易行为。“我们每瓶葡萄酒的价格至少是9元或10元，但来自欧盟的进口葡萄酒每瓶的到岸价才仅仅1欧元。”王朝葡萄酒有限公司法务部负责人王卫华直言不讳道，这意味着欧洲葡萄酒到达中国每瓶的价格是1.25欧元或者1.5美元，包括成本、保险和运费。“我们相信如果没有不合理的补贴或倾销，他们不可能以如此低的价格打入中国市场。”[35]

配合王朝酒业的指控，中国酒业协会发布了一份数据，显示从欧盟进口的葡萄酒在2011年比前一年同期增加了60%，远远超过中国国内酒厂产量的平均增长额。[36] 王朝酒业不是唯一一家发牢骚的中国酿酒商，其他四个国内的酒厂也向协会抱怨了欧洲进口葡萄酒的过低价格。作为回应，中国酒业协会正在申请对进口葡萄酒展开反倾销调查。“我们需要优胜劣汰的公平的市场竞争。这是实现双赢的必要条件。”王卫华说道。[37] 当 2012 年国产葡萄酒再度面临惨淡的销售业绩，中国酒业协会又一次采取行动。2013 年 5 月 15 日，协会为其成员向中国商务部提交了正式的请愿书。[38]

欧盟与中国已经锁定在了一场贸易争端上。2012 年 7 月，欧洲光伏制造商协会，一个由德国人领军的欧洲太阳能企业联合会，已经提出了对中国制造商在本土市场太阳能面板的不公平的倾销的投诉。[39] 根据世界贸易组织成员国所通过的框架协议，任何调查不仅需要证明倾销已经发生，还需证明本国的企业受到了这种倾销行为的损伤。在调查结果的支持下，欧盟临时对中国的太阳能产品征收了极为严苛的——甚至是惩罚性的反倾销税（高达 68%）。

2013 年 6 月 5 日，当欧盟宣布了其计划，作为还击，北京方面宣布将立即对中国葡萄酒企业的申诉进行处理。[40] 中国商务部通知在中国的欧盟代表团，准备对葡萄酒贸易上的补贴和倾销进行调查。这是一个战术演习。[41] 中国进口葡萄酒的价值和数量不能与出口的太阳能面板相提并论，后者的价值总额高达 200 亿美元。[42] 因为在太阳能面板上的强硬态度，德国人正在逐渐失去欧盟其他国家的支持，但法国仍坚定地对中国产的太阳能面板收取保护性关税，西班牙和意大利也是如此。据估计，欧盟在此前一年中向中国销售的葡萄酒价值为 10 亿美元，其中法国葡萄酒占 7.1 亿。[43] 对欧盟葡萄酒征收关税将大大挫伤法国的葡萄酒业。

“葡萄酒的例子及时地警示了他们，如果欧盟坚持其保护主义的立场，受害者将不仅仅是欧洲的光伏企业，"《中国日报》报道称，[44]"由于已经成为其他国家反倾销指控的主要目标，中国也需要开始在保护自己的合法权益上发威。"这篇报道在中国得到了热烈反响。在中方宣布展开调查的几个小时之内，烟台张裕的股票飙升十个百分点涨停。[45]

对欧盟贸易委员会来说，这次最新的冲突只是与北京方面在长达数十年间的战斗中的一个片段。委员会的职责就是确保局面不要恶化。通常来说，审前阶段会持续数周，供双方准备资料，但让欧洲人意外的是，中方加快了进程。欧盟和中国之间的第一次谈判定于2013年6月17日在北京举行——在波尔多国际葡萄酒及烈酒展览会的同一个星期中。卡斯特集团的首席执行官阿兰·卡斯特有着现实的期望。"中国人想要保护他们的利益，这很正常；欧洲人也想要保护他们的利益，这也很正常，"他在参加展会时说道，"但是你必须明白，对中国人来说，欧洲是首屈一指的出口市场，而对欧洲人来说，中国市场也至关重要。显而易见，我们必须达成谅解。"[46]

6月21日，欧盟的谈判小组将对酿酒商行为的辩护送到了中国商务部，但波尔多几乎没人相信这件事在太阳能面板事件解决之前会有可能达成协议。7月1日，中方正式发起了反倾销和反补贴调查，再次吓坏了欧洲人。欧盟贸易委员会很快便通知了各国的葡萄酒行业协会。

欧洲的酿酒商和出口商们只有到7月20日为止的近20天时间能在中方调查的初始阶段保持"自愿"。据估计，每家公司将在员工劳务、法务及翻译上花费超过 6500 美元，不管它是一个像卡斯特集团和法国联合酒窖酒业那样的大集团还是一个小型的位于两海之间产区的家庭酒庄。任何违规的酿酒商都面临承担极为严苛的关税而退出中国市场的威胁。[47] 酿酒商们都应征加入了这场贸易战。

而对欧盟贸易委员会来说，问题的严重性和复杂性正开始展现出来。专员们一直忙于应对反倾销调查。一般情况下，一个调查最多涉及 15 家公司。在这个案件里，数千家欧洲的公司都向中国出口葡萄酒。一些葡萄酒是以散装酒的形式出售的，而另一些则是瓶装酒。因为分销网络错综复杂，许多酿酒商甚至不知道自己的酒被出口到了中国。不仅如此，中国商务部坚持所有的相关文件必须被翻译成汉语。如果发现一处错误，文件就作废，并将这家公司归为在调查过程中违规。

拉古杰的所有者伊曼纽尔・马丁对中国商务部的行动并没有十分吃惊，他早有心理准备。自愿注册对他来说不是那么重要，他所担心的是后续的调查。几家公司会被抽查，接受为期数月甚至可能长达一年的严格审查。如果能证明任何一家中国公司被补贴或倾销所损害，那么每一个欧洲的葡萄酒出口商都会被施以惩罚性的关税。被抽查的公司中情节最严重的将会被处以最高的税率，而在中国行商记录最良好的公司则会被嘉奖以低税率，在市场中获得一点优势。欧盟境内的其他所有酿酒商及出口商，包括那些没被抽查的，都会被征收一个居于两者之间的税率。不仅如此，欧洲共同农业政策下给予农业生产者的补贴也在审查范畴内。

法国媒体最近曝光了一些法国最大的酿酒商所得到的补贴数额。[48] 这种补贴是为了让数以千计的苦苦挣扎的酒农和欧洲的其他农民继续以此为生。但从法国农业部所提供的记录来看，2011 年，卡斯特集团获得了 430 万美元的补贴，而法国联合酒窖集团获得了 250 万美元。[49] 在 2010 年，波尔多葡萄酒行业协会得到了 850 万美元，负责组织每年的桶边试饮，在世界范围内推广波尔多的高级葡萄酒的波尔多特级酒庄联盟得到了 200 万美元。这些数字招致了广泛的谴责。反倾销调查试图挑起欧洲的小农户们一起来对抗法国葡萄酒业。

9 月中旬，中方公布了被抽查的六家公司的名单。这六家酿酒商是据称在 2012 年向中国出口葡萄酒最多的公司。[50] 其中有两家西班牙公司——菲立斯和切鲁比诺，和四家法国公司——卡斯特集团、法国联合酒窖酒业、拉古杰和蒙席嘉。

听到这个消息，伊曼纽尔·马丁觉得全欧洲数千家酿酒商的责任都落在了他的肩上。他自己酒庄的未来也岌岌可危。中方要求的信息量大到了令人难以置信的程度。他的经营活动的每一面都被放到显微镜下。他必须计算生产每一种标签、瓶盖和酒瓶的成本，汇报卖出的每一批散装酒，列出给每一位员工的薪酬，提供每一个中国客户的姓名、地址及他卖给他们的葡萄酒的数量和价值。这些还只是必要的文件的一部分。

拉古杰不是像卡斯特那样的大型跨国公司，拥有一支高效的律师团队和数以百计的员工来回答商务部的每一个问题。它是一个酒商的一站式商店，而近年来，其客户中有很多中国人。他知道自己的酒与中国公司有直接竞争，毕竟，他销售散装酒。但如果中方发现拉古杰有进行不公平买卖的“罪行”，他对于在何处以何种方式销售他的酒的决定，就会部分地决定对全部欧洲葡萄酒的惩罚性关税水平。更糟的是，他将被利润最丰厚的市场拒之门外。[51]

6

同年 11 月的香港，叶诗乐带着绝望的心情将一家主要的五星级酒店的损耗报告塞进了他的桌子抽屉里。他读过冗长的列级酒庄、中级酒庄和小酒庄的名单，包括那些波尔多最著名的名字。在一年多的时间里，那家酒店没有卖出任何一个酒庄的酒。需求已经不复存在。福尧贸易仍然保留着 2010 年的库存，这家酒店将不是任何一种酒的销售平台。

“不瞒你说，这很痛苦。”他说道，读着这份报告。“这是我永远不会忘记的一份报告。这是 2012 年 8 月的报告，我们的库存中仍有价值 5000 欧元（约合 5600 美元）的葡萄酒，绝大部分是波尔多。一整个月的销售额为零，毫无业绩。”他厌恶地说。他翻开 2013 年 1 月的报告，89 美元的销售额；2013 年 3 月，243 美元；2013 年 8 月，119 美元。“荒唐至极。”[52]

对公款消费的整顿使五星级酒店的商业活动大大减少。“这真是大大地影响了我们的生意。比如说，他们要招待政府官员，他们就不会再去酒店，因为那是一个公开的场合。”一位五星级的青岛香格里拉酒店的侍酒师说道。[53] 这位侍酒师正在寻找会得到酒店客人青睐的中等价位的葡萄酒，口感圆润、果香馥郁、单宁柔和——而他们也能用自己的钱消费得起。他很有压力。在政府不再埋单的情况下，他必须想办法提高酒店的葡萄酒销售额，否则他将会丢掉工作。如果没有人点葡萄酒的话，侍酒师就没有存在的必要了。

而且，大多数的酒店都对客人们自带酒水到餐厅睁一只眼闭一只眼，VIP 客户免开瓶费。因此，叶家不再向他们的餐厅客户们建议将一级酒庄的葡萄酒放在酒水单上。像拉菲或拉图那样的一级酒庄几乎只通过“寄售”的方式销售，这意味着餐厅不用买下这些酒。福尧贸易将葡萄酒寄存在餐厅，客人开瓶享用，结清酒款后，餐厅才向福尧贸易付款。如果客人开了一瓶酒，但是不喜欢，餐厅也不会强制他付款——那样做的话就是服务不到位。但是，一旦开瓶，这瓶酒就不能被卖给其他人了。而损失由福尧贸易承担。

零售市场也同样惨淡。叶诗乐最近接到了一个朋友的电话。这位朋友所居住的北京一栋公寓楼底层有一家厦门建发的葡萄酒商店。朋友告诉他厦门建发以每瓶 700 元的价格出售 2007 年庞特卡奈。他问叶诗乐这个价格是否公道。“我告诉他，这是非常划算的价格，几乎是成本价。”叶诗乐回忆道，“他们到处倾销所有的酒，在商店里，在小展位上。”[54] 福尧贸易不可能这样与他们竞争。

叶家还面临着其他竞争。在香港的亚洲银行家俱乐部，俱乐部的创始人、前投资银行家赖远方正在为他五万名富有会员中挑选出的 15 名组织一次波尔多考察。参加考察的每名会员都同意拿出 230 万美元，凑成一笔总和 3400 万美元的资金，用以从酒堡直接购买一级酒庄、二级庄以及位于右岸的实力相当的酒庄所产的酒。这样的买卖中没涉及任何的中介或酒商，酒堡毫不犹豫地答应了赖远方的条件。而这些富人正是福尧贸易的目标客户群，这类考察让他们越来越多地在购买葡萄酒时绕过叶家及其他酒商。

赖远方可以通过内线知道每一笔交易的具体情况。他曾为一名打算成为中国购买特级酒庄第一人的北京亿万富翁担任掮客。他几乎做成了这笔生意。这位富翁已经将约 13.5 万美元转入一个托管账户作为保证金，但法国的庄主却在最后一刻退出了交易。[55] 赖远方说，找到一位自愿的卖家只是时间早晚的问题。俱乐部在香港举办的试饮会、投资委员会，以买酒为目的的波尔多考察——这些都为赖远方在酒堡所有人中建立了信誉和“关系”。或许有一天他能为一位中国买主找到一个手头没有足够的现金来支付高昂遗产税的法国家族。

福尧贸易的经营范畴不涉及房地产。他们不会为人们提供投资策略上的建议。1983 年，叶福章因为喜爱葡萄酒而创办了福尧贸易。在此后的多年时间里，公司的配额几乎是成倍增长，叶家每年平均买进两万箱期酒。叶氏父子估计他们在 2009 年和 2010 年产酒上投入了 3000 万美元，福尧贸易有 120 万瓶酒的库存。“这是一笔不小的金额，风险也不小。”叶诗乐说。[56] 那些他们以峰值价格买进的酒正在贬值。当然，叶家可以以亏损三四成的价格卖掉这些酒。但他们不愿意这么做，还没到那个地步。

但是叶诗乐不禁对行业的未来感到担忧。“建立市场的人不再能获利。酒堡对此漠不关心。他们的想法，我确定，就是‘你们过去赚了钱，赚了很多，太多了’。他们认为：‘如果说你赚到了钱，那是因为我们，还有你的运气。如果你亏本了，只是因为你自己太蠢。’”[57] 他并没抱怨酒堡的贪心。像大多数商人一样，他自己也很贪心。但是将酒商、进口商、经销商这些让波尔多在中国名声大噪的功臣拒之门外以后，他们失去了对市场真实状况的把握。

顾客对葡萄酒的品位并没有像酒堡所相信的那么大程度的改变，大多数中国人仍然不喜欢喝葡萄酒。“多少中国的富人会在家开一瓶葡萄酒？没有。”叶诗乐说，“问题在于，我们需要葡萄酒被喝掉。”[58] 如果反对奢侈品的新规定永久地固定下来，除非中产阶级的上层真正地喜欢上了波尔多的味道，列级酒庄将无人问津。中国人购买一箱拉菲的主要动机就是炫耀。这值得使他暴露成为人肉搜索、政府审计的目标，将自己的全部生活公之于众吗？最好还是稳妥行事，购买价格更便宜的葡萄酒。

“我们是商人，我们买进我们能卖出的东西。”他继续道，“我们是来赚钱的。我们曾经赚到钱，这是我们干这行的原因所在，别无其他。所以我们会小心。波尔多有品质、形象、历史和品牌——所有一切。现在我们需要的是价格。”[59]

7

尽管颁布了对公务员购买奢侈品的禁令，2012年还是亚洲科龙精品葡萄酒的丰收年。亚洲科龙和它的一些竞争者在2013年上半年惨淡的销售业绩下继续进口葡萄酒，相信下半年情况会好转，人们会比以往购买得更多。不幸的是，下半年的销售业绩依然不佳，而且受影响的不仅仅是昂贵的一级酒庄，稍次于一级酒庄的酒也受到了打击。[60]“只要你把2012年的进口数据与2011年的进行对比，情况就一目了然。”沈品同解释道。[61]进入中国的低价葡萄酒的数量也下降了。向官员送礼、官员之间礼尚往来和宴会都完全消失了。与此同时，中国市场上流通着不少的波尔多，因为许多商家想在它们进一步贬值以前抛售库存——或者决定完全退出这行。

亚洲科龙精品葡萄酒在2013年的下半年凭借着一个独特的卖点提升了销售额：自由裁量权。2013年5月，中国葡萄酒企业向中国商务部提交反倾销申诉的前一个月，亚洲科龙斥资450万美元在上海前法租界的林荫大道乌鲁木齐南路55号开办了一个藏酒轩，这是一处五层楼的宅邸。[62]底楼是一个优雅的葡萄酒商店，上面的楼层是一些华丽的接待室和餐厅，宽阔的酒窖为收藏家们提供了储存和观赏他们葡萄酒的空间。在酒窖的试饮室里，亚洲科龙的员工讲授品酒课程。企业家们或许不再高调地炫富，但他们仍希望购买葡萄酒并获得娱乐——以一种私人的方式。藏酒轩就是一个完美之选，其入口都隐蔽在幕帘之后。

大多数波尔多人对中央关于消费的声明不得要领。没有一个法国人会从他的国家首脑那里听到削减一级酒庄的告诫。而直接接触中国市场的酒商也为数不多，很少人意识到是全国人民代表大会上的一次举杯使中国人开始接受红酒。但有一件事是清楚的：中央正在阻止昂贵的葡萄酒流入中国。现在从波尔多运出的葡萄酒绝大多数的价格都低于每瓶 50 美元，而市场需求量最大的葡萄酒的价位在 4～20 美元之间。

中国人正在买他们能承担得起的葡萄酒来喝，不论是从经济的角度还是政治的角度。沈品同认为这也是中国勤俭节约的传统美德的回归。“我认为原因还在于酒价实在过高，人们通过这样的手段来开脱。”他议论道，“他们说‘与其选一种名酒，不如选择它的副牌，因为我们不想引火烧身。’但有时，真正的理由是他们不想花 2500 美元，他们更愿意只拿出 1000 美元。”[63] 大多数时候，他们甚至连那笔钱都不愿意花。

亚洲科龙精品葡萄酒也开辟了网络销售，借助于现有的销售平台，诸如天猫、京东，而公司自己也建立了电子商务门户网站亚洲科龙精品葡萄酒长廊，希望吸引更多的女性和年轻客户。亚洲科龙的网站不仅仅销售波尔多列级酒庄的葡萄酒，它销售商务应酬中减少的那部分各种价位的高级葡萄酒。销售额不大——仅占亚洲科龙总销售额的 1%——而且大多数人买的都是每瓶单价在

15 美元以下的酒，但市场需求是存在的。沈品同和他的首席执行官华金声能够感觉到。

研究完政治地图后，沈品同重塑了亚洲科龙精品葡萄酒与中国海关总署的关系。2008 年被拘留的经历对他来说并不美妙，自那以后，他确保亚洲科龙的每一笔交易都无懈可击。他也认为多交一个友总好过多树一个敌，他向海关的工作人员提供他们公司的专业知识。很多情况下，海关缺乏进口葡萄酒合法标签和确切价格的正确信息。他震惊于海关工作人员对葡萄酒进口业的所知甚少。亚洲科龙的员工成了海关信任的顾问，帮助他们更好地完成工作。知识的共享在很大程度上改变了沈品同“不法商人”的形象，他为自己能为公司创造这样的传统而深感自豪。他正打算将权杖完全交付到华金声的手里。2014 年春，他将从董事长的职位上卸任并将手中亚洲科龙的股份卖给三得利。[64]

随着葡萄酒价格在中国的下跌，消费者希望能确保自己买到的酒的真实性。市场上的误传并不鲜见，标签的混乱也仍是难题。沈品同和华金声决定致力于将亚洲科龙打造成葡萄酒的黄金标准。

给予亚洲科龙为海关提供的顾问工作及他们的市场经验，沈品同和华金声练就了鉴别葡萄酒真伪的技能。曾有人想伪造亚洲科龙贴在他们销售的葡萄酒上用以标识进口商和经销商的中文标签。到 2013 年，华金声感到“商业技术已经发展到了可以推出一个防止伪造的新标签的时候”。[65] 这样一来，亚洲科龙就可以免受假冒伪劣之害。

他们的解决方案是“快速反应”，这是一种为每一瓶酒分配一个唯一的八位编码的编码追踪系统。在快速反应标签之外，亚洲科龙还为他们的顾客推出了三种移动应用程序使他们可以轻松地检查酒的真伪。应用程序耗资不少，但十分必要。酒智在 2013 年发表的一份调查显示，44% 的中国消费者担心买到假酒。[66] 只要用亚洲科龙的手机应用程序对编码进行扫描，消费者就能看到这瓶酒的运输记录。“亚洲科龙精品葡萄酒将可以反溯每一瓶酒直到发货点的记录。这个系统也让我们知道每一瓶酒的去向。”华金声说。[67]

华金声选择了由一家美国公司开发的昂贵的全息标签作为预防措施，标签在中国以外印制，印好后直接运到亚洲科龙的仓库锁起来进行保管。这家美国公司已经为雪茄和 NBA 品牌商品印制了快速反应标签。亚洲科龙首批订下了足够一年使用的数百万的快速反应标签。从 2014 年 5 月起，亚洲科龙经手的每一瓶酒都是被标记过的。

尽管有了先进的技术支持，华金声觉得自己对中国的新情况还是反应太慢。政府和国家公务员的开支正在被监测，进口葡萄酒在数量上的年增长率仅有区区的 2%——再也不是像亚洲科龙在 2011 年所见证的 94%。[68]“在中国的经验对我而言既有帮助，也是一个弱点，”他承认，“我没想到反贪行动会持续，所以我等得太久了，我本来应该做出一些必要的调整。”[69] 那些调整包括收紧公司的运作，考虑新的客户群。华金声裁掉了一些员工，关闭了几个表现不佳的办公室，加大了在亚洲科龙精品葡萄酒长廊上的投入。2014 年葡萄酒的网络销售额上升了 50%，通过观察卖出的酒，他知道中国的消费者正在开始购买他们想喝的酒。[70]

“看看美国这个例子，”他说，“在 20 世纪 70 年代初，美国国产的葡萄酒消费总量很小，进口葡萄酒的消费也仅限于大城市。然后在 70 年代，加州葡萄酒迅速发展，将普通的美国民众带入了市场。随着葡萄酒产量的增加，人们变得更加成熟，并希望尝试其他葡萄酒，他们开始尝试法国酒、意大利酒和西班牙酒。结果进口葡萄酒的发展速度超过了国产酒。我们希望中国也会如此。”[71]

但反腐并不是中国市场变化的唯一原因。北京方面正在对很多行业施加压力使其降低价格。[72] 对欧洲葡萄酒行业的反倾销调查挫伤了葡萄酒业。品牌抢注者也试图让品牌酒退出中国。一个典型的例子就是，洲际酒店连锁集团将富邑酒业集团旗下的奔富品牌撤出了其酒水单。“我要求你们在不引起更多关注的情况下将奔富品牌的酒从酒水单上撤下来。”餐饮运营主管蒂姆·斯坦霍普在给他的经理们的邮件中写道，“我们不想被卷入更多的法律纠纷里。”[73] 臭名昭著的品牌抢注者李道之——他使卡斯特不得不改变其葡萄酒的中文名称——再次站在了法庭上，争取他作为商标的第一个注册者的权利。李道之和另一个名叫李深的人注册了“奔富”商标，李道之在酒店和餐厅分类里注册了该商标，李深则在葡萄酒和烈酒分类中注册了两个版本的“奔富”。富邑酒业集团在初审中胜诉了，但两位李先生又进行了上诉。[74]

奔富可以说服洲际酒店撤回决定，但品牌抢注的阴云仍久久未散。“我们销售的品牌中也有一家公司与一个中国人有商标注册的争议。结果，我们不得不承担相当大的损失，将这种酒从全中国的每一项记录里删除。”华金声说道，“这些趋势使忧心忡忡的葡萄酒消费者趋向于规避那些他们不知道的酒。所以公司……发现在没有品牌信誉的情况下葡萄酒更难销售了。这导致中国全国范围内流传着仓库堆积大量滞销库存的谣言。”[75]

华金声尤为感兴趣的是假拉菲的流言。它们简直堪称都市传说，无法核实的所谓公开记录声称，每年有200万瓶拉菲在中国售出，而事实上其中只有8万瓶真酒。[76] 即使每年有100万瓶假拉菲能被卖出，也足以失去消费者的信赖了。

华金声的关注是有道理的。当2010年10月苏富比拍卖前后拉菲的市场需求量达到峰值时，拉菲的总经理克里斯多夫·赛林就已经决定将亚洲科龙选为拉菲在中国的独家代理。所以，从2011年1月1日起，除了“波尔多广场”上的配额以外，亚洲科龙就是中国境内拉菲的唯一来源。从那时起，亚洲科龙就为拉菲旗下的品牌提供安全的储藏服务，并销售其生产的各种葡萄酒。更重要的是，他们已经斥巨资采用了识别快速反应标签的应用程序，确保消费者面前的是拉菲正品。通过与值得信赖的经销商合作，赛林已经勒紧了骗子脖子上的绞绳。

2014年，赛林把96000瓶凯撒天堂酒堡的独家经销权授予了亚洲科龙，这是一种产自两海之间产区定价较低的红酒，上面印着罗斯柴尔德男爵拉菲集团显眼的五箭标志。这是拉菲首次将其生产的一种酒限定于单一市场。

华金声将这笔交易解释为对亚洲科龙和中国市场的信任的标志，但他在亚洲科龙精品葡萄酒的任期在2015年5月终止。他辞职后，亚洲科龙聘任了博德瑞，他曾就任于卡斯特，熟知亚洲葡萄酒市场。亚洲科龙精品葡萄酒的母公司三得利下了空前的决心要拓展亚洲科龙的业务，但并没有对中国的像种植葡萄那样的长期计划。

第十章　因地制宜

1

在中国富豪们为了从他们心目中世界上最著名的葡萄酒那里分得一杯羹而争得不可开交的时候，罗斯柴尔德男爵拉菲集团决定要守住中国。在蓬莱东南20英里的丘山水库之上，有一片郁郁葱葱的峡谷地带，这里坐落着许许多多的农场和果园。水库上方西面的山坡上，拉菲最新的葡萄园正在逐步成形。这些葡萄藤将用于生产中国最受期待的葡萄酒。鉴赏家们好奇这种酒是不是确实能名副其实地被称为“中国拉菲”。

至少从20世纪90年代中期人头马和天津政府的合资企业扩张成为一个拥有超过90个葡萄酒品牌的巨头时，拉菲的管理团队就已经开始考虑在中国酿造葡萄酒的可能性。2005年，中国加入世界贸易组织后不久，拉菲终于迎来了采取进一步行动的时机。为了建立合资企业，克里斯多夫·赛林从怡园酒庄请来了了解中国风土的凤毛麟角的专家之一热拉尔·科林，三年后，他找到了一位适合的商业伙伴——中国中信集团。

与其他葡萄酒合资企业的合作伙伴不同，拉菲的中方合作伙伴在葡萄酒及烈酒行业根基不深。中信集团是中国最大的金融公司，是一家由荣毅仁创办的国有企业，中信集团是中国“开放”的一个关键工具。中信集团是一个颇具影响力的企业。

中信集团和拉菲的合作关系建立时，中国正在大力倡导提升国家形象和国有名牌的国际知名度。[1] 所以尽管中信集团投资额度不大，仅占酒庄 30% 的股份，这个项目却得到了支持。拉菲无疑又为中信集团的事业增添了光彩的一笔。

中信集团的参与当然是为了盈利，其管理者们也乐于将公司的投资多元化。中信集团和拉菲签署合约那年，一家叫作中信国安葡萄酒业股份有限公司的子公司收购了金创新天酒业的大部分股份，这是一个在新疆维吾尔自治区的天山北坡拥有 24700 英亩葡萄园的公司，至此，它占有的葡萄园总面积在亚洲堪称首位。[2] 新天曾隶属于新疆生产建设兵团，在大片的土地上经营工业化的农场。这种工业化的手段也运用在酿酒业上。20 世纪 90 年代后期，新天的领导者从欧洲引进了数量巨大的霞多丽、梅洛、赤霞珠和雷司令，葡萄酒在工厂式酒窖中高耸的不锈钢大桶中酿成。为了宣传其葡萄酒，新天聪明地利用了古代文物，称当地正是中国葡萄酒的诞生地。考古发现证明，地处丝绸之路上的新疆，正是中国最早种植酿酒葡萄的地方。“我们找到了许多葡萄园、葡萄籽，甚至酿造设备和酒器的遗迹。”新疆文物局局长岳峰说道，“一些壁画甚至显示尼雅人（当地人）做着葡萄酒相关的生意。”[3]

从中信酒业在新天和罗斯柴尔德男爵的投资来看，中信的管理者们相信葡萄酒——中国境内出产的任何葡萄酒在中国有着长远而光明的未来。这真是令人欣慰。

但是中信集团的影响力也意味着拉菲已经拥有了一位能完成与远离北京中心的当地领导们艰巨的协调工作的有价值的盟友。为了保证他们的葡萄的品质，克里斯多夫·赛林想修建一座酒庄，这就需要从当地农民的手中夺取土地的租约。“如果你想要保证25公顷的种植面积，”赛林解释道，“你就需要与七八十个农民进行谈判。你需要一个同伴。”[4] 像其他在中国精明的开拓者那样，拉菲采用了中国的古训“因地制宜”。

一旦拿下土地，拉菲就必须打洞——许多许多洞。科林通过初步研究完成了选址，深层的土壤采样为拉菲的技术人员了解表层土壤和深及古代花岗岩岩床的底土的状况，选择最佳的地点来修建一个葡萄园提供了基础。打洞采样的结果显示，水库之上面向南方的斜坡，海拔高度在225~500英尺的区域，在地理性质上较为稳定。

土壤、底土、气候和光照条件保证了葡萄酒的优良品质。重要的还有当地的商业环境。

2

蓬莱成为山东的旅游胜地已有千年之久。修建于11世纪的寺院和佛塔每年都吸引着数量超过200万的游客，热拉尔·科林坚定地认为罗斯柴尔德男爵中信酒业将受益于接近游客群和交通要道的位置。[5]蓬莱附近的国有酒厂以这种方式获得了很大的客流量。

关于这个地区成为中国重要的葡萄酒酿造中心也有着传奇的故事。1892 年，张弼士在山东半岛创建了中国首个商业性的葡萄酒厂张裕酿酒公司，很可能因为这里是最早最活跃的通商口岸之一，保证了经常饮用葡萄酒的欧洲商人和外交官的稳定的进入。被誉为“东方洛克菲勒”的张弼士以敏锐的商业触觉著称，据说皇帝曾召见他为中国制订国家发展计划。[6]

从一开始，张裕就发扬着先锋精神。为了启动葡萄园的建设，张弼士从美国引进了 2000 株葡萄藤，却惨遭失败。半数的葡萄藤在收获之前就腐烂了，剩下的一半虽结出了成熟的葡萄，但屈指可数。第二年，他又从欧洲引进了 64 万株葡萄藤，但是只有不到 1/3 的植株在当地的自然条件下存活了下来。情急之下，他命令张裕的民工们将剩下的欧洲葡萄嫁接到一种中国北方葡萄的根茎上。这一招挽救了张弼士的葡萄园。

虽然起步并不顺利，但酒厂很快赢得了国际声誉，包括从 1915 年在旧金山市举办的巴拿马国际博览会上获得的四块金牌。一份 1917 年的价目表上包括了九种红葡萄酒和九种白葡萄酒，从最基础的佐餐酒到昂贵的红酒。[7]在接下来的几十年里，张裕被收归国有，变成了一个机械的散装酒生产商，兼并了从蓬莱到烟台半岛之间的肥沃土地上几十家国有的和私有的葡萄酒公司。

当地的酿酒传统鼓舞了当地的官员们。最近，为了将这个地区打造成“中国波尔多”，官方采取了大量的举措，[8]与宁夏及其他后起之秀形成鲜明对比。官员们不明白波尔多是一个特定地理区域的称谓，不是一个简单的能被复制粘贴到营销材料上的品牌。不仅如此，蓬莱市葡萄与葡萄酒局还将山东半岛称为世界“七大葡萄海岸”之一，将其与波尔多、托斯卡纳、开普敦、澳大利亚的巴罗莎谷、智利的卡萨布兰卡和纳帕山谷并称。[9] 在葡萄与葡萄酒局看来，罗斯柴尔德男爵拉菲集团选择在山东而非中国的其他地区投资正印证了他们的观点。葡萄与葡萄酒局曾建议在当地使用“波尔多”一名，但波尔多葡萄酒行业协会的一位代表委婉地否定了这个主意。而“纳帕”又差强人意，国有的中国粮油食品集团将其位于山东的酒庄的周边地区命名为“纳瓦山谷”。当一些加利福尼亚的酿酒商表示不满时，中粮集团的经理们耸了耸肩，告诉他们“纳瓦”比原本的汉语名字更好听。[10] 依照惯例，中国商标专利事务所驳回了纳帕山谷的申诉，即使消费者很容易被误导：中粮集团首先对这个名字进行了商标注册，加利福尼亚人对此束手无策。

地方官员和蓬莱葡萄酒协会都将地理在酿酒上的重要性视为一个灵活的概念。中国媒体不厌其烦地宣传蓬莱与波尔多及纳帕山谷都位于北纬 37 度。[11] 尽管蓬莱确实在北纬 37 度以北，纳帕接近北纬 38 度，而波尔多却在北纬 45 度——很多人认为这个纬度是波尔多风土不可或缺的。当然，确切的纬度并不是要点所在。好酒出产于南北半球纬度 30 度到 50 度的区域。在北半球，最好的酿酒葡萄往往生长于葡萄能成熟的最北的地理界限附近，但是中国北纬 45 度的地区——比如说那些位于新疆的偏远的葡萄园，有着严酷的寒冬——完全不同于波尔多的气候。

“这些说法毫无意义。”热拉尔·科林慢慢地摇着头说，“用地理位置来定义一种风土是不可能的，关键在于其土壤、气候和海拔。”[12]

当地官员的炒作姑且不论，天气确实是个问题。山东半岛有着温暖的海洋性气候。不像在宁夏，葡萄藤不需要被掩埋在土层中过冬，像赤霞珠之类的晚熟品种可以正常地成熟。但是这里大量的秋雨使腐烂和虫害成为收获之前持续存在的威胁。

科林对于腐烂十分了解。波尔多人在 19 世纪就发明了一种名叫“波尔多液”的杀菌剂，由硫酸铜和石灰混合而成，用于防止葡萄藤的霉变和其他疾病。即使在成熟和收获季有大量的降雨，仍然可能酿出中国最好的葡萄酒，科林说道，但是这里有一个变数。山东半岛是台风影响区。拉菲可能会因为降雨之后的腐烂而损失一年的收成，但台风的巨大风力会扫平葡萄藤，迫使他们从头再来。

没人知道山东的风土是不是能担得起拉菲的名声。答案在葡萄上。

拉菲到山东时，这里种植的葡萄中有一种叫作蛇龙珠。[13] 中国新兴的葡萄酒产区广泛种植着这个名字的葡萄，但专家们不确定各地的葡萄是不是真的品种相同。中国的技术人员相信这种葡萄藤是品丽珠，波尔多种植的主要品种之一，以其柔滑的质地和产生的柔和单宁而著称。但“葡萄基因侦探”何塞·乌亚莫兹，一名严格的瑞士植物学家，却持不同观点。他直接从张裕的葡萄园提取蛇龙珠的样本，进行了基因检测。结果“无疑是佳美娜”，乌亚莫兹写道。[14]

佳美娜是波尔多最初的葡萄品种之一，[15]由品丽珠和大赤霞珠自然杂交得来。[16]这种葡萄能酿出深厚、丰富的红酒，张弼士可能原本是为张裕的昂贵红酒种下了佳美娜。当18世纪葡萄根瘤蚜横扫波尔多的葡萄园时，佳美娜就因为其不稳定的产量而被淘汰；而梅洛和赤霞珠在嫁接到抗根瘤蚜的美国根茎上时的表现要出色得多。一些葡萄藤显然被移植到了山东。根据乌亚莫兹的说法，张裕的葡萄园里的佳美娜与现代的法国品种差别很大，所以，有的葡萄藤可能是当年进口葡萄藤的后裔。[17]

中国可能是佳美娜最后的乐园之一的观点在中国专家中引起了很大反响，那些对乌亚莫兹有所怀疑的人重新发起了一项独立研究。法国只剩下了101英亩的佳美娜，而美国仅余57英亩。[18]1994年，人们在智利发现之前被误判为梅洛的26400英亩葡萄实际上是佳美娜，此前，很多人都以为佳美娜已经灭绝了。[19]中国的研究团队很快确认了这些葡萄的确是佳美娜。[20]

佳美娜特别适合这个地区，或者说有其他更适合的品种吗？为了向波尔多葡萄品种的多元化看齐，许多中国的葡萄园大量引进了赤霞珠，中国的葡萄园中超过半数都种有这一品种。[21]但赤霞珠是一个相对晚熟的品种，它难以在中国的北方地区正常成熟。中国的酿酒业是否应该以波尔多为模型是一个尚待解答的问题。

罗斯柴尔德男爵中信酒业决定种植四个波尔多品种——赤霞珠、品丽珠、梅洛和小维多。然后，为了全面兼顾，补充了两种地中海品种——西拉和马瑟兰，它们能酿出醇厚芬芳的深色酒液。马瑟兰是赤霞珠和歌海娜之间最近的杂交品种，对腐烂、白粉病和其他灾害有更强的抵抗能力。它可能就是山东的最佳选择。

3

2010年5月的一个下午，热拉尔·科林在离罗斯柴尔德男爵中信葡萄园不远处的一个屋顶小露台的桌上，展开了一个卷轴。[22] 土壤和气候的调研证明，他说，拉菲在中国选择的这62英亩最值得期待的葡萄园并不只是宣传的噱头。

他在一张葡萄园的地图上指出，为了土壤采样，他们打了接近100个洞。在开始种植之前，他已经对研究工作进行了为期两年的监督。在中信的协助下，酒庄成功拿下了为期50年的租地合同。在中国的租地体系下，当地农民基本可以保住他们种的东西。通常，一家农户会种几种作物以减少恶劣天气和虫害带来的损失。起初，科林试着与当地农民合作。“这里的运作方式就像合作社。他们尽早地采收，你从村里的中介那儿购买，他们收取一笔佣金。”他说。他曾经尝试直接从一个农民处收购。“我们基本商量好了价格，然后我说我们得等到这些葡萄成熟到我想要的程度。”[23] 而当他来采收葡萄时，却发现农民已经将葡萄卖给了别人。从这些经验中，他意识到保证数量和质量的唯一途径就是拿到土地租约。[24]

从零开始修建一个葡萄园是一项艰巨的任务。一小群精瘦的男子被雇来清理土里的40吨石块，然后推土机和劳工齐上，将土地平整为 300 块梯田地块。清理出大部分的石块被用来修建梯田长达 6 英里的护墙，留下一部分用于修建酒庄的设施和围墙。梯田将成为雨季里一个自然的排水系统。科林担心会出现水源短缺，他在中国待了足够久，亲身感受到这个国家的迅速发展所伴随的大量重要资源的消耗。他自豪地展示了酒庄存储葡萄园排水的系统。他对此似乎比对酒庄本身还要兴奋，而酒庄将依山而建，保持与环境的和谐。

酒庄的设计宁静而美丽。在附近空旷的原野上，一名村巫正在炫耀他一天的成果。一对夫妇乘着载满木材的三轮车缓缓经过。但这是中国。更多的建筑将涌现，葡萄园不可能长期地与世隔绝。在中信的帮助下，拉菲保证了这片土地周边 1000 英亩的缓冲区。这一区域内的任何开发行为都需要同时得到罗斯柴尔德男爵中信酒业和当地政府的许可。设定这一区域的初衷是保证不会有狡猾的商家借着拉菲的东风在附近开设酒庄及其他设施。

然而，也不是所有的邻居都不受欢迎。一位香港投资家在山谷里修建了一座别墅，并种植了自己的葡萄园，罗斯柴尔德男爵中信酒业的员工已经答应为其打理。他们还会为这位百万富翁生产一款特制的“拉菲家酿”。作为交换条件，拉菲可以使用他葡萄收成的一大部分。这种安排也涉及了山东项目的批评者们所提出的一个问题：罗斯柴尔德男爵中信葡萄园狭小的面积。许多人都在说这个园子的产量绝对不能满足世人对中国拉菲的热情，62 英亩实在太少。这个省的国有企业从欧洲和美洲进口散装酒，生产足够多的“中国葡萄酒”来满足国内市场，有时只有 20% 多一点来自国外。[25] “80% 的中国国产葡萄酒都掺入了外国酒。数量很大。”科林承认。[26] 罗斯柴尔德男爵中信为何不进口一些自己出产的外国酒来掺入其中呢?

科林的脸抽搐了一下。拉菲，他坚称，从未打算用中国酒庄自己的葡萄园或拉菲的技术人员自己管理的土地以外的任何葡萄或葡萄酒。他和他的团队正在创造一个真正的酒庄，投入全部的时间、资金和足够的耐心。他在圣埃米利翁的德仕雅酒堡长大，那里的葡萄种植可以追溯到罗马时期。每一块土地都讲述着呈现出特定葡萄最佳状态的土壤和气候独特气质的故事。在罗斯柴尔德男爵中信酒庄，他的梦就是找到一种优雅而独特的中国风土。

他切了一些当地的果实，它们成熟、多汁。这是好兆头。

4

“如果说中国将会生产出伟大的红酒，它一定来自宁夏。”大卫·亨德森说道。[27] 尽管市场变幻莫测，前路困难重重，他对于中国葡萄酒业发展潜力的信心从未削弱。他仍在宁夏酿造龙潭，他也仍然在他北京的葡萄酒零售商店名特商贸持有股份，他还在新开辟的葡萄酒之路上租了 50 英亩地，打算将来种上葡萄。

亨德森到宁夏时，中国的国产葡萄酒产量已经很多，但其品质远远达不到出口标准。在过去的十年中，情况发生了巨大转变。尽管宁夏的酒庄如雨后春笋一般纷纷涌现，他始终坚持集中于成熟的葡萄酒市场。他将葡萄酒文化引进中国的志向已经演变成了将中国葡萄酒带到欧美的使命。而且他不满足于仅仅出口自己的酒，他也想通过自己的公司傲龙云谷出口身边其他酒庄最好的酒，例如加贝兰和银色高地。亨德森希望重现阿根廷、智利和美国葡萄酒业成功的奇迹。

“我们不是一种‘中国’葡萄酒。”谈及自己的龙潭商标时他坚称。[28] 他曾与保乐力加的酿酒师克拉格·格拉夫通通力合作，将龙潭的口味按照西方人的口味进行调整。到 2015 年，他将 14 万瓶酒卖到了美国。他也试着为中国葡萄酒开辟欧洲市场，将龙潭运到英国、比利时、卢森堡和瑞典。

为了迈出下一步，开始出口银色高地和加贝兰，他需要与地方政府中的权力掮客合作。不幸的是，当局看不到这样的交易对他们来说有什么立竿见影的好处。在国家层面上也同样困难重重。银色高地和加贝兰在出口前必须经过中国的检验检疫，而他需要为此等待三年之久。但标准总是在不断变化。

至少现在政府不再试着把高家人从他们位于银川市开发区边缘的酒庄里赶出去。2014 年，高林最终和当地政府达成一致——他希望协议能保持效力。经过数月之久的担忧，高源几乎可以放松了。高家人可以用现行的市价续租这块地。

当然，还有其他条件。他们不能再在现在的地点酿酒。作为与当地政府协议的一部分，高家人同意请一位建筑师在现在的地址设计一座优雅的葡萄酒博物馆和文化中心，他们选择了来自波尔多的菲利普·马齐尔。博物馆将保有他们现在的土地和酒窖，宣传葡萄酒旅游，这一点似乎满足了当局的要求。尽管有政府支持，可费用全部由银色高地承担。高林将担任博物馆的导游。协商还远远没有结束，高源希望不要发生突变。如果2016年将要出台的新的五年计划使当地政府重新考虑这个决定，银川的高家人将面临又一次的大逆转。

这样翻天覆地的变化真是让人难以想象。高林从银川出发，开车经过他在石嘴山化工厂开始酿酒师职业生涯的芦花台酒庄。“它是这个地区最美的酒庄之一。”高源说。[29]现在这个酒庄属于宁夏的一所农校。农校将葡萄和散装酒卖给地区的酒厂。有时，高家人甚至也从这里收购葡萄。

无论如何，他们开始意识到自己的未来在沿着贺兰山东坡的新的葡萄酒之路的金山，高家人在那里为银色高地租到了一块99英亩的土地，新的酒庄正在营建中。“它在有岩画的国家公园附近，那里有27家酒庄，但我们是最早的，两年前就到了那里。”高源说。[30]失去了原来的位于城里的酒窖，增长的产量需要他们在金山修建一个新的酒窖。经过两年的努力，他们终于得到了建筑许可。

为了修建一座能体现他们现代理念的酒庄，高家人再次请菲利普·马齐尔为他们设计金山酒庄。看到设计图后，高家人觉得他们就像是实现了一个想都没想到的梦。酒庄的风格现代、简约、精致，堪称世界上最好的酒庄之一，但耗资过巨。“我们不得不放弃这个项目——它的花费是3000万元。”高源说。[31]

相反，从2014年收获季开始，他们就设法在金山酒庄用临时设施进行运作。他们的酒庄正在慢慢成形。经过申请，高林在2012 年、2013 年和 2014 年都得到了 33 英亩地。连同最新种植的地块在内，银色高地的年产量达到了六万瓶。2015 年，高家又得到了额外的 37 英亩地作为试验田。“但 1000 亩是我们的上限。”高源说。[32]

国有酒庄的造景用地和停车场可能就有那么大。银色高地没有与张裕或长城一较高下的野心。这样的野心是不切实际的，同时也是不必要的。

高源所要参考的成功案例是同为家族经营酒庄的怡园酒庄。陈芳对消费市场的敏锐解读推动了她的酒庄的发展。陈芳反对提高中国葡萄酒的价格，即使她参观过位于内蒙古的一个每瓶标价 5000 元的酒庄。这家酒庄的主人曾尝试以 200 元的价格出售他的酒，但标价 5000 元的酒销路好得多，他告诉她，他卖了200 万瓶。“就在内蒙古，”陈芳强调，“那里就有那么多钱。”但陈芳不认为这是一个能长期有效的策略。“我不认为当客户说他们想要一瓶更贵的酒时，只是想给你更多钱。他们需要这个价签，”她说，“所以如果有另一种方式能让他得到相同的满足感，而不是价签，那才是正道。我还没找到这种方式，但我觉得那样才对。”[33]

陈芳与她的经销商桃乐丝中国一起推出了一种巧妙而时尚的新产品——“民星”，售价每瓶 100 元。这款酒主打价廉物美，适用于朋友聚会和浪漫晚餐。反腐行动展开后，他们的第一批酒上市了。怡园酒庄在一年中销售了 10000 瓶，主要卖给餐厅。[34]

“中国需要更多的像怡园和银色高地这样的酒庄。”热拉尔·科林说。陈芳和高源赢得了他的尊敬。“我希望他们能赚钱……他们这么兢兢业业。”他已经年过六十，到了大多数法国人都会退休的年纪，但他希望能继续在中国寻找最佳的葡萄酒产地。他以先行者的角色回到了家中。“我承认那里有非常非常好的土壤，”他兴奋地说，“王朝是以白葡萄酒起家的。毫无疑问，我们能在中国酿出非常好的白葡萄酒。”[35]

2013 年初，科林离开罗斯柴尔德男爵中信酒庄，加入了坐落在新疆西北的蒲昌酒庄，那里的干燥气候可以酿造有机葡萄酒。原来的新天酒庄就在附近。他希望法国酿酒商能在全世界的超市里迎接来自中国的大型酒厂的越来越多的挑战，包括很多曾在山东与他比邻的公司，诸如中粮和张裕。“中粮买的酒庄遍及各地。他们将各地的酒混合调成品牌酒。在品牌酒领域，他们有竞争力。”科林说。[36] 即使在全中国寻找葡萄——有时甚至是全球范围内——酒庄仍然依赖于生产过剩。

像大多数法国商人那样，他将这种方式叫作“让葡萄藤撒尿”。这不是一个补充。在相同的土地面积上，中国酒庄的葡萄酒产量是波尔多的三倍。结果是一种单薄的、浅色的、常常带有苦味的酒，几乎没有香气，这也是要掺加进口散装酒的原因。如果这些大酒厂减少产量而提高品质，科林认为他们能生产出能登上国际舞台的体面的酒。也许拉菲能证明这一点。

5

2014年3月，在2013年产酒的桶边试饮开始之前，中国放弃了对欧洲葡萄酒制造商不公平倾销和补贴的调查。中国葡萄酒企业的胜利不过昙花一现。1月，王朝的董事长白智生下台，继任者为公司总经理、执行董事郝非非。其股票仍被冻结在证券交易所。欧洲出口到中国的葡萄酒也不会被施以惩罚性税率。

在欧盟贸易委员会和北京方面的谈判中，波尔多葡萄酒行业协会的代表同意为中国葡萄酒业提供技术支持。协会将鼓励波尔多的葡萄酒学院招收更多的中国学生，以便让葡萄酒酿造技艺传到中国内地，还包括派法国技术人员到中国酒庄工作。[37]波尔多葡萄酒行业协会的一些成员怀疑这种安排是2014年3月太阳能面板争端解决后中国政府一直以来的目的所在。[38]

拉古杰的伊曼纽尔·马丁摆脱了合约条款。“除了已经得到的东西以外，他们没有得到任何新东西。”他说，“我们全部的技术人员和顾问已经在那里工作了。”[39]最重要的是，他的公司毫发无伤。

中国人意识到欧洲葡萄酒在欧洲境内的价格也很低以后，调查就告吹了。“倾销”指一家公司为了削弱国内生产者将大量产品以低于其他地方的价格在市场中进行销售。在许多时候，运到中国的最便宜的酒也比它们在欧盟境内的价格更高。中国的公司也不能证明它们被葡萄酒进口所损害。

在短短六年间，马丁就将他惨不忍睹的梅子公司变成了面向中国的最大的法国葡萄酒出口商之一。拉古杰每年向中国运送1400万瓶酒。酒都一样，但他高效的定制包装、专用标签和快速周转在中国经销商中广受欢迎。他还为灌装销往中国市场的特殊形状的酒瓶订购了一条额外的灌装生产线——圆锥形的、优雅的、斜肩的勃艮第瓶和分量不轻的奢华瓶。市场供过于求，他那放满一架架法式主题酒瓶标签的房间也不足以争得上风了。为了继续发展，他不得不以独门绝活从其他供应商那里抢饭碗。这条新的灌装线可以将他的年销售额从50万瓶提升到100万瓶。市场情况已经改变了，他说，他必须想方设法地走在对手前面。

6

在香港，叶诗乐正在像过去的每一年那样写着福尧贸易的年度经营报告。没什么好消息，但他和父亲早已预料到了。牛市已经变成了熊市，过去曾经人人盈利的传统经销链也已经衰退。即使在繁荣期，波尔多酒商、伦敦商人和港商也越来越多地争抢同一批客户，而利润却几近于无。

“今年没有购物清单，没有经营分析，没什么事儿。”叶诗乐2014年3月的备忘录中的第一句如是写道。[40] 他联系到过去一年中种种令人沮丧的事件。一方面，梅多克一家列级酒庄的总监通知福尧贸易，另一个声望很高的专业的俱乐部将通过在香港举办为期一周的试饮会进入葡萄酒行业。后勤工作由酒堡直接负责，提供葡萄酒，安排午餐和晚宴。酒堡总监也会与成员见面。一开始，叶诗乐不明白此人为何要给他打电话。或许这家酒庄希望福尧贸易来担当进口供应商？不，酒堡已经把这项任务交给了一个波尔多酒商。叶诗乐好奇这样的会面究竟目的何在。后来他明白了，这位酒堡总监想向这个俱乐部的成员推荐福尧贸易，如果他们中有人在试饮会后想多买一些酒的话，他也希望福尧贸易可以购买他们酒堡的酒，如果可能的话。

更糟的是，诸如波尔多指数的盖瑞·博姆的英国商人正凭借有利的汇率波动常规性地压低价格。叶诗乐接到一个私人客户的电话，对方想要一箱 2009 年的拉格朗日。叶诗乐 2010 年以每瓶 37.2 欧元，以当时的汇率约 377 港币的价格买进了这种酒的期酒。四年之后，他以每瓶 450 港币的价格出售这些酒，并送货上门。据叶诗乐回忆，这位客户当时对他的报价的反应是："你在开玩笑吗？"他得知一名在香港行商的英国商人对同一种酒的报价是每瓶 380 港币。后来又有一位私人客户打电话给他，想要一箱 2009 年的罗斯柴尔德木桐。客户问他，他们价格能否低于一个英国商人给出的一箱 12 瓶 65200 港币。叶诗乐回答说这种酒卖完了。实际上，他的 2009 年木桐仍原封不动地待在仓库里。四年前，他以不同批次每箱 67000~88000 不等的价格买进了这些酒，他不想亏本。"现在，即使承担损耗，我们也不敢卖任何酒。"叶诗乐写道。

根据叶诗乐的说法，2010 年的顶级葡萄酒面临着如出一辙的境况。而 2010 年的酒还尤为出色。

保住波尔多的正常价格是一个挑战。无论如何，波尔多的全球销售额在 2013 年下滑了不到 2%，销量超过 7.42 亿瓶，价值 58.4 亿美元，这些酒被运往世界各地。[41] 但来自中国的数据令人沮丧。向中国出口的量下降了 16%，价值下降了 18%。结果，这一年波尔多金库的进账少了 8300 万美元。

尽管趋势是下滑，中国市场仍是不可取代的。至少目前如此。世界上没有其他任何一个市场能吸纳每年运往中国的 7100 万瓶酒。香港和内地的总和仍然占据了波尔多总出口量的 1/4。[42] 酒商们试着勘探巴西、印度和俄罗斯市场，但这些市场都存在种种问题。波尔多需要中国。在印度，饮酒在很大程度上仍是禁忌，葡萄酒在那里面临着重税；巴西的葡萄酒市场微不足道；而俄罗斯不稳定。

再一次，酒商杨·席勒坚称，波尔多需要的是一种“流动的”酒，它需要能很快被售出。期酒不是为了赚钱，而是为了保住波尔多独特的经营方式。

7

另一个出色的酒产年或许可以让“波尔多广场”复活，但可惜的是 2013 年产酒差强人意。葡萄生长季开始的 5 月阴冷潮湿，6 月雨水更多，导致葡萄开花晚且花期参差不齐，果实也大小各异，有些甚至根本不能成熟。[43] 接着，8 月里一场反常的冰雹更是毁掉了当地 1/10 的收成。许多酒农安慰自己“秋老虎”会到来，让葡萄的成熟季延迟到 10 月。到 9 月底，天气又变得潮湿。断断续续的降雨和温暖的气温为腐烂创造了完美的条件。酒堡派出比平常多一两倍的工人去采收那些幸存的半熟半腐烂的葡萄。罗斯柴尔德木桐酒堡的总经理菲利普·达鲁温召集全体员工，从行政助理到高管，加入采收的队伍，到葡萄园尽全力采摘剩下的果实，精心挑选出健康的葡萄来酿造菲利普罗斯柴尔德的一级酒庄酒。[44]

尽管有这些“英勇事迹”，2013 年的收成还是创了 1991 年以来的新低，1991 年 4 月的霜冻摧毁了波尔多绝大部分的收成，让一些酒农破了产。在产量下降的情况下，散装酒的价格必定会上升，但仅仅是轻微上浮——不足以补偿酒农的损失。这将给酒商们更大的压力，因为许多公司收购散装酒来调制日常饮用的品牌酒，作为他们的高端业务列级酒庄庄园酒的补充。现在他们能卖的酒更少，每一瓶的利润也更低。

在理想状态下，期酒销售会为“波尔多广场”注入一些紧缺的现金。不幸的是，坏消息已经传开了，所以到波尔多参加 2014 年春季桶边试饮的绝大多数人并不抱有很大的期望。酒商们还是想表达出自信。“我尝过的绝大多数酒都没有生青味。”酒商集团的克里斯多夫·雷布尔·萨尔兹率先说，“波尔多将向世界展示，尽管天气不佳，我们依然可以表现出色。”[45]

然而，回应好坏皆有，没有人称赞这一年的酒。每一位买家的挑战都是找到成功的酒。像往常一样，盖瑞·博姆在官方的桶边试饮结束后将他的销售团队派往了波尔多。在四天时间里，他们不得不尽力喝下尽可能多的波尔多。在工作人员看来，这些酒就像是倒入桶中的果实那样良莠不齐。“最好的酒有非常宜人的香气、优雅度、新鲜度和有吸引力的、线性的口味。”波尔多指数对左岸酒庄做出了这样的报告，而“最差的有着粗糙而笨拙的单宁、空虚的酒体和过剩的酸度”。[46] 右岸酒庄的情况也相差无几。

这一次，没有中国的援手了。

这一年年初，厦门建发酒业的董事长杨文华，称波尔多的期酒体系已经失去了吸引力。他坚忍地向酒商们解释，他将不会买入任何2013年产酒的期酒，他也不后悔放弃了多家酒庄与厦门建发合作的专销商标。可是也没有办法：对他厦门的老板们来说，他在波尔多列级酒庄的巨额投资不过是一场滥赌。他已经接手了一家小型的子公司，将其打造成一个范本。

投机泡沫对他造成了很大打击。尽管有一些酒稍有升值，一级酒庄的价格却波动很大——远远超过他的预期。现在，杨文华所能做的只有减少损失。2009年和2010年的波尔多的定价只基于一个国家的需求——中国，而现在他的国人不想再以那样的价格买下那些酒。“我们买了太多2010年的酒，所以现在我们只买一点。”他说。[47]

这不是说杨文华已经放弃了葡萄酒。他仍然相信中国葡萄酒市场，也仍然相信波尔多。但他不再确定作为大宗商品、易受投机影响的列级酒庄的葡萄酒，是否适合中国。相反，他正在寻求更多的像厦门建发和卡斯特之间的合作那样的关系。

厦门建发酒业是这个法国巨头所挑选的十个经销商之一，杨文华对此从不后悔。“从 2006 年到 2013 年，卡斯特在中国销售了数百万瓶葡萄酒，我们卖了 1/30。我们总共进口了 1500 万瓶酒——60% 来自法国。我们玛茜有 1000 个子分销商，15 家加盟店。我们想成为中国最大的葡萄酒进口商。”杨文华说。[48] 为了拓展业务，厦门建发酒业最近又成了嘉露品牌酒的中国总代理。

杨文华认为，关键在于控制分销，直接从生产商那里得到酒。“我们的计划是直接销售给终端客户。我们会在玛茜商店与卡斯特和分销商们合作，只销售物美价廉的法国酒。”他解释道。[49]

价格在 30~50 美元的酒很畅销，杨文华说，但他怀疑波尔多人是否意识到了中国过于广大和复杂，难以简单概括。他在北京和上海的客户，有的拥有价值几百万人民币的酒窖。这些城市要比西安那样的二线城市和大连那样的三线城市复杂得多，但中国的腹地也有着看似无尽的发展潜力。在经济发展落后于东部和沿海省份的中国西部，他听说工人的婚宴上也有干红葡萄酒。这些葡萄酒不是被用来增进关系或给面子的，它们被开瓶、消费和品尝，这是一个令人欣喜的发展。香港、广州、上海和北京的时尚正在传播开来。

当然，更偏远地区的消费量仍然更小，但节俭的新规定对那里的葡萄酒销售并没有这么大的影响。杨文华说，原因在于这些地区的人们会消费大量白酒，而白酒的价格往往不低于优质的红酒。他之所以知道这个信息，是因为厦门建发酒业也经销第二畅销的白酒品牌。他也知道政府并没有撤销宣传葡萄酒比白酒更健康、更有利于国家食品安全的政策。红酒是正确的酒类选择——只要价格合理。

尽管在列级酒庄上遭受了严重损失，杨文华仍然承认波尔多在中国有未来。它还是最著名的葡萄酒产区，这一点就能让手有余裕的中国人心动。厦门建发酒业所需要的，他说，是一个值得信赖的优质波尔多货源，这些酒的价格要在中产阶级而非富豪的消费能力范围内。[50]

杨文华没有机会看他的策略对厦门建发酒业是否奏效了。2014 年 5 月，他得到了消息：即使他设法卖掉了 4000 万瓶卡斯特，他还是被炒了。

毫无疑问，他能安然脱险。他以不幸的经历换取了之前数年在波尔多作为一个常客的信誉和他关于全国葡萄酒市场的知识。他立即成立了一家公司——联康酒业，向中国进口物美价廉的葡萄酒。他雇用了 15 名员工在公司的上海总部工作。他向波尔多的大酒商抛出橄榄枝，并参加香港的国际葡萄酒及烈酒展览会，寻找愿意与一家刚起步的公司合作的供应商。他受到了葡达酒业的青睐，这是一家专攻平价葡萄酒的波尔多公司。葡达正在推销两个未使用的商标：以莎桐一条著名街道的名字命名的阿诺桑，和更通用的议会。杨文华拿下了这两个品牌的中国专销权。六个月之内，他就在中国网罗了超过 100 位子分销商，卖出了 20 万瓶阿诺桑。“酒商们总是在担心他们的利润，”杨文华说，“他们需要注意数量，没有数量你就没有中国市场。”[51]

他的目标是在自己公司运行的第一年内销售100万瓶葡萄酒。最终，他希望能拥有中国最大的葡萄酒连锁商店。在2015年3月召开的第十二届全国人民代表大会上，习近平主席讲到了中国的“新常态”：减缓发展，加深改革，减少腐败。[52]几个月前，李克强总理提出中国将“通过鼓励群众创业、创新，培育新的增长引擎”。[53]尽管提倡节俭，杨文华相信对于进口葡萄酒的推广者来说，中国仍充满机遇。

杨文华的葡萄酒售价在100元到300元之间（约合15到50美元）。他正谨慎地将一些酒堡的葡萄酒和一些列级酒庄的酒添加到自己的业务范畴里。在中国，波尔多仍然是品质的代名词，1855年分级的葡萄酒的展示是对优质葡萄酒知识无可挑剔的诠释，即使它们绝大多数都不过是货架上的道具而已。

8

尽管有杨文华和其他适应市场变化的进口商的订单，波尔多还是感受到了中国政府的行动。各处的中国交易都在崩溃。当菲利普·拉乌将他的酒庄卖给中粮集团时，他对为中国人工作的前景寄予了厚望。但他所听到的承诺什么也没有实现，[54]没有品牌酒，也没有大生意。而他的另一个大客户，中国的工业家、河北鑫达集团的董事长王全，也将他的订单从1280万削减到了130万，而王全曾买下圣埃米利翁的列级酒庄贝勒芬酒堡，并开设了葡萄酒连锁商店。[55]顾客们到店里不是为了购买葡萄酒，他们只是来品尝——作为一种娱乐方式，就像在歌剧院度过一晚。王全关闭了商店，转而开了试饮沙龙，他的员工卖力地从每一位访客处获取联络信息，以便在空闲时私下询问对方是否有买酒的意向。

在梅多克路，菲利普·巴比隆买下了一座19世纪的联排别墅来作为他挣扎中的酒商公司本质公司和他妻子的律师事务所的新总部。沿着这条街往巴克隆码头的方向继续前进，罗斯柴尔德男爵拉菲集团和其他酒商，包括施罗德席勒酒庄的办公室都在这里。巴比隆前所未有地接近了"波尔多广场"的中心，但他曾拥有的那些大宗交易的激动人心的日子已经过去了。

在事业的巅峰期，他每年能从列级酒庄获得一万箱的配额，价值800万美元。[56]现在他只能卖掉几家二级庄价值十万美元的酒。他对美国保罗杰邦国际集团的诉讼也被搁置。在庭审的最后一天，保罗杰邦连律师都没有派，尽管后来他们因为不利的判决结果而提起了上诉。即使胜诉，巴比隆也害怕他收不回保罗杰邦到目前为止欠他的1000万美元。商业法庭给他作为保罗杰邦欠款抵押的那些列级酒庄的酒仍原封不动，法庭仍然不允许他接手或卖掉这些酒来抵消欠款。让巴比隆痛苦的是，珍妮·C.将12家酒商拉入了保罗杰邦的商业计划。但没有谁站出来与巴比隆一起对抗保罗杰邦，他们更希望将自己的麻烦隐藏在公众视线之外。在与于氏兄弟的纠纷之后，巴比隆已经从中国市场金盆洗手。反之，他将酒销往英国、日本和美国。

大连富豪曲乃杰也受到了影响。他的葡萄酒公司也放弃了规避“波尔多广场”的宏伟计划，他的法国酒庄生产的酒现在绝大部分都以散装酒的形式卖给酒商们。[57]

波尔多几乎没人知道曲乃杰到底有多少财富——现金储备、个人股票或者他所拥有的酒堡的真实数量，因为它们大部分都在他的妻子或儿子名下。他是一个谜，对每个人来说都不可捉摸——除了北京的国家审计署。2014 年 6 月 24 日，当国家审计署向全国人民代表大会提交了一份毁灭性的报告，曲乃杰的财富在一夜之间经历了巨变。这是习近平的一系列反腐行动中的最新举措。

国家审计署的报告列出了 314 个案件，涉及 1100 名因“重大违法乱纪”行为被调查的人员。[58] 政府审计人员指控海昌集团和另一家大连企业——锐阳投资管理公司，滥用了用于引进国外技术的公共资金 2.68 亿元（约合 4300 万美元）。报告作者义愤填膺地谴责海昌和锐阳用这些资金购买了 14 个酒堡。

作为海昌集团的创始人和最大股东——曲乃杰拥有价值 22 亿的股份——他不可能轻易地为自己开脱说不知道公司的运作情况，未经他手的重大决定屈指可数。不仅如此，人们看到他参加了波尔多商会的会议，他的名字也出现在一些西方媒体对酒堡购买案的报道中。

曲乃杰倒台的消息像冲击波一样传遍了波尔多。给海昌和曲乃杰在波尔多主要的子公司——位于弗龙萨克的布兰达酒庄的拉蒙的邮件和电话如同石沉大海。另一位中国的钢铁大亨，据说也因为未公开的罪行而正在接受反腐机构的调查。[59] 在法国，2013 年由非法金融资本流动信息收集和处理小组最先报道的洗钱案被转到了波尔多，法警的金融犯罪部门正在努力剥开层层控股公司，揭露资金流背后的幕后人物。[60] 一些酒堡似乎成了洗钱活动的遮羞布，但检察机关还未正式追究任何案件。

数周过去了，曲乃杰仍未露面。他在法国的员工不知道他的下落。酒庄拒绝授权公布任何曲乃杰在其处所被拍摄的照片。他与当地商人合作的记录也从各网站抹掉了。他似乎从波尔多悄无声息地消失了，正如他当初悄无声息地到来。

当第三届大连国际葡萄酒美食节于 2014 年 7 月开幕，海昌集团和波尔多商会的代表都未出席。[61] 这并不是简单的欧洲酿酒商和中国之间的贸易战。这一年的早些时候，商会因为带来更多压力而非利润的不切实际的时限，而拒绝组织波尔多酒商和酿酒商的参与。波尔多的本质是务实的，而非政治的。

到这一年年底，死亡一般的沉寂席卷了“波尔多广场”，尤其是那些经营列级酒庄的酒商。波尔多的出口总值又下降了 17%。[62]“现在，高级葡萄酒市场已经完全陷入僵局。价格已经崩溃。”杨·席勒说。[63]

许多酒商已经积压了四个滞销年份的酒，堆在他们酒窖的墙边，压在他们的书上。其他人则被 2012 年和 2013 年惨淡的收成所重创。生产日常饮用的波尔多的成本提高了，但调制品牌酒的酒商们不能将价格上涨到能维持一个可以接受的利润的程度。国际市场实在太惨烈了。

当中国市场动荡不安的时候，“波尔多广场”更多地尝试开拓印度、巴西和俄罗斯的市场，许多酒商希望讨好美国的老朋友来让自己的生意重现生机。在施罗德席勒，杨·席勒正在以每瓶 12 美元的价格兜售他的品牌酒，效果不错。

“我们每天卖出、运出的都是入门级的中低档的酒。在艰难时期，只有业务范围广泛的酒商能生存下来。我们能做到。”席勒说，[64] 他实事求是地耸了耸肩，“高级葡萄酒市场一直都像是悠悠球。”

波动性在中国海关的记录中一目了然，2014 年从法国进口的葡萄酒的数量降到了不到 1400 万箱，比前一年下降了 26%。[65] 列级酒庄的市场消失了，就像在北京被调查的党政官员那样。唯一的好消息是在拉菲和其他一级酒庄的狂潮中，葡萄酒的消费市场被切切实实地打开了。以 2015 年的情况来说，4000 万中国人购买进口葡萄酒来享用。

9

在多年寻找中国最具前景的风土的过程中，热拉尔·科林偶遇了一位名叫斯坦尼斯·巴斯昆的年轻的法国农艺工程师，他正在亚洲做一项关于葡萄酒气候的研究。科林认为，他的研究结果耐人回味。

巴斯昆利用六项指数来计算 247 个欧洲葡萄酒产区的气候，然后根据这些数据在地图上定位亚洲潜在的葡萄酒产区。指数包括太阳产生的热量、成熟季夜间均温、地区干燥度、冬春季霜冻和葡萄藤在该地区所承受的典型热压力。毫不意外，鉴于广袤的国土面积，亚洲绝大部分适宜种植酿酒葡萄的地区都在中国境内。[66]

在巴斯昆将每个中国省份的特征与主要的欧洲葡萄酒产区进行比较时，令人吃惊的结果出现了。甘肃省南部位于宁夏正南方的一小条地带，是中国境内唯一一处气候类似波尔多的地方。[67] 而亚洲范围内另一个像波尔多的地方则位于克什米尔。

巴斯昆的气候研究印证了陈芳和高源通过她们兢兢业业的工作和天生的酿酒技巧所证明的结果：中国出产葡萄酒的主要省份，包括宁夏、陕西和山西，有着巨大的潜力，但它们不是波尔多。巴斯昆认为，这些省份的气候更像东欧地区，尤其是匈牙利、罗马尼亚和斯洛文尼亚，这些地区的酒庄所在的位置与匈牙利的葡萄酒产区托卡伊的数据相符。他总结道："选择东欧的葡萄品种而不是波尔多的赤霞珠或梅洛，才可能酿出最好的酒。"

还有一个与中国相符的地方——意大利的弗留利—威尼斯—朱利亚产区。[68] 事实上，这是唯一一个与山东半岛的常态联系起来的欧洲产区。然而，巴斯昆的研究还表明，山东酿造欧式葡萄酒的最佳地理区域并不是数十年来酒庄林立的港口附近。"这些区域不在渤海湾的烟台或蓬莱这些中国传统的发展葡萄种植的地区。"巴斯昆说。[69] 他找到了两处充满前景的地点：一个在大泽山附近，约在蓬莱港西南 80 英里处；另一个则更靠近内陆，离蓬莱几乎有 300 英里之遥，靠近泰山。两个地区都与罗斯柴尔德男爵中信酒庄风马牛不相及。

这不是说拉菲不能克服困难，在蓬莱的郊区生产出担得起它的名声的酒，也不意味着在中国或者说山东酿不出好酒。“中国的其他与欧洲葡萄酒气候不相符合的地区也可能生产出葡萄酒。”巴斯昆称，“这些酒才是真正的中国酒，它们有助于中国的葡萄酒文化标识的确立。”[70]

中国应该停止复制波尔多了吗？当然，巴斯昆的研究表明，仅仅种植波尔多的葡萄品种并祈求酿造出类似风格和品质的葡萄酒是远远不够的。无疑，他的研究表明中国确实存在着魔法般的风土。

结语　香格里拉

1

斯坦尼斯·巴斯昆的研究所揭示的最诱人的地点是一个位于西藏、四川和云南交界处的偏远的小地方，这里展现出许多欧洲最佳的葡萄酒产区的特点。周边的藏民已经在云南省西北的中甸种植葡萄。这里会是中国葡萄酒的香格里拉吗？

新中国成立后，为吸引游客，中甸以 20 世纪 30 年代的小说《消失的地平线》中刻画的虚构的喜马拉雅山脉中的乌托邦“香格里拉”而重新命名。当地的伐木业在 1998 年的洪灾（部分因过度伐木导致）中毁于一旦，地方政府急于找到另一条经济发展的道路。[1] 在打败众多竞争者得到香格里拉的命名权后，中甸以旅游业的收入弥补了伐木业的损失，吸引了数以百万计的中国游客到此品尝酥油茶，欣赏藏式建筑，在壮观的自然环境中徒步。

为了在旅游业之外实现经济结构多元化，地方经济非常鼓励藏民从种植传统作物转向种植酿造红酒的葡萄。[2] 这些藏民绝大多数是自耕农，种植大麦和玉米、养猪、放牧牦牛。尽管有多彩的服装和如画的村落，但他们的日常生活是艰辛的。很少人有室内卫生间或自来水。大多数人都生火做饭。除了采摘药草和野生菌类，他们没有经济作物——直到香格里拉酒业的建立。香格里拉由北京的酒业集团华泽集团所有，由人大代表吴向东领导。除了最近由一名矿业大亨成立的酒庄之外，香格里拉垄断了当地的葡萄供应。[3]

可以理解的是，藏民们想抓住这个机会挣钱购买他们从前买不起的东西，供孩子们读书。但一名在当地待了一年的人类学家担心农民们不再在赤霞珠的行间种植食物，因为他们害怕在种植葡萄过程中使用的农药。他们现在依赖于出售葡萄的收入来购买家庭的食物，[4] 葡萄产量的变化导致了他们生计的不稳定。

2009 年末，酿酒师托尼·乔丹博士来到这里，他惊讶地发现整个村子都将全部精力投注在赤霞珠的种植上。他是受贝纳德·阿诺特的奢侈品集团路易·威登—酩悦·轩尼诗集团的酒类部门酩悦·轩尼诗的委派而来。酩悦·轩尼诗作为先行者，已经在加利福尼亚和阿根廷、澳大利亚的葡萄酒产区战果累累。现在它又将目光投向了亚洲。

从一开始，他们的目标是在印度和中国生产一种由波尔多葡萄品种酿造的世界级的红酒，能与加利福尼亚、澳大利亚和波尔多最好的葡萄酒比肩。路易·威登—酩悦·轩尼诗集团在波尔多也拥有两座顶级酒庄，圣埃米利翁的白马酒堡和苏岱的滴金酒堡，标准很高。乔丹还肩负着寻找生产两个亚洲起泡酒的理想地点的任务，一个在印度，一个在中国。

他的上司们预计这个计划将耗时 18 个月。结果，他花费了整整五年。

2

像巴斯昆一样，乔丹的第一步也是研究反映七月均温、生长季日均温和降雨模式的天气地图。

克什米尔看起来很有意思，但当地的政治状况让它出局。这让他将视线放到中国，他考察了北方地区从北京到中国与哈萨克斯坦边境一线的潜力。他已经排除了整个东部沿海地区。1994 年他曾在青岛酿造葡萄酒，清楚地记得当时葡萄藤的疾病是如此严重，他们已无暇考虑成熟度，不得不立即采摘。

内地更加干燥，可以降低葡萄藤疾病的风险。几个地区脱颖而出：新疆、山西、甘肃、宁夏，还有河北的怀来。

冒险真正开始了，乔丹通过飞机和所有的地面交通工具穿越这个幅员辽阔的国家，在最有希望的地区设立天气监测仪，并对当地农民进行走访。他没有被高产低质的工业化生产的现状所阻碍，仔细审视着现有葡萄园的潜力。

“我认为一些公司现在没有走高端酒的路线只是阶段性的策略，而不是它们真正的决定。”乔丹说，“工业化的生产会转向高端酒——当它们有了成熟的客户群，有了生产高端酒的压力。它们要知道的主要问题是：一切都始于葡萄园。”

乔丹发现，很多时候，只需要改善作物的管理，酩悦·轩尼诗的团队可以很快地提升葡萄的品质。在其他一些情况下，葡萄园被病毒缠身的植株所困扰，这从秋季发紫的卷叶就可以明显地看出。植株是从被感染的母株繁衍得来，病毒也传了一代又一代。“在感染了某些病毒的情况下，你还是可以酿造出高品质的酒，但当病毒感染严重到了影响植株的成熟能力时，问题就来了。”他说。中粮集团已经建立了巨型的专业苗圃，用最新的技术让植株远离病毒的危害，但要重新栽种，付出的努力也不容小觑。

乔丹选择了宁夏来酿造酩悦·轩尼诗的起泡酒，并从一所中国大学获得了防病毒的植株。但就波尔多的酿造地而言，他的研究将他引向了中国西南季风气候带一个相对狭小的地区。

中国的葡萄酒科学家证实了他的直觉。乔丹就这个问题询问了北京农学院李德美的意见。李德美告诉他，在商业环境和物流条件方面，宁夏是领跑者。“当地人知道如何酿葡萄酒，所以有劳动力的基础，当地政府也积极配合。”李德美说。但当乔丹让他将政治和经济因素排除在外时，李德美的答案改变了。“他问我：‘如果你只考虑酿出的酒的品质这一个标准，你的选择是哪里？’我说‘香格里拉’。”李德美回忆道，“但在香格里拉酿酒很困难。没人知道如何着手。”[5]

最晚从150年前开始，云南省西北澜沧江江畔的一个小村庄就已经开始种植酿酒葡萄，这种文化是由打算在西藏地区传教的法国天主教士们带来并保存下来的。藏族人强烈地抵抗传教，但传教活动一直在他们的门口固执地徘徊。一位教士在茨中建立了一座教堂，沿着通向拉萨的古代商道。

在茨中教堂，这位教士种植了法国葡萄，来为群众酿造葡萄酒。现在种植的品种据说是玫瑰蜜，欧洲的这一品种已在根瘤蚜灾害中灭绝，但对现代的酿酒师来说，这些葡萄似乎是一个耐寒、抗病的杂交品种，由欧亚种葡萄和美洲葡萄杂交而来。[6]热拉尔·科林从茨中获取了葡萄酒的样本，来看它们是否象征着理想的中国风土。

“教堂的酒庄出产的酒不错，但陈酿不佳。它缺乏技巧。尽管如此，还是好酒。我不时地尝两口，”科林说，“我对恢复这种两个世纪以前的葡萄品种很感兴趣。”[7]

这些葡萄藤的血统绝对会吸引葡萄种植者们。共产党在1952年驱逐了最后的教士，但村民们继续以法国人的方式打理着一小块种植了600株葡萄藤的土地。

乔丹到村子里时，对村民们对葡萄藤的管理十分欣赏。他们还种植了赤霞珠，他们可以在那里酿出一些好酒，但乔丹对茨中临近澜沧江的位置及其更温暖潮湿的天气不太满意，他想要一个海拔更高的地点。“我们从山谷的一头到另一头，一个一个地考察这些村落。”他说，“我们不得不淘汰一些完全令人惊艳的地点——完全令人惊艳，但难以操作。”

在对山谷进行了考察以后，乔丹挑选了几个地点，就在梅里雪山山下的村子里，这座他最看好的山是藏传佛教的圣地。他在附近安装了气候传感器，当他在收获季回来品尝葡萄时，传感器的数据确认了，这里的温暖程度足以使葡萄成熟，而干燥程度足以使酒的品质达到最佳。但仅凭天气条件还不能保证能酿出世界级水平的葡萄酒，土壤也必须合适。乔丹和他的团队挖了 300 多个洞来提取深层的土壤样本。他们发现了均质的河流砾石土和古代的山脉风化土，这就是符合所有条件的地点。

在 2012 年 2 月，酩悦・轩尼诗和香格里拉酒业成立了合资企业，法方控股 66.7%。[8] 乔丹选定了四个村子，与村领导谈判，争取大约 75 英亩的土地的 50 年租约，这些地分散在由几十个农户耕种的 320 块土地上。[9]

一年后，让 – 古洛梅・普拉斯从爱士图尔酒堡离任，成了酩悦・轩尼诗酒庄与葡萄酒集团的首席执行官。他从未想象过自己会在这么惊人的地方酿酒。[10] 白雪覆盖的山峰高达 22000 英尺，四个酒庄的海拔也在 7000~8500 英尺之间。

普拉斯有信心酩悦・轩尼诗可以酿出能与西方最好的酒比肩的波尔多。他坚称“会像酿造波尔多的一级酒庄酒那样酿造”香格里拉葡萄酒。[11]

伴随着香格里拉的备受瞩目和酩悦・轩尼诗的到来，拉菲的股票在中国飙升。对普拉斯来说，拉菲是老对手了。当他仍在爱士图尔酒堡的时候，人们总是会问他，他们的酒与他们声名显赫的邻居相比如何。他曾回答说：“拉菲很出色，但我认为爱士图尔略胜一筹。”[12] 而现在酩悦・轩尼诗的香格里拉对阵罗斯柴尔德男爵中信在山东的酒庄，他的答案也相差无几。

热拉尔・科林离开后，一位叫作奥利维尔・李舒的波尔多酿酒师接手了罗斯柴尔德男爵中信酒庄的日常管理。这是李舒第二次到中国。他曾在贝纳德·马格列命途多舛的青岛酒庄工作过，试着在糟糕的设施和敌对的当地人中酿出葡萄酒。[13] 他又一次成了计划中唯一的西方人，但气氛已经不一样了。当地人因为拉菲的到来而欢欣鼓舞，郁郁葱葱的葡萄园和优雅的低矮建筑群看起来很不错。但他仍然面对着不可预见的对手：他在智利、朗格多克和波尔多多年的职业生涯中所没有遇见过的害虫和疾病。即使是熟悉的诸如白粉病和霜霉病之类的疾病，在温暖的海洋性气候下也有不同的表现。还有他仅仅在教科书里读到过的白腐病。[14] 管理葡萄园需要一套全新的策略。

2013 年，为了酿造第一年的拉菲的中国酒，17 英亩的土地被开垦出来，第二年春，还将有 5 英亩地会投入生产。酒庄的酒窖尚未竣工，所以李舒正在使用一个异地的临时设施。“现在我们使用的是小容器——与其说是真正的收获，不如说是实验。”克里斯多夫·赛林解释。[15]

因为是第一批酒，所以应该抱持谨慎而乐观的态度，但赛林拒绝承诺公布一个日期。这些酒的品质对当地而言是一次提升，但它们还没准备好迎接消费者和评论家的审视。赛林继续以典型的拉菲式轻描淡写调和着大家的期望：“不错。”[16]

毫无疑问，拉菲的中国酒将被拿来与其他国内酿酒商的酒进行比较，而且，还有酩悦·轩尼诗的激烈竞争。酒庄按计划将于 2016 年开放。或许那时拉菲的中国酒会闪亮登场，抑或不会。磨刀不费砍柴工，在中国也一样。

3

一如既往，波尔多用1855年分级打入了中国。罗斯柴尔德拉菲，一种不起眼的葡萄的产物转化为地位和奢侈的象征，变成中国十大最令人向往的礼品之一。当2010年10月苏富比破纪录的拍卖一锤定音，波尔多向中国的出口额在同年内再次增长67%，酿酒商、酒商及他们的商业伙伴们感受到了胜利的喜悦。欧洲面临的多年的紧缩方案不再重要，美国仍在金融危机的影响中也没有关系，中国，将以大量的“新客户”支持葡萄酒市场。

波尔多在中国的经验加强了酒商对两点的确信：第一，苦难可以孕育出财富，有财富的地方就有奢侈的欲望；第二，没有什么能比一瓶波尔多列级酒庄的酒更能满足自我和味觉。但有一点让他们措手不及：直到一瓶酒被打开，它才算被卖出。

波尔多传统上在高端的客户群中对列级酒庄进行营销，以做成大宗生意。但中国真正的客户群很小，短短三年之内，列级酒庄的市场就蒸发了。尽管受到警告，酒堡还是被偶然的成功冲昏了头，按机会主义者的需求而非葡萄酒消费者的需求制定了酒价。波尔多的“胜利”的实质是投机和送礼文化所带动的销售额而非真正的葡萄酒消费和它所带来的感官享受。

最令人向往的酒不断攀升的价格和酒商、进口商及贸易商们不断减少的利润与中国人规避中间商的策略相吻合。一些酒庄开始秘密地把酒直接卖给香港和内地当地的公司、俱乐部、餐厅、私有公司、私人投资者、收藏家和终端客户。酒商们也如此行事。建立波尔多市场的贸易商们发现金融的可靠性、供应商的网络及客户关系都化为了乌有。他们以低价收购、高价卖出的日子已经过去。他们面前的现实是“高价收购，卖不出去”，考虑着是否该一起退出波尔多市场。[17] 波尔多经过了时间检验的商业策略在最动荡的市场中被解构。“波尔多广场”痛苦地想起了另一点——泡沫破灭了。

当中国贸易商们看到最昂贵的波尔多价格的下跌可以与它当初上涨的速度一样快时，第一个预期中的调整出现了。短期内的损失是惨重的，投机者也逃离了市场。“波尔多广场”长期以来都对投机者充满了吸引力，但这一次，情况变了。投机者的数量、被取消订单的规模和贸易商的迅速离开让波尔多陷入震惊之中。

波尔多期酒体系尤其受到了灾难性的冲击。期酒本就是一场豪赌，但中国贸易商们——包括那些为中国消费者买入配额的商人——不能承受他们所遭受的损失。国有企业的经理们主要关心两件事：其一，上缴符合或超过五年计划中设定的目标的收入；其二，如果公司已经上市的话，要保持住股价。第二点与西方的上市公司一样，但中国国有企业的董事会基本是党和中央。它们对尴尬的耐受度为零。

酒堡不愿意将价格回调到进入中国市场前的状态，酒堡希望酒商来承担波尔多需求量不断下降所带来的冲击。但现在一级酒庄已经夺走了酒商们绝大部分的财富，除非可以直接转手给进口商，酒商们已经捉襟见肘。打折销售成了生存的手段。与此同时，传统市场对期酒已经失去热情，没有中国，整个系统都损坏了。

在习近平的反腐运动消除了官员们的娱乐活动和送礼行为时，第二个更大的调整出现了。列级酒庄和许多规模更小的酒堡，过于迟钝地理解了反腐活动的影响。没人相信反腐会如此旷日持久，但这成了事实。对政府官员和国有企业购买、享受高端酒类的禁令可能会在这一届领导人任内持续，直到 2023 年，也可能成为永久性的规定。中国的列级酒庄的市场还剩多少，难以探明。外资和私有企业仍在关起门自娱自乐。富豪们仍在收藏葡萄酒。但以公款支撑的最大的需求，已然消失。

最饥渴的顾客离开了，真正的消费者又如此匮乏，“波尔多广场”发现自己陷入了一个棘手的境地。中国根本不像很多人所希望的那样，是“波尔多广场”的救赎。中国是一个属于穷人和尚在发展中的相对小的中产阶级的富有国家。为了保住自己来之不易的地位，“波尔多广场”现在不得不挑战更为困难的任务，将日常饮用的葡萄酒兜售给精打细算的中国中产阶级上层，这些人每月的税前收入大约是 700 美元。[18]

这就更需要重视打击商标抢注和造假行为，包括大量投资追踪原产地的新技术。商标抢注的问题仍然很严重。在中国政府采用和实行类似于欧盟和美国的知识产权法之前，商标抢注者仍会激增。而在中国仍然基于价值而非数量征收进口税的情况下，走私行为会继续污染市场。

进一步说，波尔多的竞争只会更激烈。中国与新西兰、智利、澳大利亚和瑞士这些出产葡萄酒的国家已经签署了自由贸易协议，或正在进行相关谈判。这些国家的葡萄酒在进口到中国时将拥有更低的进口税，有时甚至税率为零，这让它们更具竞争力。协议也为中国葡萄酒进入这些国家提供了同样的优待。随着对欧洲葡萄酒反倾销调查的展开，北京已经表明一定会加入保护国内酒厂的贸易战。在无法证明对法国和西班牙酒庄的申诉的情况下，中国人的确做出了战略性的让步，包括知识的转让。

中国已经表明了态度，它希望成为一个全球玩家。为了巩固香港作为葡萄酒的物流枢纽的地位，香港政府已经就葡萄酒相关行业领域的合作与全球 14 个出产葡萄酒的国家和地区签订了《谅解备忘录》。[19]2014 年香港的葡萄酒进口总值是 10.9 亿美元，其中价值 3.13 亿的葡萄酒以合法渠道再次出口。[20] 在香港进口的葡萄酒中，法国酒占据了 50%，主要是波尔多。保住这笔生意对酒商们来说前所未有的重要。

在中国也雄心勃勃地要成为世界上最大的葡萄酒生产者之一的情况下，波尔多所面临的任务更加艰巨了。20 年来，中国政府一直致力于提升葡萄酒品质的工业化生产基础设施的建设，即使在反腐运动开始后，官方对国产葡萄酒的支持也是有增无减。葡萄酒业是被鼓励的工业部门，诸如中粮集团的国有企业肩负着扩大葡萄酒海外投资的任务。张裕期望在 2015 年购买第一座海外酒庄，并计划购买另外九座。[21] 这种产业政策的出现在经济上是必要的。数以百万计的中国人仍在日复一日地与饥饿做斗争，保持稳定的粮食供应仍是北京方面的首要议题。降低酒精中毒的人数，减少烈酒的消费也是政府的重要议题。在下一个五年计划中，中国的领导人不可能取消国家对于葡萄酒业的投资。

确实，宁夏的葡萄酒分级体系是更大的国家策略的一部分——推广品质提升的国产葡萄酒，加大实际消费量，在葡萄酒王国中发展中国自己的品牌。中国酿酒商们逻辑上的下一步将是出口他们的葡萄酒，与旧世界和新世界的酿酒商们展开面对面的角逐。如果中国实现了它的计划——到目前为止，它的表现很出色——这个国家将变成全球第五大葡萄酒生产国，超越澳大利亚。即使那些葡萄园现在还只种着鲜食葡萄，但中国有望成为一个葡萄酒超级大国。最终，中国将寻求在美洲、欧洲和非洲建立出口市场，而它通过收购波尔多的酒庄和像葡萄酒及烈酒国际配额公司那样的酒商公司所获得的专业技术就将成为无价之宝。

这并不让人吃惊。中国以灵活的并购和对专业人员的吸纳来应对波尔多的入侵。它购买了限量供应的资源，消除了中间商。它还用政府补贴的公司来对抗外来者，学习外国的专业技能。造假者和商标抢注者肆虐——除非一家中国的企业成为被攻击的对象。

酩悦·轩尼诗和罗斯柴尔德男爵拉菲，这些新市场中的先行者，已经在中国生了根，寄望于把它们奢华的名字的吸引力嫁接到中国国产葡萄酒上。这是大胆的冒险：这种行为对于与中国客户建立长期关系而言是必需的，但在这样一个难以预测的商业和法规环境中是冒险的。一些法国公司在早期的合资企业中进行了投资，但中方最终拒绝将丰厚的资产移交给外国人。在未来不到 50 年的时间里，当中国新生的风土成熟，罗斯柴尔德拉菲和酩悦·轩尼诗的葡萄园的租约——更不用说怡园酒庄和其他酒庄的——将再次迎来谈判。到那时，这些酒可能是中国顶尖的葡萄酒了。还有一种可能，像银川的高家人那样，酒庄将被迫与政府在土地的使用权问题上讲和。这都要看中方如何看待它与这些相对较小却声名显赫的外国公司之间纽带的价值。中方或许更想让这些酒变成 100% 的中国制造。

“波尔多广场”本想征服中国，反过来却诱发了中国自己扩张的雄心。七年前，在波尔多很少能看到亚洲面孔，但现在中国人的数量逐年上升。许多在投机狂潮中到达这个地区的中国留学生和企业家已经在波尔多长期定居，一些人与法国人通婚，另一些人将他们的家人也带到了波尔多，他们的梦想现在已经编织进了当地的社会经济结构里。中国人社团改变了当地日常生活的方方面面，从餐厅到艺术，再到学校，总体上丰富了当地文化。几乎每一个酒商都有至少一名中国员工，酒堡也配有能说汉语普通话的导游。

但一些海外中国人涉及黑市银行和现金回扣等问题。而即使在反腐行动后，中国投资者仍在波尔多酒庄买卖的市场中。尽管有非法金融资本流动信息收集和处理小组的工作，法国的司法系统在应对洗钱问题时还是经验不足，波尔多的葡萄园成了现金的避风港。问题不在于中国投资者是否会收购一个列级酒庄，而在于他何时行动。法国政府曾阻止一家美国公司收购玛歌酒堡。它又将如何应对中国买主呢？尽管英国曾对波尔多有着长时间的历史影响，在未来，中国将可能给波尔多的文化和商业版图带来超过其他任何一个国家的影响，或好或坏。

直观地说，酒商们已经加倍努力地重建旧市场，开拓新市场。“金砖四国”中另外的三个——巴西、印度和俄罗斯——正在召唤他们。但俄罗斯在2014年面临了卢布危机，2015年又发生了深度衰退。急速贬值的卢布让波尔多的俄罗斯客户无力埋单。俄罗斯还有着难以预测的政治环境和一系列繁复的进口葡萄酒的规定。巴西也有着居高不下的税率、保护主义的政府和泛滥的官僚主义。印度的中产阶级成长迅速，但进口税高达150%。每一个都风险不小，目前没有一个能代替中国。

“波尔多广场”面临着不同寻常的挑战。波尔多的定位将不是提高产量，毫无疑问，它在中国葡萄酒市场所占的份额会随着中国消费者对其他地区的发现而下降。不管是在中国，还是国外，波尔多也无望在工业生产的低端酒上与中国一较高下。波尔多的当务之急是守住制高点，依赖于其世界范围内品质领军者的名声。

让这个挑战更复杂的是，数以百万计的列级酒庄葡萄酒正原封不动地待在中国的仓库里。那些酒可能造成的过剩威胁将足以破坏现有的市场。它们可能以极大的折扣在国内或国际市场上销售，或者它们能等到真正的需求来带动酒价回升。在这些酒被开瓶饮用之前，它们都还待售，它们会席卷市场。

一如既往，“波尔多广场”面临着一场豪赌。它与中国的关系不再像从前看起来那样确定。正如酒商克里斯多夫·雷布尔·萨尔兹曾说过的那样，“想加入这场游戏吗？你可能会赢，也可能会输。”[22] 波尔多的根本是商业，胜利、失败、冒险从来都是兵家常事。中国改变了游戏规则，但游戏仍在继续。

致 谢

从决定写一本关于波尔多的书那一刻起，我就知道我的起点一定是“波尔多广场”，它是如此让我迷恋。当中国出现在我的视野中时，一直以来所寻找的故事在我的眼前展开。

待在波尔多的这 15 年，我与葡萄酒业相关人士进行了数不胜数的交谈。许多人在波尔多生活、工作，还有一些在美国、英国或其他国家。他们所有的洞见和信息都是无价的。

当然，此书的诞生离不开这么多人的坦诚相告，其中一些人更希望保持匿名。

我对这些牺牲宝贵时间与我交谈，协助我进行研究的人致以衷心感谢：克里斯·亚当斯、尼克·巴特曼、莉莉安·巴顿–赛多利斯、斯坦尼斯·巴斯昆、盖瑞·博姆、迪迪埃·布歇、法比安·博瓦、萨拉·布利奥特–勒萨热、格雷斯·蔡（音译，Grace Cai）、波特兰·卡尔斯、让–米歇尔·凯泽斯、西尔维·凯泽斯、陈芳、蒂埃里·夏邦杰、崔启荣、热拉尔·科林、塞萨尔·康帕德雷、迈克尔·科索、泽维尔·库姆、菲利普·唐布瑞、斯蒂芬·德洛思、弗雷德里克·德·露丝、柏图斯·德斯伯、阿尔博托·费尔南德斯、高源、詹姆斯·甘特、大卫·亨德森、弗朗西斯·埃利亚尔–杜明尼、丹尼斯·约翰斯顿、托尼·乔丹博士、菲利普·拉格施、菲利普·拉西、布莱斯·来卜奎、弗朗索瓦·莱韦克塔、李德美、李莉娟、马林（音译，Ma Lin）、马青云（音译，Ma Qingyun）、贝纳德·马格列、伊曼纽尔·马丁、让–克里斯托夫·莫、安东尼·米歇尔、埃尔韦·奥利维尔、菲利普·巴比隆、让–古洛梅·普拉斯、杰米·里奇、米歇尔·罗兰、菲利普·卢迪、让–皮埃尔·卢梭、道格·拉姆塞、克里斯多夫·赛林、苏菲·席勒、杨·席勒、沈东军、沈旸、阿兰·希赛、罗伯特·斯莱、西蒙·斯台普斯、沈品同、汤格致、何塞·乌亚莫兹博士、王章（音译，Wang Zhang）、华金声、大卫·韦伯斯特、杨文华、叶诗乐、周静（音译，Zhou Jing）和周林君（音译，Zhou Linjun）。

我在中国的多次旅行和多年来与那些信息提供者之间的交流是本书写作过程中奇妙的一部分。我同样要感谢基于中国内地和香港的记者所做的许多精辟报道，是他们的工作使我进一步理解了这个国家的复杂性。

档案研究方面，我要感谢怡和集团，他们允许我查看怡和洋行档案（剑桥大学图书馆，手稿和档案部）。还有波尔多葡萄酒行业协会，塔斯特·劳顿的埃里克·萨玛泽，和国家海关博物馆的桑德琳·福雷。

我以记者的身份在波尔多工作离不开《葡萄酒观察家》、梅林格《国际葡萄酒贸易杂志》和法新社的支持。我在此特别感谢我在《葡萄酒观察家》的编辑们：托马斯·马修斯、达纳·尼格罗和米奇·弗兰克。我还要感谢法新社的戴夫·克拉克、休·登特、贝纳德·埃斯特拉德、安格斯·麦金农、贝纳德·佩列格林和克莱尔·罗森伯格。特别感谢费利西蒂·卡特，是她在国际葡萄酒及烈酒展览会的新闻发布厅与我一起坐下来，鼓励我写一本关于波尔多的书。

亨利霍尔特出版社的总编保罗·葛洛布提供了他镇定自若的专业态度和鼓励。感谢设计与营销团队为本书奉献的热情，执行主编肯·拉塞尔的慧眼，副宣传总监卡罗琳·奥基夫的支持，助理编辑艾米·伊坎达出色的组织及我的编辑罗宾·丹尼斯的洞见和指导。所有的作家都需要一位优秀的经纪人，我很幸运地拥有米歇尔·泰斯勒这么好的经纪人。

写作是一项孤独的工作，而瓦伦蒂娜·布里顿、玛丽亚·伯顿、科琳·卡伯里、菲利斯·豪森、比利·克勒贝尔、彼得·米奇和爱丽·特利德曼一直激励着我，小德维·马卡姆慷慨地为我检查手稿。我的父亲供我接受一流的教育，母亲鼓励我去探索别的国度，姐姐永远站在我身旁，哥哥提醒我保持自省。最后，感谢没有选择写作生涯，却成就了本书的两位柏图斯：没有他们，就没有这本书。

注　释

本书的绝大部分信息来源于对相关事件当事人的当面采访，及作者与他们的邮件往来。一些采访是我在为法新社、梅林格《国际葡萄酒贸易杂志》和《葡萄酒观察家》报道的过程中完成的。按照“波尔多广场”的习惯，一些信息提供者希望保持匿名。历史信息来自剑桥大学的怡和洋行档案（剑桥大学图书馆，手稿、档案部），并经过了怡和集团的许可，还有波尔多市档案馆、吉伦特省档案馆、国家海关博物馆档案。货币转换基于历史汇率。

第一章　一级酒庄

作者对以下人员的采访及邮件交流提供了本章的背景信息：谢利－莱曼酒业（Sherry-Lehmann Wine & Spirits）总裁克里斯·亚当斯（Chris Adams），阿基坦葡萄酒公司（Aquitaine Wine Company）董事长让－克里斯多夫·卡尔维（Jean-Christophe Calvet），吉娜斯酒庄（Maison Ginestet）前出口经理波特兰·卡尔斯（Bertrand Carles），乔安妮酒庄（Maison Joanne）总裁皮埃尔－安东尼·卡斯蒂亚（Pierre-Antoine Castéja），哥萨克酒堡（Château Greysac）总裁菲利普·唐布瑞（Philippe Dambrine），波尔多以及吉伦特省葡萄酒协会（CVBG）前出口经理雅尼克·艾薇纽（Yannick Evenou），帝亚吉欧酒堡与酒庄酒业（Diageo Château & Estate Wines，简称 DC&E）前总监克里斯多夫·葛瑞奈（Christophe Grenaille），金玫瑰酒堡（Château Gruaud Larose）总经理大卫·洛奈（David Launay），《1855：波尔多葡萄酒分级史》（*1855*：*A History of the Bordeaux Classification*）的作者小德维·马卡姆（Dewey Markham Jr.），帝亚吉欧北美（Diageo North Amcrica）高级外事总监佐卡·麦克唐纳（Zsoka McDonald），金玫瑰酒堡所有人让·梅洛（Jean Merlaut），爱士图尔酒堡（Château Cos d'Estournel）前总经理让－古洛梅·普拉斯（Jean-Guillaume Prats），酒商集团（The Wine Merchant）董事长克里斯多夫·雷布尔·萨尔兹（Christophe Reboul Salze），葡萄酒及烈酒国际配额公司（Distribution Internationale de Vins et Alcools，简称 DIVA）总经理让－皮埃尔·卢梭（Jean-Pierre Rousseau），罗斯柴尔德男爵拉菲集团（Domaines Barons de Rothschild, Lafite）董事长兼总裁克里斯多夫·赛林（Christophe Salin），国际葡萄园集团（Vignobles Internationaux）前商务总监伊迪斯·蒂勒蒙特－因贝特（Edith Tirlemont-Imbert），图顿先生精选公司（Monsieur Touton Selection）所有人纪尧姆·图顿（Guillaume Touton），ASC 精品葡萄酒（ASC Fine Wines）总经理华金声（John Watkins），福尧贸易（Topsy Trading）的所有人叶福章（Thomas Yip）和经理叶诗乐（Vincent Yip）。

［1］"总会有人想将你取而代之"，出自作者 2013 年 9 月 18 日对让－皮埃尔·卢梭的采访。

［2］"我把 20% 的葡萄酒卖给了福尧贸易（Topsy Trading）"，出处同上。

［3］"嘉道理家族分别在房地产和公用设施两大领域崭露头角"，出自美国联合通讯社 1993 年 8 月 26 日报道，"劳伦斯·嘉道理（Lawrence Kadoorie），香港发展的领头人的逝去，享年 94 岁"。

［4］"邓小平敢于为前人之不敢为"，出自马丁·雅克（Martin Jacques）《当中国统治世界：中国的崛起和西方世界的衰落》（*When China Rules the World*：*The End of the Western World and the Birth of a New Global Order*）第二版，伦敦：企鹅图书，2012 年，第 180 页。

[5]“人均年收入约合 182 美元”，出自林毅夫，《中国与全球经济》，《中国经济学杂志》（*China Economic Journal*）第四期第一号，2011 年 10 月，第 1–14 页。

[6]“建国饭店一夜的房价在 90 美元到 120 美元之间”，出自 ASC 精品葡萄酒（ASC Fine Wines）总经理华金声（John Watkins）2014 年 11 月 19 日给作者的电子邮件，华金声在建国饭店开业后不久便入住了这家酒店。1986—1990 年，他就职于西北航空，这家公司的驻中国办事处设于建国饭店的 101 和 103 号房间。

[7]“波尔多地区的重要人物们热烈地讨论着应该送哪些葡萄酒去参展”，参小德维 · 马卡姆（Dewey Markham Jr.），《1855：波尔多葡萄酒分级史》，纽约：约翰 · 威利父子出版公司，1998 年，第 22 页。

[8]“他们收到了一封来自第戎（Dijon）的信，信中称勃艮第和香槟的酒农”，出处同上，第 21 页。

[9]“上市时再在酒瓶上贴上标签”，此时也有很多葡萄酒被酒商以一桶或半桶为单位出售。

[10]“一些酒农认为他们可以利用博览会的聚光灯”，《1855：波尔多葡萄酒分级史》，第 21 页。

[11]“他们还在博览会的陈列上使用了一张涵盖整个波尔多地区的大幅地图作为图解”，出处同上，第 98 页。

[12]“四种红葡萄酒被归为一级酒庄”，1855 年，巴萨克（Barsac）和苏岱（Sauternes）甜白葡萄酒也被列入了排名。滴金酒堡，出产那时最为著名也最为昂贵的葡萄酒，被列为了超一级酒庄。历史学者们认为以酒堡的名义出售葡萄酒应追溯到奥比昂酒堡在伦敦大火之后开设位于伦敦的“庞塔克之首”（Pontac’s Head）。

[13]“微妙的事，且可能引发敏感问题”，《1855：波尔多葡萄酒分级史》，第 106 页。

[14]“佳得美酒堡（Château Cantemerle）被增补进了五级酒庄的名单”，出处同上，第 158 页。

[15]“给面子”和“留面子”，参彭迈克（Michael Harris Bond）主编，《牛津中国心理学手册》（*The Oxford Handbook of Chinese Psychology*），牛津：牛津大学出版社，2010 年，第 492、686–87 页。

[16]“每瓶 13.71 美元的低价”，出自作者 2014 年 1 月 8 日对酒商集团董事长克里斯多夫·雷布尔·萨尔兹的访谈。

[17]“成交”，出自作者 2013 年 11 月 15 日对福尧贸易董事长叶福章和经理叶诗乐的访谈。

[18]“我需要给他们留下深刻的印象。我需要他们来投资。”出处同上。

[19]“凯泽斯被这笔巨款惊呆了。”出自作者 2013 年 9 月 24 日对靓茨伯酒堡堡主让–米歇尔·凯泽斯的访谈。

[20]“我们当时买入的价格是每瓶 60 法郎”，出自作者对叶福章和叶诗乐的访谈。

[21]“接下来，总理出人意料地向大家举起一杯红酒”，参见艾琳·贝克（Aryn Baker），《成功之甜》（*The Sweet Taste of Success*），《华夏酒报》（*China Wine News*）2009 年 5 月 26 日，网址：http://www.cnwinenews.com/html/200905/26/20090526172012.htm.

[22]“我自有办法。虽然不快，但行得通。”出自作者 2013 年 9 月 18 日对让–皮埃尔·卢梭的访谈。

[23]“我们运出了约 300 万瓶法国佐餐酒。”出自作者 2014 年 3 月 17 日对波尔多以及吉伦特省葡萄酒协会的前出口经理及法亚葡萄园（Vignobles Fayat）前总监雅尼克·艾薇纽的访谈。

[24]“福尧贸易购入了大量 1996 年和 1995 年的期酒”，出处同上。

[25]“盛名之下，波尔多所承受的压力越来越大”，罗伯特·派克（Robert Parker）的影响和马文·山肯（Marvin Shanken）的《葡萄酒观察家》（*Wine*

Spectator）杂志的成功都发挥了显著的作用。派克因为精通波尔多而获得了声名，山肯通过他的杂志表明了观点，两者都采用了非常成功的 100 分评级系统。其他的评论家和杂志也受到了两者的影响，不得不将目光聚焦到波尔多来证明其自身的诚意。

［26］“2005 年，波尔多迎来了百年难遇的好酒”，2005 年产酒自登场就一直被冠以“世纪佳酿”之名。参考，如约翰·利奇菲尔德（John Lichfield），《前所未有？专家们为令人渴望的 2005 年波尔多欢呼》（*The Best Ever? Experts Hail 2005 Vintage as a Bordeaux to Die For*），载于《独立报》（*Independent*）2006 年 4 月 8 日；杰弗瑞·T. 艾弗森（Jeffrey T. Iverson），《欢呼吧，领袖》（*Cheers Leader*），载于《时代周刊》（*Time*），2006 年 6 月 11 日；威尔·莱昂斯（Will Lyons），《2005 年波尔多：葡萄酒终结者》（*Bordeaux 2005: A Verdict on the Vintage*），载于《华尔街日报》（*Wall Street Journal*）2015 年 2 月 2 日；简西斯·罗宾逊（Jancis Robinson），《2005 年波尔多红酒》（*2005 Red Bordeaux*），载于《金融时报》（*Financial Times*）2015 年 2 月 13 日。

［27］“价格以平均 68% 的增长率不断攀升”，米奇·弗兰克（Mitch Frank），《美国的波尔多来源的崩溃》（*The Collapse of America's Bordeaux Source*），载于《葡萄酒观察家》（*Wine Spectator*）2011 年 3 月 28 日。

［28］“他支出了 2600 万美元”，叶诗乐提供的数值是 2000 万英镑；货币转换基于年末汇率。

［29］“酒堡与酒庄酒业拒绝了其配额”，这一部分关于酒堡与酒庄酒业及后来的帝亚吉欧酒堡与酒庄酒业的报道基于作者在为法新社（Agence France-Presse）和梅林格《国际葡萄酒贸易杂志》（*Meininger's Wine Business International*）工作时的采访和研究。见苏珊娜·木塔西奇（Suzanne Mustacich），《美国市场被打折的波尔多淹没》（*US Market Swamped by Discounted Bordeaux*），载于梅林格《国际葡萄酒贸易杂志》2010 年 1 月。

［30］“《纽约时报》将他称为‘超级力量’”，威廉·格兰姆斯（William

Grimes),“阿卜杜拉·西蒙,施格兰葡萄酒部主席,享年 88 岁”(Ab Simon, Chairman of Seagram Wine Unit, Dies at 88),载于《纽约时报》2011 年 1 月 4 日。

第二章 没有边界

作者对以下人员的采访及邮件交流提供了本章的背景信息:谢利 – 莱曼酒业(Sherry-Lehmann Wine & Spirits)总裁克里斯·亚当斯(Chris Adams),《纳帕山谷名册》(*Napa Valley Register*)专栏作家丹·伯格(Dan Berger),波尔多指数(Bordeaux Index)总经理盖瑞·博姆(Gary Boom),阿基坦葡萄酒公司(Aquitaine Wine Company)董事长让 – 克里斯多夫·卡尔维(Jean-Christophe Calvet),吉娜斯酒庄(Maison Ginestet)前出口经理波特兰·卡尔斯(Bertrand Carles),乔安妮酒庄(Maison Joanne)总裁皮埃尔 – 安东尼·卡斯蒂亚(Pierre-Antoine Castéja),波尔多旅游局局长、波尔多盛事委员会主席、波尔多副市长斯蒂芬·德洛思(Stephan Delaux),波尔多葡萄酒行业协会(Conseil Interprofessionnel du Vin de Bordeaux, CIVB)中国区市场顾问托马斯·朱利安(Thomas Jullien),金玫瑰酒堡总经理大卫·洛奈(David Launay),金玫瑰酒堡所有人让·梅洛(Jean Merlaut),葡萄酒及烈酒国际配额公司(Distribution Internationale de Vins et Alcools , DIVA)总经理让 – 皮埃尔·卢梭(Jean-Pierre Rousseau),历史学家、波尔多大学退休教授菲利普·卢迪(Philippe Roudié),香港经济贸易办事处资讯官琳达·桑斯伯里(Linda Sansbury),ASC 精品葡萄酒(ASC Fine Wines)董事会执行主席沈品同(Don St. Pierre Jr.),图顿先生精选公司(Monsieur Touton Selection)所有人纪尧姆·图顿(Guillaume Touton),福尧贸易(Topsy Trading)的所有人叶福章(Thomas Yip)和经理叶诗乐(Vincent Yip)。

[1]“但不久之后,许多人便开始在更远的地区进行贸易”,凭借其贸易中心的地位,几百年来波尔多在国际关系中一直尤为重要。俄国在法国的

第一个领事馆建于波尔多。1723 年 11 月 11 日，彼得大帝伊万·伊万诺维奇·阿列克谢耶夫（Czar Peter，Ivan Ivanovic Alekseev）曾作为俄国驻波尔多市的领事，以期与这个每年为其供应葡萄酒的地区建立直接的商业联系。吉莲·比赛特（Giliane Besset），“18 世纪俄国与波尔多之间的贸易关系”（Les Relations Commerciales Entre Bordeaux et la Russie aux XVIII Siècle），《俄国和苏联手册》（*Cahiers du monde russe et soviétique*）第 23 册，2 号，1982 年 4 到 6 月。附加信息源于作者在波尔多第二大学（University of Bordeaux 2）酿酒学系攻读品酒专业大学文凭（Diplôme Universitaire d'Aptitude à la Dégustation des Vins，DUAD）时，菲利普·卢迪在 2006—2007 学年度教授的课程及作者 2013 年 5 月对卢迪进行的访谈。

[2]“约瑟夫·芬威克（Joseph Fenwick）是一个葡萄酒商，同时也是一家国际船运公司的合作伙伴”，“1789 年，乔治·梅森（George Mason）写给乔治·华盛顿”，创始人在线（Founders Online），国家档案馆，网址：http://founders.archives.gov/documents/Washington/05-03-02-0011，参多萝西·图希格（Dorothy Twohig）编，《乔治·华盛顿集》（*The Papers of George Washington*）卷三，1789 年 6 月 15 日到 1789 年 9 月 5 日，夏洛茨维尔：弗吉尼亚大学出版社，1989 年，第 49–55 页。

[3]“芬威克及其伙伴的船只”，出处同上。

[4]“约瑟夫·芬威克是一个极佳的选择”，芬威克家族与梅森家族是船运事业上的合作伙伴。在 1789 年 7 月 16 日，在攻占巴士底狱两天后，托马斯·杰斐逊致信约翰·梅森（John Mason），感谢他提供一艘船。不巧的是，杰斐逊不能离开。“1789 年 7 月 16 日，托马斯·杰斐逊写给约翰·梅森”，创始人在线，国家档案馆。

[5]“当时我们总共有四个客户。如果失去两个，你就完蛋了”，出自作者 2014 年 11 月 18 日对让 – 皮埃尔·卢梭的采访。

[6]“我们是最早进行透明化的公司之一”，出处同上。

[7]“我邀请他们观看私人的电影试映”，出处同上。

[8]“叶福章行事谨慎，隐于幕后”，出处同上。

[9]“我们是得到配额的十个酒商之一”，出处同上。

[10]“中国通”，这个词原本用来指 19 世纪时在中国的通商口岸做生意的商人，但它现在指熟知中国的语言、文化和内在体系的外国企业家。

[11]“他们用其建立了一个完全的外资企业”，出自亚洲科龙精品葡萄酒集团董事会执行主席沈品同 2014 年 12 月 3 日给作者的电子邮件。

[12]“我们看到了一个即将诞生的中产阶级”，威廉 · C. 科比（William C. Kirby）和艾丽卡 · M. 岑德尔（Erica M. Zendell），《从北京吉普到亚洲科龙精品葡萄酒：一个在中国的美国家族企业的故事》，《哈佛商学院院刊》（*Harvard Business School paper*）9-314-053，2014 年 7 月 29 日。

[13]“这不是切换到中国”，沈品同 2014 年 12 月 3 日给作者的电子邮件。

[14] 1996 年 4 月 26 日，科比和岑德尔，《从北京吉普到亚洲科龙精品葡萄酒》。

[15]“他劫走了葡萄酒！”，出自作者 2012 年 10 月 15 日对沈品同的访谈。

[16]“在中国销售葡萄酒的过程中”，出处同上。

[17]“占据了圣皮尔父子 80% 的销售额”，出自科比和岑德尔，“从北京吉普到亚洲科龙精品葡萄酒”。

[18]“圣皮尔巧遇了亿万富翁吉诺 · 朗格斯 – 施华洛世奇”，出处同上。

[19]“施华洛世奇领导着他家族经营的切割水晶的商业王国”，2002 年以前，吉诺 · 朗格斯 – 施华洛世奇一直是施华洛世奇集团的“代言人”，根据汤姆 · 梅特卡夫（Tom Metcalf），《水晶宝石包装下的亿万新贵施华洛世奇》（*New Billionaire Swarovski Surfaces with Crystal Fortune*），彭博社（Bloomberg），2013 年 1 月 25 日。

[20]“已有的酒精饮料的批发商和经销商”，出自科比和岑德尔，“从北京吉普到亚洲科龙精品葡萄酒”。

［21］“说实话，如果我们是以葡萄酒商的身份来到中国”，出自作者 2012 年 10 月 15 日对沈品同的访谈。

［22］“每 4 艘法国船”，参商业档案（Faits commerciaux）第 9 号，海运部，运往广州，1842 年 7 月 1 日至 1843 年 6 月 30 日，农业部和商务部，国家海关博物馆，波尔多。

［23］“第一次鸦片战争（1840—1842）”，英国人在 1841 年就占领了香港岛，但第一次鸦片战争的正式结束是以 1842 年 8 月 29 日《南京条约》的签订为标志。这一条约正式将香港岛割让给英国。

［24］“有一次我订了一箱 1985 年的柏图斯”，参维多利亚·摩尔（Victoria Moore），《波尔多指数：博姆为你省钱？》（*Bordeaux Index*：*Boom for Your Buck*?），《电报》（*Telegraph*），2012 年 5 月 28 日。

［25］“在波尔多，没钱是一回事”，出自作者 2013 年 11 月 27 日对波尔多指数总经理盖瑞·博姆的访谈。

［26］“波尔多指数的六名员工坐在木头箱子上”，参创业团队，《盖瑞·博姆：波尔多指数》，2011 年 3 月 24 日，网址：www.startups.co.uk/.

［27］“你不是一个有账户的顾客”，出自盖瑞·博姆在波尔多指数的私人助理米歇尔·威尔逊（Michelle Wilson）2014 年 2 月 19 日给作者的电子邮件。

［28］“你按年份浏览每一种酒”，参摩尔《波尔多指数》一文。

［29］“在竞争中，你少不了要面临贬低”，参创业团队，《盖瑞·博姆：波尔多指数》。

［30］“唐英年宣布取消葡萄酒进口的 40% 的关税”，参皮特·D. 梅尔泽（Peter D. Meltzer），《香港即将成为高级葡萄酒销售的热点？》，《葡萄酒观察家》，2008 年 2 月 28 日。

［31］“唐英年作为一个爱好葡萄酒收藏的政府高官”，参陈特屏（音译，Te-ping Chen），“讽刺家瞄准香港竞选人唐英年”，《华尔街日报》，2012 年 2 月 20 日。

［32］“香港将会成为核心的物流枢纽”，出自香港特别行政区政府经济贸易办事处资讯官琳达·桑斯伯里（Linda Sansbury）于 2010 年 3 月 3 日和 15 日写给作者的电子邮件。

［33］“最高达到七折”，参苏珊娜·木塔西奇，《美国市场被打折的波尔多淹没》，载于梅林格《国际葡萄酒贸易杂志》2010 年 1 月；同作者，《帝亚吉欧抛弃了波尔多》，《葡萄酒观察家》2010 年 1 月 31 日。

［34］“这是一场屠杀”，参苏珊娜·木塔西奇，《专家称美国的波尔多价格有大屠杀的危险》，法新社 2009 年 11 月 9 日；同作者，《帝亚吉欧抛弃了波尔多》，《葡萄酒观察家》2010 年 1 月 31 日。

［35］“将 2700 箱酒运回了波尔多”，出自作者于 2009 年 12 月 18 日对金玫瑰酒堡所有人让·梅洛和金玫瑰酒堡总经理大卫·洛奈的访谈。同时参考苏珊娜·木塔西奇，《美国市场被打折的波尔多淹没》一文。

［36］“价值两亿美元”，出自《纳帕山谷名册》专栏作家丹·伯格 2009 年 11 月 27 日给作者的电子邮件及丹·伯格，《帝亚吉欧抛弃了波尔多》，《纳帕山谷名册》，2009 年 11 月 27 日。

［37］“涉及货代物流”，出自作者 2014 年 6 月 3 日对 J. F. 希勒布兰德法国亚洲区总监迪迪埃·布歇（Didier Bouchet）的访谈。

［38］“装载物早已被卸载”，出处同上。

［39］“现实是香港……”，出自 2010 年 3 月 14 日沈品同给作者的电子邮件。

［40］“有报道称，有数辆卡车过境”，出自作者 2013 年 11 月 8 日对沈品同的访谈。

［41］“公司以 46% 的平均增长率高速发展”，参科比和岑德尔，《从北京吉普到亚洲科龙精品葡萄酒》。

［42］“政府部门一般在每隔六个月左右都会进行突击检查”，同上。

［43］“我不会让他们带走父亲”，出自作者 2013 年 11 月 8 日对沈品同的访谈。

[44] 他求助于美国驻华大使：克拉克 · 兰特，由布什任命，是任期最长的美国驻华大使，于 2001 年 7 月到 2009 年 1 月在任。2014 年他担任了一家中国股权公司的顾问。

[45] “我不得不接受现实”，出自作者 2013 年 11 月 8 日对沈品同的访谈。

[46] “要解决困难，只有依靠‘关系’”，参彭迈克主编，《牛津中国心理学手册》，第 231、492、686 页。

[47] “似乎已经成为了惯例”，参谭业明《海关对中国顶级葡萄酒进口商进行了严厉打击》(*Customs Crackdown on Top Chinese Wine Importer*)，2008 年 3 月 17 日，www.jancisrobinson.com/.

[48] “仅仅基于谣言和影射”，出自简西斯 · 罗宾逊，《亚洲科龙与海关：圣皮尔的回应》(*ASC and Customs*：*Don St Pierre Sr. Responds*)，2008 年 3 月 20 日，www.jancisrobinson.com/.

[49] “谭业明曾经尝试与亚洲科龙在中国的葡萄酒教育项目上进行竞争而以失败告终”，参科比和岑德尔，《从北京吉普到亚洲科龙精品葡萄酒》。

[50] “事情的结果”，出自谭业明《中国葡萄酒市场已经成熟》(*Chinese Wine Market Comes of Age*)，2008 年 4 月 1 日，www.jancisrobinson.com/.

[51] “这里再也不是葡萄酒王国的西部荒野”，同上。

[52] “这在俚语中叫作‘九牛一毛’”，参吉姆 · 博伊斯 (Jim Boyce)，《中国海关调查：亚洲科龙高管获释》(*China Customs Investigation*：*ASC Managing Partner Out of Detention*)，2008 年 4 月 10 日，www.grapewallofchina.com/.

[53] “回首过往”，出自伊莱恩 · 库尔滕巴赫 (Elaine Kurtenbach)，《外国葡萄酒热销，中国海关调查员锁定葡萄酒进口商》(*China's Customs Inspectors Target Wine Importers as Sales of Foreign vintages Boom*)，美国联合通讯社，2008 年 3 月 31 日。

[54] “对中国内地的居民来说，这里还有其他的诱人之处”，出自作者 2013 年 11 月 15 日对香港商务及经济发展局首席助理秘书爱德华 · 于 (音译，

Edward Yu）和助理秘书白纯音（音译，Gabriel Pak Chun-yin）的访谈及白纯音 2013 年 11 月 15 日和 28 日给作者的电子邮件。

[55]“由于免除了葡萄酒的关税”，参考香港政府，《财政司司长在香港 2009 年美酒佳肴巡礼开幕式上的演讲》(*Financial Secretary's Speech at Hong Kong Wine and Dine Festival 2009 Opening Ceremony*)，新闻公告，2009 年 10 月 30 日，网址：http://www.info.gov.hk/gia/general/200910/30/P200910300327.htm.

[56] 出自领航鱼（Pilot Fish）的创建者和总经理、波尔多葡萄酒行业间理事会（Conseil Interprofessionnel du Vin de Bordeaux，CIVB）中国市场顾问托马斯・朱利安 2014 年 3 月 2 日给作者的电子邮件。

[57]“在中国，波尔多绝对是一个品牌”，出自作者 2013 年 11 月 8 日对沈品同的访谈。

第三章 葡萄种植

作者对以下人员的采访及邮件交流提供了本章的背景信息：怡园酒庄（Grace Vineyard）董事长陈芳（Judy Chan），怡园酒庄首席酿酒师热拉尔・科林（Gérard Colin），银色高地（Silver Heights）的蒂埃里・库尔塔德（Thierry Courtade），桃乐丝中国（Torres China）合伙人阿尔博托・费尔南德斯（Alberto Fernández），银色高地所有人高源，保乐力加高级酿酒师克拉格・格拉夫通（Craig Grafton），傲龙云谷（China Fine Wines）的董事长兼总经理，龙潭（Dragon's Hollow）的所有人大卫・亨德森（David Henderson），宁夏葡萄产业协会会长、贺兰晴雪酒庄总经理荣健，贝纳德・马格列葡萄园（Grands Vignobles Bernard Magrez）主席贝纳德・马格列（Bernard Magrez），葡萄酒及烈酒国际配额公司（Distribution Internationale de Vins et Alcools ，DIVA）总经理让－皮埃尔・卢梭（Jean-Pierre Rousseau），美酒集团（Fine Vintage）远东地区非执行董事大卫・韦伯斯特；罗斯柴尔德男爵拉菲集团（Domaines

Barons de Rothschild，Lafite）董事长兼总裁克里斯多夫·赛林（Christophe Salin）。

［1］“我的祖父到这里时带着一匹马、两名士兵和一支枪”，出自作者2013年11月4日对银色高地所有人高源的访谈。

［2］“宁夏95%的人口都是文盲”，出自《中华人民共和国国务院新闻办公室白皮书》“少数民族政策及其在中国的实践：三、民族区域自治”，2000年6月，网址：http://www.china.org.cn/e-white/4/4.3.htm.

［3］“它会侵占人们生存发展的空间”，参陈英奇（音译，Cheng Yingqi），《改造沙漠地区》（*Desert Land Set to Be Reclaimed*），《中国日报》（*China Daily*）2013年3月21日。

［4］“改造了5400英亩沙漠，移走了4.5亿立方英尺的沙子”，参保罗·怀特（Paul White），《宁夏领航西部大开发战略》（*Ningxia Spearheads Western Development Strategy*），中国国际技术智力合作有限公司（China International Intellectech Corporation）2000年10月9日。

［5］“在20世纪90年代中期，银川曾经举办了一次葡萄酒会议”，出自作者2013年11月5日对宁夏葡萄产业协会会长、贺兰晴雪酒庄总经理荣健的访谈。

［6］“李华最近创办了葡萄酒学院”，参《亚洲第一所葡萄酒学院在中国建立》（*First Grape Wine College in Asia Established in China*），《亚太生物技术双周刊》（*Asia Pacific Biotech News*），1997年10月13日，1，第5号，第131页。

［7］“1979年11月”，出自作者2015年4月21日对人头马君度集团（Rémy Cointreau）董事长兼王朝酒业集团副董事长弗朗西斯·埃利亚尔–杜明尼的访谈。

［8］“天津是离北京最近的港口城市”，从15世纪以来，天津就兼具军港

和贸易中心的双重身份，在鸦片战争后，建立了公共租界，成为了通商口岸。

[9]"聂荣臻元帅在1958年赴东欧进行政治访问时爱上了香气馥郁的白葡萄酒，在那之后，保加利亚政府特意种植"，参克里斯多佛·S.雷恩（Christopher S. Wren），《长城葡萄酒在葡萄酒竞赛中为中国赢得了奖牌》（*Great Wall Wins Medal for China-in Wine Contest*），《纽约时报》通讯社（*New York Times, News Service*），1983年11月25日。

[10]"一位法国的牧师曾于1910年在离颐和园不远的地方建立了教堂酒庄"，参北京市旅游发展委员会网站：www.visitbeijing.com.cn.

[11]"天津市提供电力、水源及工人，人头马则提供设备和技术"，参《天津酒庄开始在中国生产葡萄酒》（*Château Tianjin Begins Making Wine in China*），美国联合通讯社，1980年9月1日；与天津王朝国际酒业副总经理克里斯蒂娜·赵（音译，Christina Zhao）的邮件往来；作者2015年4月21日对弗朗西斯·埃利亚尔－杜明尼的访谈。

[12]"人头马所投入的资金"，出自作者2015年4月21日对弗朗西斯·埃利亚尔－杜明尼的访谈。

[13]"因为人头马急切地想在中国站稳脚跟"，对天津市和人头马在1979年和1980年进行的协商的描述基于作者2015年4月21日对弗朗西斯·埃利亚尔－杜明尼的访谈，以及其与天津王朝国际酒业副总经理克里斯蒂娜·赵的邮件往来。

[14]"为每1磅追加1.3元的补贴，约合21美分"，参克里斯多佛·雷恩，《没有传统的王朝》（*Dynasty Without Tradition*），《纽约时报》，1983年11月11日。

[15]"生产出了10万瓶葡萄酒"，参《天津酒庄开始在中国生产葡萄酒》，美国联合通讯社，1980年9月1日。

[16]"装在麻袋里，肮脏"，参雷恩，《没有传统的王朝》。

[17]"中国还没有出口葡萄酒的物流业"，出自作者2014年1月3日对

美酒集团（Fine Vintage）远东地区非执行董事大卫·韦伯斯特的访谈。

［18］“电视上最热门的节目就是电视剧”，出处同上。

［19］“法国的保乐力加酒业与北京友谊酒庄达成合作协议”，这件事发生在 1987 年。北京友谊酒庄的前身是 1910 年在北京的一个天主教堂的庄园里创立的上义洋酒厂，1949 年以后改名为北京葡萄酒厂。其原址接近北京的城墙，1957 年迁到了城外。杨成燕（音译，Yang Cheng-Yen），《杯酒之外》（*More of the Cup That Cheers*），《北京周报》（*Peking Review*），45 号，1961 年 11 月 10 日。

［20］“医生们也宣传在夜间饮用葡萄酒有益健康”，对中国肥皂剧和认为在夜间饮用葡萄酒有益健康的观察出自作者 2010 年 3 月 25 至 27 日对波尔多葡萄酒行业协会中国区市场顾问托马斯·朱利安的访谈。

［21］“高级葡萄酒和冰激凌的组合在菜单上被极力推荐”，参苏珊娜·木塔西奇《葡萄酒引领中国潮流》（*Wine Woos China's Chic*），法新社，2010 年 7 月 14 日。

［22］“在王朝酒业总部”，王朝酒业的城堡在 2010 年 11 月向公众开放。

［23］“这是一个谦虚的选择”，参费利西蒂·卡特（Felicity Carter），《王朝董事长畅谈中国的未来》（*Dynasty's Chairman Discusses the Future of Chinese*），梅林格《国际葡萄酒贸易杂志》，2011 年 7 月 14 日。作为中国第二家合资企业的董事长，白智生是天津市的重要人物。除了任职于王朝酒业和天津发展控股有限公司以外，他还是天津农垦集团总经理及天津发展附属的天津天宫葡萄酿酒有限公司的董事长。2014 年 1 月 29 日，他辞去王朝酒业董事长一职。

［24］“事情的转机发生在 1999 年”，出自作者 2013 年 11 月 4 日对高源的访谈。代表团包括了来自政府、银行业、农业和教育界的人士。

［25］“高林和妻子小心翼翼地将每一株葡萄藤都埋在土里”，宁夏所有的葡萄园都必须这样做，通常还需要雇用大量临时工来确保葡萄藤不会因为严

寒或折断而死亡。另参艾丽卡·伯恩斯坦（Erica Bernstein），《中国：葡萄酒世界中行走的巨人》（*China*：*The Wine World's Waking Giant*），《葡萄酒搜寻者》（*Wine Searcher*），2012 年 9 月 14 日。

［26］“一开始有两个蒂埃里”，出自作者 2013 年 11 月 4 日对高源的访谈。

［27］“不仅如此，进口葡萄酒的关税高达 365%”，出自作者 2013 年 9 月 24 日对傲龙云谷的董事长兼总经理，龙潭的所有人大卫·亨德森的访谈。

［28］“我赔了本”，出自作者 2013 年 9 月 24 日对大卫·亨德森的访谈。

［29］“有人建议他试一试波尔多”，出处同上。亨德森从他的朋友约翰·施瓦茨（John Schwartz Sr.）处得到了这个建议，施瓦茨是加利福尼亚州利弗莫尔威迪兄弟（Wente Brothers）的副董事长。讽刺的是，施瓦茨没有向他推荐加利福尼亚红酒而是将他推到了波尔多。

［30］“名特商贸已经成为在中国最大的经销商”，在 2011 年 1 月，罗斯柴尔德男爵拉菲将首席经销权授予了亚洲科龙精品葡萄酒。

［31］“黄海之滨的胶南”，在 2012 年，胶南被归入青岛市的黄岛区。

［32］“在中国修建的建筑很宏伟”，出自作者 2012 年 10 月 11 日对贝纳德·马格列葡萄园主席贝纳德·马格列的访谈。

［33］“他开辟出一块占地 20 英亩的试验田”，出自《中国：止渴的新路》（*Chine*：*la nouvelle route de la soif*），1997 年 6 月 5 日，网址：www.LSA.fr/.

［34］“我的目标是生产出能在短时间内达到适饮期”，出处同上。

［35］“这是一款出色的酒，十分畅销”，出自作者 2012 年 10 月 11 日对贝纳德·马格列的访谈。

［36］“第十二经济顾问”，出自《中国：止渴的新路》。

［37］“所以，你需要分享这些利润”，同上。

［38］“我们两手空空地走了，一切都留在了那里”，同上。

［39］“保乐力加也从龙徽撤出”，参米歇尔·贝尔比（Michael Belby），《向高端市场进军：保乐力加向中国发起葡萄酒之战》（*Moving Upmarket*：*Pernod-*

Ricard Takes the Wine Fight to China），2013 年 3 月 8 日，网址：www.brw.com.au/.

［40］“就像其他的大公司一样”，出自作者 2013 年 9 月 24 日对大卫·亨德森的访谈。

［41］“在王朝酒业，人头马也将自己的员工调出了天津”，其他合资企业也分崩离析，比如施格兰撤出了颐和园；君度撤出了故宫；新龙和洋酒（香港）（Hiram Walker Wines & Spirits，HK），英国联合多美（Allied Domecq）的子公司，撤出了青岛的华东酒厂。参埃里克·肖尔（Eric Chol），《黄金国的骗局》（*On s'est trompé d'eldorado*），《快报》（*L'Express*），2002 年 10 月 31 日。

［42］“当飞机降落在宁夏”，出自作者 2015 年 2 月 20 日对大卫·亨德森的访谈。

［43］“这是一项规模巨大的再生工程”，出自作者 2015 年 3 月 3 日对大卫·亨德森的访谈。

［44］“这些龙眼是如此强势”，出处同上。

［45］“北京的国有食品集团”，即中国粮油食品集团（COFCO），曾叫作中国粮油食品进出口总公司（CEROILS），在中国对西方开放时拥有对葡萄酒进口的垄断权。

［46］“于 2005 年上市了第一批酒”，当保乐力加从中国政府手里买下贺兰山酒厂时，亨德森做成了一笔交易。因为他已经非常明智地对贺兰山品牌进行了商标注册。他以这个商标为交换条件从保乐力加处获得了酿酒上的合作。

［47］“我们是直接缔造者”，出自作者 2015 年 2 月 20 日对大卫·亨德森的访谈。

［48］“场面十分平静”，出自作者 2015 年 3 月 3 日对大卫·亨德森的访谈。

［49］“2% 的销售提成”，参威廉·C. 科比（William C. Kirby），陈世达（音译，Michael Shih-ta Chen）和王志宏（音译，Keith Chi-ho Wong），《山西的产区：怡园酒庄》（*Appellation Shanxi*：*Grace Vineyard*），《哈佛商学院案例研究》（*Harvard Business School case study*）9-309-075，2013 年 2 月 20 日，第 2 页。

[50]“与我的欧洲合作伙伴们相处得越多”，出处同上。

[51]“他几年前到了香港”，出自作者 2014 年 1 月 7 日对怡园酒庄首席酿酒师热拉尔·科林的访谈。

[52]“她的副总经理，一个学数学出身的中国人向她解释道：‘官员们只对短期收益感兴趣’”，参科比，陈和王，《山西的产区：怡园酒庄》，第 3 页，及作者 2013 年 11 月 11 日对怡园酒庄董事长陈芳的访谈。

[53]“在税款看似偏低时所收取的额外罚款”，参科比，陈和王，《山西的产区》，第 4 页。

[54]“在前一夜采摘下这些葡萄，卖给了别人”，出自作者在 2010 年 5 月 25 日在香港举办的国际葡萄酒及烈酒展览会上对怡园酒庄首席酿酒师、葡萄栽培师肯·莫其森的访谈。

[55]“她不适合干营销”，出自作者 2014 年 12 月 10 日对桃乐丝中国合伙人阿尔博托·费尔南德斯的访谈。

[56]“如此少量，但如此出色”，出处同上。

[57]“这是中国的第一款‘车库酒’”，“车库酒”一词指规模小到和一个车库差不多大的迷你酒庄所少量出产的葡萄酒。

第四章　幸运红

作者对以下人员的采访及邮件交流提供了本章的背景信息：谢利 – 莱曼酒业（Sherry-Lehmann Wine & Spirits）总裁克里斯·亚当斯（Chris Adams），布里斯托的艾弗里（Averys of Bristol）所有人约翰·艾弗里（John Avery），波尔多指数（Bordeaux Index）总经理盖瑞·博姆（Gary Boom），阿基坦葡萄酒公司（Aquitaine Wine Company）董事长让 – 克里斯多夫·卡尔维（Jean-Christophe Calvet），金氏夫妇，班尼酒窖（Banny Wine Cellars）所有人崔启荣（Bandy Choi），波尔多地区葡萄酒和烈酒中介联盟（Syndicat Régional des Courtiers de Vins et Spiritueux de Bordeaux）、吉伦特省和西南（de la Gironde et du Sud-Ouest）主席泽维尔·库姆（Xavier Coumau），勒克莱克连锁超市（E. Leclerc supermarket chain）波尔多买手迪迪埃·库斯图（Didier Coustou），Delphine de la Fouchardière 出口总监多米尼斯·阿尔伯特·比索（Domaines Albert Bichot），伦敦国际葡萄酒交易所（Liv-ex Fine Wine Exchange）主管贾斯汀·戈比斯（Justin Gibbs），波尔多指数销售主管山姆·格里夫（Sam Gleave），格雷泽高级葡萄酒（Fine Wines，Glazers）前副总裁詹姆斯·甘特（James Gunter），依夫莫（Yvon Mau）前首席执行官菲利普·拉格施（Philippe Laqueche），葡萄酒及烈酒国际配额公司（Distribution Internationale de Vins et Alcools ，DIVA）网络部协调员安东尼·米歇尔（Antonin Michel），香港商务及经济发展局首席助理秘书爱德华·于（音译，Edward Yu）和助理秘书白纯音（音译，Gabriel Pak Chun-yin），爱士图尔酒堡（Château Cos d'Estournel）前总经理让－古洛梅·普拉斯（Jean-Guillaume Prats），酒商集团（The Wine Merchant）董事长克里斯多夫·雷布尔·萨尔兹（Christophe Reboul Salze），葡萄酒及烈酒国际配额公司总经理让－皮埃尔·卢梭（Jean-Pierre Rousseau），波尔多指数亚太地区常务董事道格·拉姆塞（Doug Rumsam），罗斯柴尔德男爵拉菲集团（Domaines Barons de Rothschild，Lafite）董事长兼总裁克里斯多夫·赛林（Christophe Salin），贝瑞兄弟与路德销售与市场主管西蒙·斯台普斯（Simon Staples），ASC 精品葡萄酒（ASC Fine Wines）董事会执行主席沈品同（Don St. Pierre Jr.），皇后洋行有限公司（Wong Hau Plastic Works & Trading Company）的副总裁汤格致，稀有、优质葡萄酒（Rare & Fine Wines）总经理 K. K. 黄（音译,K. K. Wong），葡达酒业（Producta）中国经理周静（音译，Zhou Jing）。

本章的信息还包含我自己在这个时期的持续报道中的观察，包括一年一度的波尔多桶边试饮。

［1］"这简直太疯狂了"，出自作者 2014 年 1 月 8 日对克里斯多夫·雷布

尔·萨尔兹的访谈。

[2]“酒桶”(tonneau)所报出的均价，最初的销售单位是在船运中用于储存和运输各种货物的桶，而船的运载量是以所能承载这种900升的桶的数量来计量的。到18世纪为止，波尔多的制桶人将桶的容量缩小到了225升，相当于300瓶酒，但批发酒业仍使用旧有单位“桶”来计量。

[3]“每桶950欧元”，参朱莉·弗莱兹(Julie Fraysee)，“Les vendanges 2009 dans le Bordelais s’annoncent sous de très bons auspices”，法新社，2009年9月4日。另参作者对波尔多葡萄酒行业协会新闻发布会的报道。

[4]“普通波尔多葡萄酒的售价仅为每桶650欧元”，基于作者当时的报道和参加波尔多葡萄酒行业协会新闻发布会的见闻及波尔多地区葡萄酒和烈酒中介联盟(Syndicat Régional des Courtiers de Vins et Spiritueux de Bordeaux)，吉伦特省和西南(de la Gironde et du Sud-Ouest)主席泽维尔·库姆(Xavier Coumau)2015年3月6日给作者的电子邮件。

[5]“一级酒庄们还是要接待多达1800人”，参塞萨尔·康帕德累(César Compadre)，《期货热：来自2009年波尔多期酒周的现场报道》(*Futures Fever: Live from the Bordeaux 2009 ‘en primeurs’ week*)，《西南报》(*Sudouest*)，2010年3月31日。

[6]“永隆银行”，参艾琳·麦考伊(Elin McCoy)，《中国银行贷款给银行投资者，称“现在享用，以后付款”》(*Chinese Bank Loans to Bank Investors Say, Drink Now, Pay Later*)，彭博社(Bloomberg)，2011年11月27日。

[7]“1996年的全国人民代表大会”，这次大会通过了第九个五年计划，包括从1996年到2000年的时间段。

[8]“路明为王朝酒业在波尔多下了第一笔订单”，出自作者2014年2月17日及20日与天津王朝国际酒业副总经理克里斯蒂娜·赵(音译，Christina Zhao)的邮件往来，及2014年3月11日与天津王朝国际酒业总经理路明的邮件往来(由天津王朝国际酒业品牌部的安吉丽娜·李翻译、寄送)。

［9］“厦门建发集团的供应链和房地产业务的市值高达1150亿美元”，参建发集团官方网站，网址：http://www.cndwine.com/en/AboutUsManage/aboutUsIndex.aspx.

［10］“二线”，将中国的城市划分为“二线”“三线”等，更多的是一种艺术而非科学。例如，有一些名单不论人口和发达程度，将21个省会城市都列入了二线。厦门被《中国商业评论》（*China Business Review*）评定为“新兴的二线城市”。参理查德·克莱格（Richard Craig）和杰奎琳·张（音译，Jacqueline Qiang），《中国新兴的二线城市：美国公司的机遇》（*China's Emerging Tier 2 Cities: Opportunities for U.S. Companies*），《中国商业评论》，2010年11月1日。

［11］“当建发集团在1998年分出建发酒业时”，出自作者2014年2月12日对建发酒业总裁杨文华的访谈。

［12］“这笔生意在2006年最终敲定”，出处同上。

［13］“一年后，杨文华会见了弗雷德里克·德·露丝男爵”，出自作者2013年9月5日对特等酒庄的弗雷德里克·德·露丝的访谈。

［14］“建发酒业已经成为了在中国的独家经销商”，参建发酒业官方网站：http://www.cndwine.com/en/AboutUsManage/aboutUsIndex.aspx.

［15］“金氏夫妇”，出自作者在2010~2014年间对金氏夫妇的多次访谈。这对夫妇要求只公开他们的姓氏。

［16］“康斯坦丁·尼古拉耶维奇大公”，参马卡姆，《1855：波尔多葡萄酒分级史》，第174页。

［17］“玛歌酒堡1847年产酒当时的售价是每桶2100法郎”，参马卡姆，《1855：波尔多葡萄酒分级史》，附件三，第380~381页。

［18］“精明的新兴酒商都在寻求独家经销权”，出自作者2014年4月9日对拉古杰酒商集团首席执行官伊曼纽尔·马丁的访谈。

［19］“她2009年7月开办这个学校”，出自戛法培训总监马林2010年3

月 14 日给作者的电子邮件。

[20]“他身在香港的销售主管山姆·格里夫”，出自作者 2010 年 4 月 26 日与波尔多指数销售主管山姆·格里夫的邮件往来，以及波尔多指数的市场主管劳伦·谢尔逊（Lauren Shalson）在 2010 年 4 月 26 日以电子邮件寄给作者的《波尔多指数新闻稿》，题为“波尔多指数针对中国波尔多 2009 年的欺诈发出警告”。

[21]“酒堡还尚未正式公开酒价，葡萄酒也还没上市，”出自作者 2013 年 11 月 27 日对盖瑞·博姆的访谈。

[22]“伦敦国际葡萄酒交易所为自己辩护”，参亚当·莱奇米尔（Adam Lechmere），《伦敦国际葡萄酒交易所 2009 年拉菲销售引发民愤——附回应》，《醇鉴》，2010 年 6 月 1 日。

[23]“周围有太多把戏”，出处同上。

[24]“奥比昂和拉图公布的第一批酒批发价为每瓶 500 美元”，参本·奥唐奈（Ben O’Donnell），“2009 年波尔多价格破纪录”，《葡萄酒观察家》2010 年 6 月 24 日。

[25]“拉菲允许卡旭德拉菲将价格较之 2005 年产酒上调 89%”，参莱奇米尔，《伦敦国际葡萄酒交易所 2009 年拉菲销售引发民愤——附回应》。

[26]“信誉良好的商家”，出处同上。

[27]“他们完全不能给消费者”，参简·安森（Jane Anson），《2009 年波尔多：像福音般涌入市场，马利哥价格达 2008 年的三倍》，《醇鉴》，2010 年 6 月 17 日。

[28]“你不能买到波尔多”，出自作者 2013 年 10 月 17 日对国际葡萄园集团商务总监伊迪斯·蒂勒蒙特 – 因贝特的访谈。

[29]“我告诉他我不会以每瓶一欧元的价格出售葡萄酒”，这位博纳酒商公司的出口总监要求匿名。作者在 2015 年 3 月 11 日以电子邮件再次向其确认了 2010 年谈话中所说的中国买家的要求。

第五章 酒堡热

对苏富比拉菲和首凯实业的拍卖的描写，基于对苏富比美洲及亚洲的总经理兼董事长杰米·里奇、苏富比亚洲区葡萄酒部负责人罗伯特·斯莱、罗斯柴尔德男爵拉菲集团董事长兼总经理克里斯多夫·赛林及本质公司首席执行官菲利普·巴比隆（Philippe Papillon）的访谈。

本章的信息来源还包括麦克斯韦－斯托里－贝恩斯（Maxwell-Storrie-Baynes）执行合伙人米歇尔·贝恩斯（Michael Baynes），波尔多工商协会（Bordeaux Chamber of Commerce and Industry，CCIB）国际旅游发展部副经理蒂埃里·夏邦杰（Thierry Charpentier），防空洞酒窖总经理格雷戈里·迪耶布（Gregory De'eb），柏菲露丝酒堡所有人、LD 葡萄酒（LD Vins）首席执行官弗雷德里克·德·露丝，中华人民共和国教育部副部长、联合国教科文组织主席郝平，圣克里斯多夫酒堡（Château Tour Saint-Christophe）所有人郭炎（Peter Kwok），维特克斯（Vintex）合伙人菲利普·拉西（Philippe Larché），麦克斯韦－斯托里－贝恩斯中国市场总监李莉娟（曾协助张金山收购一个酒堡），海昌副总经理林约翰（音译，John Lin），麦克斯韦－斯托里－贝恩斯执行合伙人卡林·麦克斯韦（Karin Maxwell），葡萄酒文化中心（Centre Culturel du Vin）总监菲利普·马索尔（Philippe Massol），阿基坦大西洋土地开发和乡村聚落联合会（Safer Aquitaine Atlantique）、吉伦特省总监埃尔韦·奥利维尔（Hervé Olivier），酒商集团董事长克里斯多夫·雷布尔·萨尔兹，葡萄酒及烈酒国际配额公司总经理让－皮埃尔·卢梭，通灵（Tesiro）总裁沈东军，建发酒业总裁杨文华。

［1］“两人都坚信现在全球的葡萄酒市场都由亚洲主宰”，对拍卖的描写基于作者 2014 年 5 月 5 日对苏富比葡萄酒部美洲及亚洲的总经理兼董事长杰米·里奇的访谈，及 2014 年 4 月 22 日对苏富比葡萄酒部亚洲区葡萄酒负责人罗伯特·斯莱的访谈。

［2］“斯莱初次接触到葡萄酒”，出自作者对罗伯特·斯莱的访谈。

[3] 2007 年罗斯柴尔德木桐酒堡的出窖拍卖，名酒拍卖会（Aulden Cellars-Sotheby's），"苏富比的历史性葡萄酒拍卖，罗斯柴尔德木桐酒堡：菲利普女爵私人酒窖的珍品以 2223417 美元成交，远超估价"，新闻稿，2007 年 2 月 28 日。

[4] "拉菲被运到了香港新界的屯门"，出自作者对杰米·里奇的访谈。

[5] "这里有五星级宴会的派头"，对拍卖的描写基于作者杰米·里奇和罗伯特·斯莱的访谈。

[6] "一年后"，出自作者对 2014 年 7 月 2 日对克里斯多夫·赛林的访谈。

[7] "最后的成交价达到了 171579 美元"，全部的价格和货币转换来自苏富比官网（Sothebys.com ）和苏富比的目录（Lafite Ex Cellars），香港，2010 年 10 月 29 日。

[8] "拍卖进行得如此之快"，出自斯莱 2015 年 4 月 1 日给作者的电子邮件。

[9] "海昌的行政人员注意到了香港美酒佳肴巡礼的成功"，出自作者 2014 年 1 月 23 日对波尔多工商协会国际旅游发展部副经理蒂埃里·夏邦杰的访谈。

[10] "海昌集团还修建了其他一些主题公园"，参金石滩国家旅游度假区官方网站，2015 年 3 月 8 日，http://english.jinshitan.com/picture/show/96.aspx；和发现王国英文网站，2015 年 3 月 8 日，http://www.discoveryland.cn.

[11] "从 1200 个酒堡买入 100 瓶葡萄酒"，基于作者在波尔多工商协会 2011 年 6 月 18 日举行的新闻发布会上搜集到的信息，以及对蒂埃里·夏邦杰的访谈。

[12] "曲乃杰，大连海昌的创始人，控股股东"，出自大连海昌，《历史，重组与企业架构》，披露易（HKExnews.hk），2014 年 2 月 28 日。http://www.hkexnews.hk/listedco/listconews/SEHK/2014/0228/02255_1853474/E116.pdf.

[13] "曲乃杰曾邀请协会会长访问大连"，出自作者对蒂埃里·夏邦杰

的访谈。

[14]“在《福布斯》排行榜上”，参范鲁贤（Russell Flannery），“福布斯中国富豪榜上的头号新星”，《福布斯》，2011 年 9 月 13 日。2009 年，曲乃杰在《福布斯》上位列第 114；2010 年，位列第 189；2011 年，位列第 216，但公布的财富总额都是估计值，而且许多富豪的排名接近。

[15]“法国最高法院却站在了拉菲酒堡一边”，参亚历山德拉・阿贝兰（Alexandre Abellan），《各就各位：拉菲对拉菲（罗斯柴尔德），城堡之战继续》[*A Vos Marques*：*Lafitte Contre Lafite*（*Rothschild*），*La Guerre des Châteaux Continue*]，Vitisphere 网站，2014 年 2 月 7 日。

[16]“最初，英国人、荷兰人和爱尔兰人来了”，出自作者 2011 年 3 月 1 日对梅多肯特级酒庄公司（Compagnie Médocaine des Grands Crus）首席执行官，波尔多葡萄酒行业协会前会长乔格思・豪沙尔特的访谈；苏珊娜・木塔西奇，“在葡萄酒繁荣中，中国人买下波尔多城堡”，法新社，2011 年 3 月 3 日。

[17]“对海昌的情况进行了考察”，出自作者对蒂埃里・夏邦杰的访谈。

[18]“曲乃杰给了他法国总经理一职”，出自作者对蒂埃里・夏邦杰的访谈及作者 2011 年 6 月在波尔多工商协会新闻发布会上的报道。

[19]“菲利普・拉乌走进他位于梅多克的旅游园区酒庄”，对酒庄旅游园区被中粮集团收购一事的描写基于作者 2013 年 10 月 17 日对阿尔萨克酒堡所有人及酒庄旅游园区前所有人菲利普・拉乌的访谈，苏珊娜・木塔西奇，“中国在波尔多投下大注”，《葡萄酒观察家》，2011 年 2 月 7 日。

[20]“正是中粮集团酒品类的总经理吴飞”，出自作者对菲利普・拉乌的访谈。

[21]“长城葡萄酒，其年销售量高达 1.2 亿瓶”，参兰兰（音译，Lan Lan）和奔月（音译，Ben Yue），《中粮集团将收购更多的海外葡萄园》，《中国日报》，2011 年 4 月 28 日。

[22]“600 亿美元”，参理查德・斯洛克（Richard Silk）和叶春伟（音

译，Chuin-wei Yap），《中国粮食公司将在未来首次公开募股》，《华尔街日报》，2014 年 10 月 28 日。

［23］“开始从海外购买黄豆、谷类和其他食品资源”，参德科特·罗伯茨（Dexter Roberts），《中国人想要自己的嘉吉公司》，《彭博商业周刊》（*Bloomberg Businessweek*），2014 年 3 月 20 日。

［24］“位于拉朗德德波美侯的葡萄园只值 18.4 万美元”，基于作者在多年间与阿基坦大西洋安全部（Safer Aquitaine Atlantique），吉伦特省，总监，埃尔韦·奥利维尔（Hervé Olivier）关于葡萄园交易和地价的讨论，包括在 2011 年 6 月 27 日和 2012 年 9 月 26 日的两次具体讨论。

［25］“我们计划”，出自中粮集团副总裁迟京涛于 2011 年 2 月 16 日在酒庄旅游园区举行的新闻发布会上的讲话。

［26］“我总是在想同一个问题”，出自作者 2012 年 2 月 2 日对通灵总裁沈东军和营销总监周林君的访谈。

［27］“中国有越来越多的消费者正在学会喝法国葡萄酒”，出处同上。

［28］“两周之内我们就被完全击败了”，出自作者 2011 年 3 月 1 日对沈东军和周林君的访谈。

［29］“将自己所有的酒都从波尔多直接运回中国”，出自作者 2012 年 2 月 2 日对沈东军和周林君的访谈。

［30］“邀请他的新朋友”，出自作者 2012 年 2 月 2 日对沈东军的访谈。

［31］“2003 年分级被宣布无效”，2003 年的中级酒庄分级仅仅涵盖了 247 个酒庄，经过多次上诉，最终在 2007 年被法庭宣布废止。

［32］“他心满意足地向梅多克宣誓”，基于作者的现场采访和 2012 年 2 月 2 日对沈东军的访谈。

［33］“不胜枚举”，参木塔西奇，《在葡萄酒繁荣中，中国人买下波尔多城堡》。

［34］“这些中国所有者只代表了市场的极小部分”，参金·威尔舍（Kim

Willsher),《中国买家抢购法国酒庄》,《电报》, 2011 年 3 月 20 日。

［35］“中国投资者至少在波尔多买下了 30 个酒堡”，波尔多工商协会记录了公开的中国收购。他们的数据不包括机密的收购。出自波尔多工商协会中国市场部食品酒品业项目经理伊曼纽尔勒·福格诺（Emmanuelle Fragnaud）2011 年 5 月 24 日和 12 月 2 日给作者的电子邮件；对蒂埃里·夏邦杰的访谈；劳伦斯·勒迈尔（Laurence Lemaire),《酒红色的中国》(*Le Vin Le Rouge*，*la Chine*),塞壬生产版（Sirène Production Edition)，2014 年 2 月 19 日，每周网络更新。

［36］“最大的区别是，在中国”，出自作者 2011 年 3 月 1 日对沈东军和周林君的访谈。

［37］“再买两个酒堡，这样，他的三个孩子”，郭炎买下了位于波美侯的占地 7 英亩的帕塔西酒堡（La Patache）和圣克里斯托夫代巴尔代（Saint-Christophe-des-Bardes）的圣克里斯多夫酒堡（Château Tour Saint-Christophe)。出自作者 2014 年 4 月 10 日对郭炎的访谈。

［38］“这块地十分便宜，每 2.5 英亩仅仅价值 27000 美元”，参提宝特·多玛德（Thiébault Dromard),《一个中国集团接管拉图拉甘》(*Une groupe chinoise s'empare du vignoble du château Latour-Laguens*),《费加罗报》(*Le Figaro*)，2008 年 1 月 30 日。为了方便美国读者，全书的货币都以历史汇率换算成美元。

［39］“起步价为每瓶 40 美元，目标价为每瓶 500 美元”，参艾琳·麦考伊(Elin McCoy),《嗜酒的中国人购买每瓶 470 美元的大陆葡萄酒》(*Oenophile Chinese Purchase Bordeaux for $470 Mainland Bottles*),《彭博新闻》(*Bloomberg News*)，2012 年 2 月 24 日；及提宝特·多玛德，“一个中国集团”。

［40］“很多年前我就知道”，出自作者 2013 年 5 月 31 日对罗兰制酒（Rolland Oenologie）首席酿酒师及联合所有者米歇尔·罗兰的访谈；及露西·肖（Lucy Shaw),《罗兰悲伤地卖掉邦巴斯德》,《酒饮商务》(*The Drinks Business*)，2013 年 6 月 12 日。

[41] "将酒堡的名字由 L'Angélus 改为 Angélus",许多人提供了此事的记载,包括小德维・马卡姆和柏图斯・德斯伯(Pétrus Desbois)。

[42] "杨正在进行访问",出自作者 2014 年 1 月 8 日对克里斯多夫・雷布尔・萨尔兹的访谈和 2014 年 1 月 12 日对建发酒业总裁杨文华的访谈。

[43] "他们不管我们是否卖出了这些酒",出自作者 2013 年 9 月 8 日对匿名波尔多酒商的访谈。

[44] "他们很紧张",参科拉尔・巴雷特(Claer Barrett),《波尔多泡沫消蚀对佳酿的胃口》,《金融时报》,2011 年 6 月 17 日。

[45] "挑战之一将是说服那些",出自作者 2013 年 9 月 24 日对维特克斯合伙人菲利普・拉西的访谈,帕诺思・卡卡未妥思(Panos Kakaviatos),《中国政府批准葡萄酒投资基金》,《醇鉴》,2011 年 10 月 30 日。

[46] "这里已经有太多水",出自作者 2012 年 2 月 17 日对大慕爱酒堡所有人张金山和酒堡经理及翻译者李莉娟的访谈。另见苏珊娜・木塔西奇,《中国大亨抢购波尔多酒堡》,法新社,2012 年 2 月 21 日。

[47] "我们都担心他的下场如何",出自作者 2013 年 11 月 4 日对匿名宁夏酿酒商的访谈。

第六章 品牌的价值

对在中国的调查的描写基于对尼克・巴特曼的访谈和作者与其的邮件往来,以及由巴特曼撰写并发布在简西斯・罗宾逊网站上的博文。本章的其他信息来源还包括 Cabinet Eric Agostini et Associés 的汉娜・阿戈斯蒂尼(Hannah Agostini),波尔多葡萄酒行业协会总经理法比安・博瓦(Fabien Bova),波尔多葡萄酒行业协会通讯 Christophe Chateau; Sodema Conseils 的凯瑟琳・德劳(Catherine Delaud),依夫莫出口经理布鲁诺・费南思(Bruno Finance),米歇尔・格内特酒坊(Michel Gonet et Fils)出口经理查尔斯 – 亨利・格内特(Charles-Henri Gonet),波尔多葡萄酒行业协会中国区市场顾问托马斯・朱利安，中国戛法培训前总监马林，万慧达知识产权代理有限公司法律顾问保罗·兰佳德（Paul Ranjard），希赛酒业首席执行官阿兰·希赛（Allan Sichel），罗斯柴尔德男爵拉菲集团董事长兼总裁克里斯多夫·赛林，Lex Wine，INLEX 部门经理让–巴蒂斯特·提尔·德·博尔德纳夫（Jean-Baptiste Thial de Bordenave）。作者试图通过电子邮件等方式联系张太洋，但没有得到回应。

［1］“可以说离北京越远”，参尼克·巴特曼，《衔边的造假业》，《知识产权》（*Intellectucl Property*），2015 年 3 月。

［2］“如果北京全力出击”，出处同上。

［3］“行政管理机关不能时时刻刻地在任何情况下控制所有地方的全部商品”，参尼克·巴特曼博文，www.jancisrobinson.com，2010 年 8 月 3 日。

［4］“任何一个单一的葡萄酒品牌想要独自解决这个问题都是不可能的”，参尼克·巴特曼博文，www.jancisrobinson.com，2010 年 7 月 31 日。

［5］“第二天，巴特曼终于找到了一个愿意支付酬金的雇主”，尼克·巴特曼从未证实他的雇主是波尔多葡萄酒行业协会，但波尔多葡萄酒行业协会的其他资料证明了这一事实。

［6］“而最近，他们又将伪造的法国标签贴在以中国产的酒瓶灌装的中国葡萄酒上”，其他国家的酒也被作假了，但巴特曼调查的出发点是他的法国客户。

［7］“这些造假者不可能凭空捏造出文件”，出自作者 2014 年 1 月 17 日对尼克·巴特曼的访谈。

［8］“他担心自己的照片很快会在 QQ 上传播开来”，参骆泰特（Tait Lawton），《腾讯微博用户超过 8000 万》，南京国际营销集团（Nanjing Marketing Group），2011 年 1 月 17 日，http://www.nanjingmarketinggroup.com/blog/microblogs/qq-microblog-users-exceed-80-million.

［9］“中央电视台的这档节目拍摄了一位销售经理”，出自杜晓丹（音译，Du Xiaodan），《葡萄酒掺假曝光，中国政府关停酒厂》，中国中央电视台，新

华社，2010 年 12 月 24 日。

[10]“导致头痛、心律失常和癌症”，参刘琳琳（音译，Liu Linlin），《假酒击晕全国》，《环球时报》（*Global Times*），2010 年 12 月 27 日。

[11]“昌黎的三家酒厂——嘉华、野力、更好——被关停”，出处同上。

[12]“这家公司一年能销售 240 万瓶葡萄酒”，出处同上。

[13]“五人被判处了 7~15 年的刑期”，参河北省，《假酒后遗症：狱中生活》，新闻稿，2011 年 10 月 10 日，转载于中国知识产权保护网，http://www.chinaipr.gov.cn/newsarticle/news/local/201108/1244817_1.html.

[14]“王春平被判处无期徒刑”，出处同上。

[15]“王春平及这些酿酒商赚取了超过 2800 万人民币”，出处同上。

[16]“中国公安部于 2010 年 11 月开始实行的代号‘亮剑’的专项行动”，参孙璐莹（音译，Sun Luying），《造假者被打击》，《中国日报》（*China Daily*），2011 年 4 月 13 日。

[17]“公安机关已经没收了超过 30 吨散装葡萄酒”，出处同上。

[18]“麦加拉现在享有一些著名酒堡或副牌的商标在中国的权利”，2011 年 9 月 30 日，美国格林纳达控股（麦加拉控股）注册了大量品牌。这家控股公司的地址是英属维京群岛托尔托拉岛首府罗德城的一个信箱。

[19]“钟也成为了这个酒庄的标志”，庄园斥资 1000 万欧元进行了装修，于 2014 年完成，金钟被放在了正前方的中心位置作为一种致敬。酒庄有两口大钟，分别叫作安格鲁斯（Angélus）和埃米利翁（Émilion），其间以 18 个排钟作为联结，这组排钟每天会被敲响三次。这些钟被远程操控，可以奏响几十个国家的国歌。

[20]“我们甚至不能确定”，出于作者 2014 年 1 月 29 日对金钟堡副总经理斯蒂芬妮・德・伯德 – 里沃尔的访谈。金钟堡是通过被同一品牌侵占者攻击的罗曼尼康帝酒庄得知其中一个侵占者。

[21]“保护波尔多产区的商标”，波尔多葡萄酒行业协会开始了一项对波

尔多的产区和用于波尔多葡萄酒的图案设计进行商标注册的重要活动。2012年，波尔多成为了第一个获得中华人民共和国国家工商行政管理总局（the State Administration for Industry and Commerce）商标保护的法国产区。2015年4月，波尔多又获得了国家质量监督检验检疫总局（the General Administration of Quality Supervision，Inspection and Quarantine）的另一项商标保护。

［22］"商标的设计完全是格内特商标的翻版"：作者于2015年3月13日在明洋的网站上核实了他们所销售的产品，www.yt-mingyang.com.

［23］"波尔多葡萄酒行业协会否认张太洋"，基于波尔多葡萄酒行业协会波尔多葡萄酒学校的席琳·拉维尼（Céline Lavergne）2014年1月28日给作者的电子邮件。

［24］"这也许是一个所谓的'影子银行'"，参斯蒂芬·麦克唐纳（Stephen McDonell），《中国的影子银行成为日益严重的问题，或导致快速增长的中国经济的必然减速》，澳大利亚广播公司（ABC Australia），2014年1月24日。

［25］"一些分析家认为影子银行负债额太高"，锦江（音译，Jing Jiang），《中国的影子银行：黑暗中的博弈》，《经济学家》（*Economist*），2014年5月10日。

［26］"山东烟台明洋酒业"，作者在2015年3月11日与格内特的法律顾问汉娜·阿戈斯蒂尼的交谈中确定了这个名称。这些信息也发布在中国商标专利事务所网站上。尼克·巴特曼通知了格内特他们的酒被伪造一事。

［27］"格内特得到了30万美元的报价"，出自作者2014年1月28日对米歇尔·格内特酒坊出口经理查尔斯－亨利·格内特的访谈和邮件往来。

［28］"烟台明洋酒业甚至还注册了查尔斯"，注册号：8059221，类别：33，中国商标专利事务所，申请日期：2010年2月8日；注册日期：2011年2月14日。

［29］"他只需要卖出两三个"，出自作者2014年1月29日对INLEX知识产权律师席琳·巴耶的访谈。

［30］"几天后，他的心情变得舒畅"，参2011年3月21日依夫莫出口经

理布鲁诺·费南思给作者的电子邮件。

[31]“他解释道，拉菲集团1996年就在中国注册了商标”，罗斯柴尔德男爵拉菲集团不是唯一一个很早就进行了商标注册仍难逃造假攻击的公司。爱士图尔酒堡1996年注册了副牌“爱士宝塔”（Les Pagodes de Cos），1998年注册了“爱士图尔酒堡”，罗斯柴尔德木桐酒堡1997年注册了自己的名称。但它们也难逃厄运。

[32]“2011年2月28日，法院判决”，参聂凯文（音译，Kevin Nie），《拉菲在中国打赢知识产权案》，《中国知识产权》（*China IP Magazine*），未标注日期，访问时间为2015年3月10日：http://www.chinaipmagazine.com/en/journal-show.asp?id=722

[33]“中央电视台的《焦点访谈》”，出处同上。

[34]“如果进展顺利的话”，参《法国酿酒商在中国胜诉六次》，China.org.cn，《上海日报》（*Shanghai Daily*），2012年3月16日。

[35]“打假是一场智力游戏”，参苏珊娜·木塔西奇《假酒调查员关于打假的一个想法》，《葡萄酒观察家》（*Wine Spectator*），2015年1月21日。

第七章 僵局

作者对以下人员的采访及邮件交流提供了本章的背景信息：谢利–莱曼酒业（Sherry-Lehmann Wine & Spirits）总裁克里斯·亚当斯（Chris Adams），杜克罗特集团（Duclot Export）出口主管格尔达·贝斯得（Gerda Béziade），金钟堡副总经理斯蒂芬妮·德·伯德–里沃尔，卡斯特集团大中华区公关部经理陈丹，比尼饮料集团（Binny's Beverage Depot）葡萄酒买手芭芭拉·赫尔曼（Barbara Hermann），卡斯特集团大中华区市场总监黄贝拉（音译，Huang Belle），天津王朝国际酒业品牌部的翻译安吉丽娜·李，天津王朝国际酒业总经理路明，卡斯特集团大中华区亚太总经理泽维尔·皮内尔–杜邦（Xavier Pignel-Dupont），葡萄酒及烈酒国际配额公司总经理让–皮埃尔·卢梭，罗斯柴尔德男爵拉菲集团董事长兼总裁克里斯多夫·赛林，西谢尔酒庄（Maison Sichel）首席执行官阿兰·西谢尔（Alain Sichel），皇后洋行有限公司副总裁汤格致，王朝酒业集团企业通讯，特蕾莎·王（音译，Teresa Wang），天津王朝国际酒业副总经理克里斯蒂娜·赵（音译，Christina Zhao）。

关于美国保罗杰邦国际集团（USA Piilii Jepen）相关事件的描写基于作者2014年2月21日和2015年2月9日对本质公司创始人兼首席执行官菲利普·巴比隆的访谈及邮件往来，法庭文件由巴比隆的律师娜塔莉·卡斯塔格诺（Nathalie Castagnon）提供。

［1］“我相信波尔多葡萄酒的高昂价格”，出自皇后洋行有限公司副总裁汤格致2011年7月19日给作者的电子邮件。

［2］“你们开口，我们办事”（You Name It，We Make It），出自皇后洋行有限公司官方网站：http://www.wonghau.com/.

［3］“《尚流》杂志亚洲版的榜单”，参“香港五百权力精英榜”，《尚流》，http://hk.asiatatler.com/500list.

［4］“贝瑞兄弟与路德为香港准备了600箱”，出自汤格致2011年7月19日给作者的电子邮件，另见苏珊娜·木塔西奇，《波尔多泡沫破灭？》，《葡萄酒观察家》，2012年1月18日。

［5］“投资者害怕”，爱士图尔酒堡2007年和2008年期酒的价格为65欧元，2009年为210欧元，2010年为198欧元，2011年为108欧元。

［6］“很多收购列级庄园的富豪”，出自作者2012年1月9日对亚洲科龙精品葡萄酒董事长沈品同的访谈。另见木塔西奇，《波尔多泡沫破灭？》。

［7］“2010年的一项审计显示”，参乔纳森·芬比（Jonathan Fenby），《虎头蛇尾：今日中国，它从何处来向何处去》（*Tiger Head*，*Snake Tails*：*China Today*，*How It Got There*，*and Where It Is Heading*），伦敦：西蒙和舒斯特出版社（Simon and Schuster），2013年，350页。

[8]“穆迪的分析师又发现了另外 3.5 万亿元”，参高桂清（音译，Koh Gui Qing）和金 · 科格希尔（Kim Coghill），“穆迪称中国地方负债保守估计达 5400 亿美元”，路透社（Reuters），2011 年 7 月 5 日。

[9]“地方政府和企业转向了‘影子银行’”，参芬比《虎头蛇尾：今日中国，它从何处来向何处去》，第 349–351 页。

[10]“银行迫使他们从香港向内地转账还贷”，出自汤格致 2012 年 1 月 10 日给作者的电子邮件。

[11]“投机者们恐慌不已”，参木塔西奇，《波尔多泡沫破灭？》；以及作者 2012 年 1 月 9 日对沈品同的访谈。

[12]“鲜京集团是巴比隆那时唯一的主要客户”，鲜京集团的前任酿酒师金正勋（音译，Jung Hoon）协助完成了与本质公司的生意。

[13]“这是一切即将拉开序幕的时候”，出自作者 2014 年 2 月 21 日对本质公司创始人兼首席执行官菲利普 · 巴比隆的访谈。

[14]“他们总是加减几个零”，出处同上。

[15]“他们以高价买进了太多疯狂年份的酒”，出自菲利普 · 巴比隆 2015 年 3 月 17 日给作者的电子邮件。

[16]“现在他们在倾销这些酒”，巴比隆很有先见之明。他与鲜京集团分道扬镳之后，鲜京的葡萄酒销售公司崩溃了，其葡萄酒基金的价值一落千丈。鲜京关闭了其设于深圳和香港的主管葡萄酒的办公室。2015 年当葡萄酒基金可以变现时，鲜京集团宣布他们将永久退出葡萄酒业。“他们损失了数百万，但是他们不在乎。”巴比隆说。2003 年，鲜京集团的董事长崔泰源（Chey Tae-Won）被指控从他自己的公司挪用了 4350 万美元。出自作者 2014 年 2 月 21 日对菲利普 · 巴比隆的访谈。

[17]“网络上没有该公司的其他信息”，根据香港公司注册查询系统，编号 1225036 的公司赢城国际控股（意译，Win City International Holdings）在 2008 年 4 月 9 日被合并，在 2010 年 6 月 24 日更名为美国保罗杰邦国际集团。

公司的名字还以 Paule Jepen 的形式出现在商标搜索网站 www.searchtmr.com. 的一个列表里，地址为香港德辅道 19 号，环球大厦 15 层，1505 号房间。

[18]“他和保罗杰邦的四笔生意的总值就达到了 1700 万欧元”，准确数额是 17236869 欧元，据波尔多商业法庭传票（Summons to Appear Before Bordeaux Commercial Court），2011 年 10 月 5 日。

[19]“巴比隆计划让保罗杰邦分八次付款”，第一笔款项的确切数额是 2800596.30 欧元，据波尔多商业法庭传票，2011 年 10 月 5 日。

[20]“保罗杰邦 2010 年期酒的订单总额约达到了 3000 万美元”，出自菲利普・巴比隆 2014 年 3 月 3 日给作者的电子邮件。

[21]“那时，这在波尔多是难以想象的”，出自作者 2014 年 2 月 21 日对菲利普・巴比隆的访谈。

[22]“保罗杰邦拖欠了 1040 万美元的货款”，据波尔多商业法庭传票，2011 年 10 月 5 日。

[23]“三位所谓的使者”，菲利普・巴比隆认为于克龙弟弟的名字是“于卡宴”（Yu Cayenne），实际上此人可能是保罗杰邦的股东尤存举（音译，You Cun Ju），出自香港公司注册查询系统上该公司 2011 年年报的列表，http://www.icris.cr.gov.hk.

[24]“她刚刚得到了商业法庭授予的封存保罗杰邦在布鲁日的库存的许可”，这批酒存放在法国布鲁日的 G. R. Valade，出自作者 2015 年 2 月 9 日对菲利普・巴比隆的访谈。

[25]“企图将酒运出法国政府的管辖范围”，出自作者 2014 年 2 月 21 日对菲利普・巴比隆的访谈。巴比隆要求他的线人保持匿名。

[26]“你简直是个浑蛋”，出处同上。

[27]“如果你向酒堡取消了订单”，出处同上。

[28]“它在香港联交所主板上市”，王朝股票的交易在 2013 年 3 月 22 日被叫停。据报道，该公司的股票已从香港联交所退出，“已交由安永会计

师事务所（Ernst & Young）进行内部调查”，出自乔舒亚·菲尔曼（Joshua Fellman），《天津发展控股有限公司将王朝酒业的股票卖给母公司》，《彭博商业周刊》，2014 年 5 月 5 日。

［29］“王朝集团的董事长白智生在 2010 年的一次采访中称”，参郑诔嘉（Wing-Gar Cheng），《王朝酒业打算在澳大利亚、法国和智利购买酒庄》，彭博新闻，2010 年 5 月 26 日。

［30］“我们希望进行谈判”，出自作者 2014 年 1 月 8 日对克里斯多夫·雷布尔·萨尔兹的访谈。

［31］“路明在电子邮件中的回复”，出处同上。

［32］“如果有一天我不能兑现自己的承诺”，出处同上。

［33］“保护这些酒是我的工作”，出自作者 2014 年 3 月 17 日对雅尼克·艾薇纽的访谈。

［34］“我们中国内地的客户”，出自作者 2012 年 1 月 10 日对贝瑞兄弟与路德销售与市场主管西蒙·斯台普斯的访谈。

［35］“有大量不专业的中间商”，出自作者 2012 年 1 月 9 日对沈品同的访谈。

［36］“这种经商的准则就是只看现在，不管未来”，出自作者 2013 年 11 月 15 日对福尧贸易总经理叶诗乐的访谈。

［37］“一个这样的酒商，如果遇到了大量毁约的中国客户”，出自作者 2014 年 7 月 3 日在波尔多酒商们的办公室里对其进行的采访。这些酒商要求匿名。

［38］“普通波尔多的出货量增长”，参木塔西奇，《波尔多泡沫破灭？》。

［39］“我们的营业额几乎比去年增加了 1/3”，参《投资者转向勃艮第，波尔多一级酒庄价格下降》，《哈珀斯葡萄酒及烈酒》（*Harpers Wine & Spirit*），2011 年 10 月 14 日。

［40］“我们看到人们像世界末日即将到来那样抢购各种罗曼尼康帝”，

出处同上。

［41］“这次品酒会”，参“2011 葡萄酒行业峰会：全体葡萄酒爱好者的盛事”，中国葡萄酒潮流博客（China Wine Chick blog），2011 年 11 月 9 日。http://chinawinechick.blogspot.co.uk/2011/11/wine-future-2011-awesome-event-for-all.html.

［42］“时任西班牙葡萄酒学院院长的葡萄酒大师邦丘·坎波”，出自作者 2014 年 2 月 3 日对班提酒业和上海卡斯特负责市场营销，采购，销售，与葡萄酒教育的埃塞基耶尔·弗兰克·洛佩兹（Ezequiel Franco Lopez）的访谈。作者曾多次尝试采访李道之本人，但都遭到拒绝。

［43］“背景板上印着”，作者最初是在吉姆·巴德（Jim Budd）的博客吉姆的卢瓦尔（Jim's Loire）上看到了这张照片“香港葡萄酒行业峰会——‘上海卡斯特——中国最重要的葡萄酒进口商和经销商之一’”,2011 年 12 月 19 日。

［44］“李道之祖籍温州”，参《法国卡斯特被罚 3373 万元》，中国知识产权新闻，中国人民共和国国家知识产权局，2012 年 4 月 19 日，网址：http://english.sipo.gov.cn/news/iprspecial/201204/t20120419_673806.html.

［45］“2002 年，公司进行重组，李道之离开”，出处同上。

［46］“1999 年，卡斯特的第一个中国装瓶厂”，参弗朗索瓦·克伦贝特（François Collombet）、让－吕克·布里各（Jean-Luc Brigot）、克里斯多夫·美诺（Christophe Menou）和希尔万·马尔尚（Sylvain Marchand），《卡斯特在中国受挫》，《葡萄酒词典》（*Dictionary of Wine*），日期不详，网址：www.dico-du-vin.com/c/chine-les-desboires-de-castel/.

［47］“张裕占领了中国国内葡萄酒市场的 1/4”，基于公布的销售数据，张裕常被称为中国最大的酿酒商，参，例如，西蒙·蒙特莱克（Simon Montlake），《葡萄的飞跃：中国最大的酿酒商》，《福布斯》，2012 年 7 月 25 日；威尔·里昂斯（Will Lyons），《沉浸在中国最新的出口中》，《华尔街日报》，2013 年 4 月 5 日。

[48]“杰卡斯国际酒业”，根据其网站信息，网址：www.jacubs.com，杰卡斯国际酒业进口澳大利亚葡萄酒——厚颜无耻地使用了澳大利亚最大的酿酒商杰卡斯的名字。访问时间：2015 年 3 月 10 日。

[49]“低调地买下商标才是解决问题的唯一办法”，出自作者 2015 年 2 月 15 日对联康酒业（LK Wine）董事长，厦门建发酒业前任董事长杨文华的访谈。

[50]“这个法语名在汉语普通话里更直接的翻译是”，参吉姆 · 巴德，“香港葡萄酒行业峰会——‘上海卡斯特——中国最重要的葡萄酒进口商和经销商之一’”，载于其博客吉姆的卢瓦尔，2011 年 12 月 19 日。

[51]“李道之注册了‘卡斯特金钟’”，申请号为 9105485，中国商标专利事务所，网址：http://www.chinatrademarkoffice.com/index.php/tdsearch/xbshow/9105485/33/1，访问时间：2015 年 3 月 10 日。

[52]“酒堡”，申请号为 5267727，中国商标专利事务所，网址：http://www.chinatrademarkoffice.com/index.php/tdsearch/xbshow/5267727/33/1，访问时间：2015 年 3 月 10 日。

[53]“木桐”和“木桐酒庄”，申请号为 669728 和 6685751，中国商标专利事务所。

[54]“他还试过注册‘拉菲’和‘立兹蕾’（音译）”，申请号为 6889466 和 6889468。

[55]“他和另一个名叫李深的人”，参安格斯 · 格里格（Angus Grigg），《奔富在中国遭遇侵权者》，《澳大利亚金融评论报》（*Australian Financial Review*），2014 年 7 月 14 日。

[56]“法庭认为卡斯特利用了李道之的‘卡斯特’的品牌效应”，参“法国卡斯特被罚 3373 万元”，中国知识产权新闻，中国人民共和国国家知识产权局，2012 年 4 月 19 日，http://english.sipo.gov.cn/news/iprspecial/201204/t20120419_673806.html.

[57]“葡萄酒行业的圈内人有谁会相信卡斯特”，参张昭（音译，Zhang

Zhao)，“虽然法院已经裁决，但卡斯特商标纠纷仍未结束”，《中国日报》，2013 年 8 月 28 日。

[58]“李道之低调地以 600 万美元在波尔多购买了三个酒堡”，根据销售协议，酒堡的总价是 4758000 欧元，2011 年 10 月 29 日。

[59]“消费者想购买的是价值在 25~50 美元之间的葡萄酒”，这些酒在波尔多的原始价格为 20~40 欧元。

[60]“越来越多的酿酒商试图规避我们”，出自福尧贸易 2012 年市场报告。

[61]“浪费我们公司的经费”，出自作者 2012 年 4 月 3 日对比尼饮料集团葡萄酒买手芭芭拉·赫尔曼的访谈。

[62]“一开始，他只是问这些酒运到哪个国家”，这位酒商已经退休，但要求匿名。弗雷德里克·恩格勒为拉图酒堡索要信息一事为多个酒商所证实。

[63]“经过一些调查，他们发现了证据”，“2010 年出口商贸公司名单”(Palmarès 2010 des enterprises du commerce extèrieur) 和 “2011 年出口商贸公司名单”(Palmarès 2011 des enterprises du commerce extèrieur)，出自海关总局 (Direction Générale des Douanes et des Droits Indirects) 统计和经济研究部 (Département des Statistiques et des Etudes Economiques) 的塞露·迪芙斯昂 (Cellule Diffusion) 2015 年 4 月 3 日给作者的电子邮件。这些文件列出了阿基坦出口商中的大户。拉图酒堡位列第三十二。

[64]“当拉图酒堡宣布将退出期酒系统”，参艾琳·麦考伊 “拉图在中国葡萄酒市场向拉菲发起挑战，王者的佳酿”，彭博，2011 年 5 月 16 日。

[65]“这在一些市场中可能有效”，出自作者 2012 年 4 月 13 日对杨·席勒的访谈。

[66]“他为第一批期酒进行定价”，出自作者 2014 年 7 月 2 日对克里斯多夫·赛林的访谈。

[67]“他们早早地公布定价的行为令人称道”，参苏珊娜·木塔西奇，“波尔多酒堡以竞争计划动摇市场”，法新社，2012 年 4 月 16 日。

[68]“另外两家一级酒庄……也让她十分振奋”，公布的价格是 360 欧元。

[69]“她和她的父亲安东尼·巴顿定价”，公布的价格是 45 欧元。

第八章 变换的风向

作者对以下人员的采访及邮件交流提供了本章的背景信息：谢利－莱曼酒业（Sherry-Lehmann Wine & Spirits）总裁克里斯·亚当斯（Chris Adams），波尔多指数（Bordeaux Index）总经理盖瑞·博姆（Gary Boom），宁夏回族自治区林业厅副厅长兼自治区葡萄花卉产业发展局局长曹凯龙，靓茨伯酒堡堡主让－米歇尔·凯泽斯，怡园酒庄（Grace Vineyard）董事长陈芳（Judy Chan），怡园酒庄首席酿酒师热拉尔·科林（Gérard Colin），银色高地（Silver Heights）的蒂埃里·库尔塔德（Thierry Courtade），银色高地所有人高源，傲龙云谷（China Fine Wines）的董事长兼总经理、龙潭（Dragon's Hollow）的所有人大卫·亨德森（David Henderson），维特克斯（Vintex）合伙人菲利普·拉西（Philippe Larché），天津王朝国际酒业总经理路明，酒商集团（The Wine Merchant）董事长克里斯多夫·雷布尔·萨尔兹（Christophe Reboul Salze），保乐力加全国葡萄园经理布雷特·理查森（Brett Richardson），宁夏葡萄产业协会会长、贺兰晴雪酒庄总经理荣健，葡萄酒及烈酒国际配额公司总经理让－皮埃尔·卢梭，施罗德席勒酒庄首席执行官杨·席勒，傲龙云谷运营执行公关经理王妮可（音译，Nicole Wang），ASC 精品葡萄酒（ASC Fine Wines）董事会执行主席沈品同（Don St. Pierre Jr.），ASC 精品葡萄酒（ASC Fine Wines）首席执行官华金声（John D. Watkins Jr.），联康酒业（LK Wine）董事长、厦门建发酒业董事长杨文华，福尧贸易（Topsy Trading）经理叶诗乐，天津王朝国际酒业副总经理克里斯蒂娜·赵（音译，Christina Zhao）。

[1]“这将为与当地葡萄酒产业之间的合作奠定基础”，参上海糖业烟酒集团，《葡萄酒及烈酒国际配额公司 70% 的股份转让仪式成功举行》，新闻稿，

上海，2012 年 7 月 5 日，网址：http://www.sscw.com.cn/news_newsContent_en.action?id=16702.

[2]“在海外赚取丰厚利润”，参邓尼·托马斯（Denny Thomas），《中国光明食品将以超过 5.16 亿美元收购玛纳森》，路透社，2011 年 8 月 14 日。

[3]“中央政府提出的既能发挥国际影响力”，参《中国人民共和国 2012 年全国经济和社会发展的统计公报》，中国国家统计局，2013 年 2 月 22 日。

[4]“光明食品刚刚收购了广受欢迎的英式早餐麦片维他麦 60% 的股份”，参娜塔莉·托马斯（Nathalie Thomas），《中国光明食品收购维他麦 60% 的股份》，《电报》，2012 年 5 月 3 日。2014 年 10 月，光明食品宣布将收购维他麦剩余的 40% 股份。

[5]“它还曾尝试收购优诺酸奶和美国维生素零售商健安喜”，参刘易斯·卢卡斯（Louise Lucas），《光明食品失败的教训》，《金融时报》，2011 年 3 月 18 日。

[6]《光明食品集团监事会主席崔志仁访问葡萄酒及烈酒国际配额公司》，《人民日报（电子版）》，2013 年 7 月 23 日。

[7]“与中方的合作不仅仅意味着资金”，舍赫拉查德·达内什库（Scheherazade Daneshkhu），《中国光明食品收购葡萄酒及烈酒国际配额公司》，《金融时报》，2012 年 6 月 26 日。

[8]“像东莞、佛山、宁波、苏州这样的二三线城市”，参胡润研究院，《2014 年胡润百富榜》（上海，2014）网址：http://www.hurun.net/EN/ArticleShow.aspx?nid=4558.

[9]“波尔多人已经从他们的傲慢和无能中吸取了教训”，参苏珊娜·木塔西奇，《波尔多酒堡称他们会下调酒价，但是幅度多大？》，《葡萄酒观察家》，2012 年 4 月 10 日。

[10]“下降了 30%”，这是就欧元区而言。因为汇率浮动，换算成其他货币的降价幅度会有相应增减。

［11］“2011 年产酒的价格降低了 50%”，参詹姆斯·莫尔斯沃思（James Molesworth），《罗斯柴尔德拉菲酒堡公布 2011 年定价》，《葡萄酒观察家》，2012年4月17日。这里，同样地，汇率浮动使实际的价格变动与50%有所出入。

［12］“倘若 2010 年产酒是好酒，但是 2011 年产酒非常不错”，参詹姆斯·莫尔斯沃思，《罗斯柴尔德拉菲酒堡公布 2011 年定价》。

［13］“但是人们看着当前的零售价”，参米切·弗兰克（Mitch Frank），《波尔多期货冲击市场，但谁在买？》，《葡萄酒观察家》，2012 年 5 月 25 日。

［14］“亚当斯只买下了他所买的前一年的配额的 15%”，参本·奥唐奈（Ben O'Donnell），《2011 年波尔多期货遭遇滑铁卢》，《葡萄酒观察家》，2012 年 7 月 10 日。

［15］“只订购了其常规配额的 5%”，出处同上。

［16］“他觉得大家都对他的话充耳不闻”，出自作者 2013 年 9 月 24 日对维特克斯合伙人菲利普·拉西的访谈。

［17］“中介”，出处同上。

［18］“罢工的次数正以每年 30% 的速度增加”，参乔纳森·沃茨（Jonathan Watts），《中国的罢工标志着廉价劳动力和低价出口货时代的终结》，《卫报》（*Guardian*），2010 年 6 月 17 日。

［19］“奢侈品贸易与经营状况良好的国有企业和相关的政府官员密切相关”，参蔡红（音译，Cai Hong），《公款消费炒热奢侈品价格》，新华社，2012 年 4 月 16 日。

［20］“‘三公消费’——因公出国（境）经费、公务车购置及运行费、公务招待费”，参《限制中国公款消费的新规定》，新华社，2012 年 7 月 9 日。

［21］“禁止使用公款购买香烟、高端酒类和礼品”，参曲云旭（音译，Qu Yunxu）和王晨（音译，Wang Chen），《白酒牛饮的结束意味着厂商聚会的落幕》，财新网（Caixin Online），2013 年 2 月 21 日。温家宝总理的讲话还载于 china.org.cn website 的 2012 两会板块。另见黄瑞黎（Sui-Lee Wee），《中国温

家宝：腐败可能威胁权力结构》，路透社，2012 年 3 月 26 日。

［22］“浪费公款”，参谢雨（音译，Xie Yu），“官方接待禁用茅台，副社长说”，《中国日报》，2012 年 1 月 17 日。

［23］“将茅台列为最受欢迎礼品的第五名”，参胡润研究院，《2012 胡润百富榜：百万富翁相关》（上海：胡润研究院，2012 年）。

［24］“胡润估计茅台的品牌价值”，参瓦尼萨·王（音译，Venessa Wong），《中国名酒身价数十亿美元》，《彭博商业周刊》，2012 年 3 月 16 日。

［25］“一瓶 19 世纪 60 年代的五粮液”，出处同上。

［26］“上周商检局的检验员”，参谢雨，“官方接待禁用茅台，副社长说”。

［27］“茅台公开交易的股票”，参罗伯特·库克森（Robert Cookson），《温家宝的禁酒令冲击茅台股票》，《金融时报》，2012 年 3 月 27 日。

［28］“支出高达 30 亿元人民币（约合 4.67 亿美元）”，参闫杰（音译，Yan Jie），《中央揭露支出明细》，《中国日报》，2011 年 7 月 22 日。

［29］“扶贫办公室”，出处同上。

［30］“2012 年 7 月，温家宝下令国家公务员”，参《限制中国公款消费的新规定》，新华社，2012 年 7 月 9 日。

［31］“温州港已经卖掉了 215 辆车”，参杰森·周（音译，Jason Chow），《中国官僚被执行奢侈品禁令》，《华尔街日报》，2012 年 7 月 11 日。

［32］“不打折的话，销售网就失灵了”，来源保密，2013 年 11 月。

［33］“一种好酒首先应当被其原产国的市场所认可”，塞萨尔·康帕德雷（César Compadre），《凭借三家酒堡，郭炎跻身葡萄酒市场》（*Avec trois châteaux*，*Peter Kwok fait sa campagne*），《西南报》（*Sudouest.com*），2013 年 4 月 9 日。

［34］“他们也开始发觉卖酒不易了”，出自作者 2013 年 9 月 24 日对菲利普·拉西的访谈。

［35］“建发集团将不再购买”，出自作者 2014 年 1 月 8 日对克里斯多

夫・雷布尔・萨尔兹的访谈，及作者 2014 年 2 月 12 日对联康酒业（LK Wine）首席执行官，厦门建发酒业前任董事长杨文华的访谈。

［36］“我们不希望改变‘波尔多广场’的长期面貌”，出处同上。“他们忧虑建发酒业在股市上的股票价格。”雷布尔・萨尔兹说道，“他们希望避免陷入王朝的境况。”出自作者 2014 年 1 月 8 日对克里斯多夫・雷布尔・萨尔兹的访谈。

［37］“持有王朝 27% 股份的人头马君度损失了其投资的 1/3”，人头马在 1990~1991 年与君度合并。

［38］“在 2012 财务年度预计将会出现亏损”，王朝酒业集团，“利润警告”，新闻稿，香港，2013 年 2 月 4 日。

［39］“在 2013 年 3 月 22 日，一个星期五，其股票被暂停交易”，新闻稿，香港，2013 年 3 月 22 日。

［40］“收到了对某些交易的匿名指控”，参王朝酒业集团，“根据 13.09 上市规则及内幕信息的规定和延迟 2012 年度业绩公布的公告”，新闻稿，香港，2013 年 3 月 26 日。

［41］“为了掩盖”，出自作者 2015 年 4 月 21 日对弗朗西斯・埃利亚尔 – 杜明尼的访谈。

［42］“前一年路明取消王朝的订单的时候”，出自作者 2014 年 1 月 8 日对克里斯多夫・雷布尔・萨尔兹的访谈。

［43］“他们将退出高级葡萄酒贸易圈”，出处同上。

［44］“这不是一个健康的状况”，出自作者 2013 年 11 月 27 日对盖瑞・博姆的访谈。

［45］“波尔多就像是一群在平原上迁徙的角马”，出处同上。

［46］“不巧的是，那是我的市场”，出处同上。

［47］“圣埃米利翁和波美侯因为产量小而容易卖”，出处同上。

［48］“就目前的状况而言，我最大的收获是”，参吉姆・博伊斯，《怡园面临压力：宁夏在北京葡萄酒挑战赛中战胜波尔多》，《中国葡萄酒长城》，

2011 年 12 月 14 日，网址：http://www.grapewallofchina.com/2011/12/14/grace-under-pressure-ningxia-tops-bordeaux-in-beijing-wine-challenge. 比赛结果在吉姆·博伊斯的博客中公布后，一些评论人提出比赛不公，因为参赛的法国酒全都是高产量的品牌酒。博伊斯则反驳道，绝大多数的葡萄酒消费者都预设高产量的法国酒仍会优于中国生产的葡萄酒。

[49]“找不到更合适的词汇来形容，这种酒回味悠长”，参吉姆·博伊斯，《〈葡萄酒评论〉北京沙龙：瑞云酒庄、1421、贺兰山、银色高地和贺兰晴雪》，《中国葡萄长城》，2013 年 1 月 3 日，网址：http://www.grapewallofchina.com/2013/01/03/rvf-beijing-salon-on-nubes-1421-helan-mountain-silver-heights-helan-qing-xue/.

[50]“一次葡萄酒会议，而李华谈到了宁夏葡萄种植的潜力”，出自作者 2013 年 11 月 5 日对宁夏葡萄产业协会会长、贺兰晴雪酒庄总经理荣健的访谈。

[51]“荣健创立了宁夏葡萄产业协会”，出处同上。

[52]“明朝的时候，宁夏的统治者写了一首诗”，出处同上。

[53]“实际上，这是误传”，出自作者 2013 年 11 月 4 日对宁夏回族自治区林业厅副厅长兼自治区葡萄花卉产业发展局局长曹凯龙的访谈。

[54]“国际葡萄与葡萄酒组织预计有五个非欧盟国家”，参珀尔·卡尔森（Per Karlsson），《世界葡萄酒产量 2000~2012 年》，《BK 葡萄酒杂志》（*BK Wine Magazine*），2013 年 6 月 13 日。

[55]“而中国的西部地区，包括宁夏在内，被预期在 2015 年之前生产出全国 20%”，参陆瑶（音译，Yao Lu），《中国简报》，协力管理咨询（Dezan Shira & Associates），2012 年 7 月 9 日。

[56]“家庭年收入降到了 2000 元以下”，参徐凡（音译，Xu Fan），《宁夏大规模移民工程即将启动》，《中国日报》，2013 年 3 月 13 日。

[57]“政府又迁移了 30 万人”，出处同上。

[58]“少生孩子，快速致富”，参陈超（音译，Chen Chao），《西部大开

发在宁夏进展的报告》，中国网络信息中心，2002 年 3 月 19 日，网址：China.org.cn/.

［59］“我们已经充分准备好”，参徐凡，《宁夏大规模移民工程即将启动》。

［60］“这些人习惯了山区的生活”，出自作者 2013 年 11 月 11 日对怡园酒庄总裁陈芳的访谈。

［61］“我们可以在这里酿出有品质的葡萄酒”，出自作者 2013 年 11 月 5 日对荣健的访谈。

［62］“我想要解释一下，因为似乎存在一些误会”，出处同上。

［63］“王朝在贺兰山有 20000 英亩地”，参《葡萄扩张：中国公司的西进》，《中国时报》（*China Times*），2011 年 12 月 15 日。

［64］“宁夏葡萄酒的销售渠道通向国内市场”，出自作者 2013 年 11 月 5 日对荣健的访谈。

［65］“潜力是巨大的”，出处同上。

［66］“宁夏的五级庄评选结果”，入选五级庄的另外 9 个酒庄是西夏王酒庄、源石酒庄、巴格斯酒庄、原歌酒庄、张裕摩塞尔十五世酒庄、兰一酒庄、禹皇酒庄、类人首酒庄和铖铖酒庄。

第九章　干杯

作者对以下人员的采访及邮件交流提供了本章的背景信息：法国利布尔讷市长菲利普·比松（Philippe Buisson），波尔多工商协会（Bordeaux Chamber of Commerce and Industry，CCIB）国际旅游发展部副经理蒂埃里·夏邦杰（Thierry Charpentier），串朗萨克（Fronsac）大河酒堡前堡主詹姆斯·格雷戈里（James Grégoire）之子尼古拉斯·格雷戈里（Nicolas Grégoire），兴合投资有限公司（Brilliant Group Investment）创始人、所有人郝琳（Lam Kok），维特克斯（Vintex）合伙人菲利普·拉西（Philippe Larché），麦克斯韦 – 斯托里 – 贝恩斯房地产代理（Maxwell-Storrie-Baynes Real Estate Agents）中国业务部李莉娟，拉古杰酒商集团首席执行官伊曼纽尔・马丁，麦克斯韦－斯托里－贝恩斯房地产代理执行合伙人卡伦・麦克斯韦（Karen Maxwell），土地开发和乡村聚落联合会（Sociétés d'Aménagement Foncier et d'Établissement Rural，Safer）的阿基坦大西洋地区产权业务总监埃尔韦・奥利维尔（Hervé Olivier），罗斯柴尔德男爵拉菲集团总经理克里斯多夫・赛林，厦门建发酒业董事长杨文华。

对 2013 年 6 月 17 日在利布尔讷市政厅举办的“茶与酒文明的相遇”（the Meeting of Tea and Wine Civilizations）活动的描写基于作者对该事件的报道，包括对菲利普・比松、刘湘云（郝琳之妻）和普洱市副市长杨林的采访。

［1］“80 处房产和 20 辆汽车”，“深圳村干部被控受贿”，《中国日报》，2014 年 1 月 3 日；菲奥娜・谭（音译，Fiona Tam），《深圳村干部的原告被拘》，《南华早报》（*South China Morning Post*），2012 年 11 月 29 日。

［2］“纯金月饼”，参胡涛（音译，Hu Tao）和袁如婷（音译，Yuan Ruting），《纯金月饼引发腐败疑云》，新华社，2012 年 9 月 28 日。

［3］“红包”，参《在中国新年如何交友、行贿》，《中国经济评论》（*China Economic Review*），2014 年 1 月 30 日。

［4］“《醇鉴》杂志三次将沈品同列入其影响力榜单”，2011 年沈品同在《醇鉴》的影响力榜单上位列第 7，2009 年位列第 16，参亚洲科龙精品葡萄酒，“里程碑”，亚洲科龙精品葡萄酒网站，2015 年，网址：http://www.asc-wines.com/about-asc/our-leadership.

［5］“《葡萄酒爱好者》杂志将沈品同评为‘年度国际人物’”，“2011 年葡萄酒之星获得者”，《葡萄酒爱好者》，2012 年 1 月 30 日，网址：http://www.winemag.com/Web-2011/2011-Wine-Star-Award-Winners.

［6］“亚洲科龙精品葡萄酒主办了中国的第一场慈善葡萄酒拍卖”，亚洲科龙精品葡萄酒网站：www.asc-wines.com.

［7］“华金声是圣皮尔父子最早的送货上门的顾客”，出自作者 2015 年 2

月 11 日对华金声的访谈。

［8］“我想我是最早的为了享受而进口葡萄酒的西方商人之一”，出处同上。

［9］“在西北航空之后，他又加入了重型设备制造商康明斯”，出处同上。

［10］“合资企业的首席执行官兼总裁”，参《管理团队：华金声，执行总裁》，亚洲科龙精品葡萄酒，网址：http://www.asc-wines.com.

［11］“新官上任三把火”，出自作者 2015 年 2 月 11 日对华金声的访谈。

［12］“12 月，在河北的一次公务餐上”，参布莱恩·斯皮格勒（Brian Spegele），《习近平简朴就餐，旨在聚焦官员腰围》，《华尔街日报》，2012 年 12 月 31 日。

［13］“四菜一汤”，参中华全球研究中心（Australian Centre on China in the World），《中国的奢侈品热和遏制官员铺张》，2013 年，网址：www.thechinastory.org/.

［14］“领导人必须与群众保持紧密的联系”八项规定的官方英译，参中华全球研究中心，《中国的奢侈品热和遏制官员铺张》，2013 年，网址：www.thechinastory.org/.

［15］“不管牵涉到谁”，参席佳琳（Kathrin Hille）和欧阳德（Simon Rabinovitch），《中国执政者与腐败文化做斗争》，《金融时报》，2013 年 2 月 17 日。

［16］“把权力关进制度的笼子里”，参安百洁（音译，An Baijie），《习近平宣誓“把权力关进制度的笼子里”》，《中国日报》，2013 年 1 月 23 日。更长篇幅的报道见《习近平宣誓“把权力关进制度的笼子里”》，新华社，2013 年 1 月 22 日。

［17］“习近平宣誓要打击”，参《习近平宣誓“把权力关进制度的笼子里”》，新华社，2013 年 1 月 22 日。

［18］“超过 73000 人，包括 4698 名干部因为腐败或渎职而被其惩处”，出处同上。

［19］“诸如白酒的高价酒水在中国新年期间的销售额比前一年同期下降

了 30%”，参丽萨·林（音译，Liza Lin），《毛泽东的 300 美元红军酒在全国人民代表大会前受难》，彭博社，2013 年 2 月 27 日。

［20］“一位地方共产党官员邀请了 80 位客人”，参安德鲁·雅各布（Andrew Jacobs），《中国精英在习近平执政下面临紧缩》，《纽约时报》，2013 年 3 月 27 日。

［21］“但是在 2013 年 3 月的全国人民代表大会上”参 J.C.，《中国官员：花得更少？抑或藏得更好？》，《经济学人》（*Economist*），2013 年 3 月 7 日。

［22］“一位市长最不愿意遇到的状况”，出自作者 2013 年 3 月 24 日对华金声的访谈。

［23］“他们所销售的茶中有一些 3.5 盎司就价值 800 美元”，根据作者 2013 年 6 月 17 日在利布尔讷市政厅对“茶与酒文明的相遇”（the Meeting of Tea and Wine Civilizations）活动的报道。

［24］“普洱茶每年由人工进行采收”，根据作者 2013 年 6 月 17 日对利布尔讷市长菲利普·比松在利布尔讷市政厅对“茶与酒文明的相遇”活动上讲话的报道。

［25］“前一年的 12 月”，根据作者 2013 年 12 月 19 日对菲利普·拉西的访谈。

［26］“中国投资者已经占有了弗龙萨克 10% 的酒庄产权”，可悲的是，在得到大河酒堡所有权的这一天，郝琳、他 11 岁的儿子、酒庄新上任的中国经理人及卖家詹姆斯·格雷瓜尔一同丧生于一次直升机事故中。

［27］“中国工商银行”，出自作者 2012 年 1 月 12 日对麦克斯韦 – 斯托里 – 贝恩斯房地产代理中国业务部李莉娟的访谈。

［28］“大背景是中国的企业家们”，出自作者 2013 年 3 月 24 日对沈品同的访谈。

［29］“商业地址，或支付资金的地址”，参苏珊娜·木塔西奇，《中国大量收购波尔多酒庄》，《葡萄酒观察家》，2013 年 12 月 20 日。

[30]“不难理解曲乃杰或者说其家族拥有”,《波尔多正在变成法国的新的唐人街?》,《葡萄酒观察家》, 2011 年 12 月 8 日。另见苏珊娜·木塔西奇,《中国大亨抢购波尔多酒堡》, 法新社, 2012 年 2 月 21 日。其他信息来自波尔多工商协会中国业务部。曲乃杰尽可能地使他的收购规避公众视线。

[31]“他所控股的公司之一,拉蒙”,该信息基于波尔多的多个信息源。

[32]“曲乃杰一直打算在建立一支中国式的管理团队后将这些酒堡转手”,该信息基于两个匿名房地产经理人。

[33]“常常十分困难”,参非法金融资本流动信息收集和处理小组 2012 年年报,法国财经部(Ministère de l'Economie et des Finances,France),2013 年 7 月,27 页。

[34]“王朝通过官方的媒体渠道宣称自己只完成了年度销售任务的 40%”,参秦雪(音译,Qin Xue),《中国酒庄向欧盟葡萄酒回击反倾销调查》,中国中央电视台网站(CCTV.com),2012 年 8 月 24 日。

[35]“我们相信”,出处同上。

[36]“显示从欧盟进口的葡萄酒在 2011 年比前一年同期增加了 60%”,出处同上。

[37]“我们需要优胜劣汰的公平的市场竞争”,出处同上。

[38]“协会为其成员向中国商务部提交了正式的请愿书”,参《中国葡萄酒业支持对欧盟的倾销进行调查》,中国中央电视台网站,2013 年 7 月 3 日。

[39]“2012 年 7 月,欧洲光伏制造商协会”,参《关于启动对原产于中国人民共和国的晶体硅光伏组件和关键组件(即电池和硅片)的进口反倾销程序的通知》,文件编号 2012/C 269/04,《欧盟官方杂志》(*Official Journal of the European Union*),2012 年 9 月 6 日。

[40]“2013 年 6 月 5 日”,参“商务部公平贸易局工作人员就中国启动对进口产自欧盟的葡萄酒的反倾销和补贴调查的评论”,中国商务部网站(China Ministry of Commerce website),2013 年 7 月 4 日,网址:http://english.mofcom.

gov.cn/article/newsrelease/significantnews/201307/20130700186535.shtml.

[41]“这是一个战术演习”，参社论《谈判是太阳能面板争议的最佳解决方式》，《南华早报》，2013 年 6 月 8 日。

[42]“中国进口葡萄酒的价值和数量不能与出口的太阳能面板相提并论”，参李家宝（音译，Li Jiabao），《欧盟提出关于太阳能争端的警告》，《中国日报》，2013 年 4 月 5 日。

[43]“据估计，欧盟在此前一年中向中国销售的葡萄酒价值为 10 亿美元”，参《谈判是太阳能面板争议的最佳解决方式》。

[44]“葡萄酒的例子及时地警示了”，参《欧盟的行动伤害了贸易》，《中国日报》2013 年 6 月 6 日。

[45]“烟台张裕的股票飙升”，参达伦 · 博伊（Darren Boey），《大多数中国股票上涨，酿酒商领军，三一重工下跌》，彭博社，2013 年 6 月 5 日。

[46]“中国人想要保护他们的利益”，参苏珊娜 · 木塔西奇，《贸易争端危及欧洲葡萄酒售往中国》，《葡萄酒观察家》，2013 年 7 月 24 日。

[47]“任何违规的酿酒商”，对违规酿酒商征收的确切税率不详，但据一些知情人士透露，税率高到能让酿酒商退出中国市场的程度。

[48]“法国媒体最近曝光了一些法国最大的酿酒商所得到的补贴数额”，参安东尼 · 伊奥米 – 阿姆纳特（Antonin Iommi-Amunategui），《共同农业政策：葡萄酒巨头中了头彩》（*Politique agricole commune*：*ces géants du vin qui touchent le pactole*），《新观察家》（*Nouvel Obs*），2012 年 12 月 10 日。

[49]“2011 年，卡斯特集团获得了 430 万美元的补贴”，出处同上。

[50]“这六家酿酒商是”，出自作者 2015 年 1 月 7 日对伊曼纽尔 · 马丁的访谈。

[51]“更糟的是，他将被利润最丰厚的市场拒之门外”，出处同上。

[52]“荒唐至极”，出自作者 2013 年 11 月 15 日对叶诗乐的访谈。

[53]“这真的大大地影响了我们的生意”，出自作者 2013 年 4 月 6 日在

圣埃米利翁的柏菲玛凯酒堡（Château Pavie-Macquin）对青岛香格里拉酒店侍酒师尹子成（Steven Yin）的访谈。

[54]“我告诉他，这是非常划算的价格，几乎是成本价”，出自作者2013年11月15日对叶诗乐的访谈。

[55]“这位富翁已经将约13.5万美元转入了一个托管账户”，出自作者2013年11月15日对亚洲银行家俱乐部创始人兼首席执行官赖远方的访谈。

[56]“这是一笔不小的金额，风险也不小”，出自作者2013年11月15日对叶诗乐的访谈。

[57]“建立市场的人不再能获利”，出处同上。

[58]“多少中国的富人会在家开一瓶葡萄酒”，出处同上。

[59]“我们是商人”，出处同上。

[60]“稍次于一级酒庄的酒也受到了打击”，参苏珊娜·木塔西奇，《中国削减波尔多大牌》，《葡萄酒观察家》，2013年4月12日。

[61]“只要你把2012年的进口数据与2011年的进行对比，情况就一目了然”，出自作者2013年3月24日对沈品同的访谈。

[62]“藏酒轩”，对藏酒轩的描写基于作者2013年11月8日的参观。

[63]“我认为原因还在于酒价实在过高”，出自作者2013年3月24日对沈品同的访谈。

[64]“2014年”，参科比和岑德尔，《从北京吉普到亚洲科龙精品葡萄酒》。

[65]“商业技术已经发展到了可以”，出自华金声2015年2月11日给作者的电子邮件。

[66]“酒智在2013年发表的一份调查显示”，参苏瑞（音译，Rui Su）等，《中国葡萄酒市场版图报告：中国的葡萄酒消费行为》（*China Wine Market Landscape Report*：*Wine Consumption Behavior in China*），伦敦：酒智，2013年1月。

[67]“亚洲科龙精品葡萄酒将可以反溯每一瓶酒”，出自华金声2015年2月11日给作者的电子邮件。

[68]“再也不是像亚洲科龙在2011年所见证的94%”，以数量标准来看，数据也一样惨淡。2011年进口葡萄酒数量增长了65%，2012年增长了10%，2014年则仅仅增长了4%。出自作者2015年2月11日对华金声的访谈。

[69]“在中国的经验对我而言既有帮助”，出处同上。

[70]“2014年葡萄酒的网络销售额上升了50%”，出处同上。

[71]“看看美国这个例子”，出处同上。

[72]“北京方面正在对很多行业施加压力使其降低价格”，参华金声，《亚洲科龙精品葡萄酒2013年致供应商的年度信件》，亚洲科龙精品葡萄酒，中国上海，2014年1月。

[73]“我要求你们在不引起更多关注的情况下将奔富品牌的酒从酒水单上撤下来”，参《中国连锁酒店拉黑奔富》，《澳大利亚商业评论》（*Australian Business Review*），2014年8月6日。

[74]“李道之在酒店和餐厅分类里注册了该商标”，参派翠克·博乐（Patrick Boehler），《奔富酒业以法律手段与商标抢注者争夺其中文名称的使用权》，《南华早报》，2014年7月14日。

[75]“我们销售的品牌中也有一家公司与一个中国人有商标注册的争议”，参华金声，《亚洲科龙精品葡萄酒2013年致供应商的年度信件》。

[76]“每年有200万瓶拉菲在中国售出”，参《中国葡萄酒市场的机遇与挑战》，博圣轩（Daxue Consulting），2014年9月22日，网址：http://daxueconsulting.com/chinese-red-wine-market/</ntx>.

第十章　因地制宜

作者对以下人员的采访及邮件交流提供了本章的背景信息：农艺工程师斯坦尼斯·巴斯昆（Stanislas Basquin），酿酒师顾问热拉尔·科林，保乐力加高级酿酒师克拉格·格拉夫通，本质公司首席执行官菲利普·巴比隆，欧洲委员会（European Commission）贸易总司部门负责人卡罗·平托（Carlo

Pinto)，路易·威登—酩悦·轩尼诗集团酒庄与葡萄酒（Estates and Wines）首席执行官让－古洛梅·普拉斯，罗斯柴尔德男爵中信酒业技术总监奥利维尔·李舒（Olivier Richaud），傲龙云谷运营执行公关经理王妮可（音译，Nicole Wang），联康酒业董事长杨文华，葡达酒业（Producta）中国经理周静（音译，Zhou Jing）。

[1]“国有名牌的国际知名度”，参唐尼·郭（音译，Donny Kwok），“中信集团来年瞄准120亿香港新股：报道”，路透社，2010年7月23日。

[2]“中信国安葡萄酒业股份有限公司的子公司收购了金创新天酒业的大部分股份”，参米妮·陈（音译，Minnie Chan），《新疆进军蓬勃的红酒市场》，《南华早报》，2010年11月28日。中信国安葡萄酒业聘任了一位法国酿酒师弗莱德·诺里奥（Fred Nauleau）来监督生产。

[3]“我们找到了许多葡萄园……的遗迹”，出处同上。

[4]“如果你想要保证25公顷”，参米奇·弗兰克（Mitch Frank），《罗斯柴尔德拉菲在中国启动葡萄酒项目》，《葡萄酒观察家》，2009年6月15日。

[5]“修建于11世纪的寺院和佛塔每年都吸引着数量超过200万的游客”，参《烟台—— 一座美丽的海滨旅游城市》，中国互联网络信息中心，China.org.cn/.

[6]“东方洛克菲勒”，参张弼士故居网站，www.cheongfatttzemansion.com. 其它信息来自1896年7月18日张裕葡萄酿酒公司的张弼士在新加坡给马克思·冯·巴保男爵（Baron Max von Babo）请他到山东指导工作的英文版“聘书”。佳士得5074次拍卖，第52批拍品。

[7]“一份1917年的价目表上包括了九种红葡萄酒和九种白葡萄酒”，参《张裕葡萄酿酒公司中英双语价目表》，确切时间不详，但可能早于1917年，佳士得5074次拍卖，第52批拍品。

[8]“中国波尔多”，参克里斯·贝利（Chris Bayley），《攀华公司，市场

调查报告》，中国烟台：攀华公司（PanVenture），2008 年 6 月 19 日。

［9］“七大葡萄海岸”，出自作者 2010 年 6 月对蓬莱葡萄与葡萄酒协会的访问。

［10］“‘纳瓦’比原本的汉语名字更好听”，出自代表数家纳帕山谷酿酒商的皮特曼与福格蒂律师事务所（Peatman & Fogarty）的J. 斯科特·格瑞安（J. Scott Gerian）和迪肯森（Dickenson）2014 年 6 月 6 日给作者的电子邮件。

［11］“蓬莱与波尔多及纳帕山谷都位于北纬 37 度”，出自作者 2010 年 6 月对蓬莱葡萄与葡萄酒协会的访问。

［12］“这些说法毫无意义”，酿酒顾问（罗斯柴尔德男爵中信酒业前技术总监）热拉尔·科林 2014 年 6 月 8 日给作者的电子邮件。

［13］“蛇龙珠”，英文名 Cabernet Gernischt 中的 Gernischt 可能是德语词 gemischt“混合的”的讹误。

［14］“无疑是佳美娜”，与茱莉亚·哈定（Julia Harding）、简西斯·罗宾逊（Jancis Robinson）合著《酿酒葡萄》（*Wine Grapes*：*A Complete Guide to 1*，*368 Vine Varieties*，*Including Their Origins and Flavours*）一书的何塞·乌亚莫兹 2014 年 6 月 6 日给作者的电子邮件。

［15］“佳美娜是波尔多最初的葡萄品种之一”，据乌亚莫兹、哈定和罗宾逊的《酿酒葡萄》一书，佳美娜最早在吉伦特在 1783—1784 年间被提及。它是品丽珠的后代，与梅洛及赤霞珠有一半的相同血缘。因此，它常与这些近亲混淆。

［16］“由品丽珠和大赤霞珠自然杂交得来”，出自何塞·乌亚莫兹 2014 年 6 月 6 日给作者的电子邮件。

［17］“张裕的葡萄园里的佳美娜与现代的法国品种差别很大”，出处同上。

［18］“法国只剩下了 101 英亩的佳美娜，而美国仅余 57 英亩”，参派翠克·施密特（Patrick Schmitt），《中国：比智利更多的佳美娜？》，《酒饮商务》（*Drinks Business*），2014 年 12 月 5 日。

[19]“在 1994 年智利发现之前被误判为梅洛的 26400 英亩葡萄实际上是佳美娜以前”，出处同上。

[20]“中国的研究团队很快确认了”，出自何塞・乌亚莫兹 2014 年 6 月 6 日给作者的电子邮件。

[21]“许多中国的葡萄园大量引进了赤霞珠”，参李德美，《在醇鉴上海美酒相遇之旅中来自中国的伟大赤霞珠》，2014 年 12 月 9 日，Decanterchina.com.

[22]“热拉尔・科林展开了一个卷轴”，出自作者对罗斯柴尔德男爵中信酒庄的访问及 2010 年 6 月 2 日到 3 日对罗斯柴尔德男爵中信酒业技术总监热拉尔・科林的访谈。

[23]“这里的运作方式就像合作社”，出自作者 2010 年 6 月 2 日到 3 日对热拉尔・科林的访谈。

[24]“他意识到保证数量和质量的唯一途径就是拿到土地租约”，出处同上。他们从 2011 年开始种植，从 2014 年开始收获。

[25]“有时只有 20% 多一点来自国外”，出自作者 214 年 1 月 7 日对热拉尔・科林的访谈。

[26]“80% 的中国国产葡萄酒”，出处同上。

[27]“如果说中国将会生产出伟大的红酒，它一定来自宁夏”，出自龙潭首席执行官、傲龙云谷董事长大卫・亨德森 2015 年 2 月 20 日给作者的电子邮件。

[28]“我们不是一种‘中国’葡萄酒”，出处同上。

[29]“它是这个地区最美的酒庄之一”，出自银色高地所有人高源 2015 年 2 月 13 日给作者的电子邮件。

[30]“它在有岩画的国家公园附近”，出自作者 2013 年 11 月对高源的访谈。

[31]“我们不得不放弃这个项目”，出自高源 2015 年 2 月 5 日给作者的电子邮件。

[32]“但 1000 亩是我们的上限”，出自高源 2015 年 2 月 13 日给作者的

电子邮件。

[33]"我不认为当客户说"，出自作者 2013 年 11 月 11 日对怡园酒庄董事长陈芳的访谈。

[34]"怡园酒庄在一年中销售了 10000 瓶"，出自桃乐丝中国执行合伙人阿尔博托・费尔南德斯 2015 年 2 月 20 日给作者的电子邮件。

[35]"我承认那里有非常非常好的土壤"，出自作者 2014 年 1 月 7 日对热拉尔・科林的访谈。

[36]"中粮买的酒庄遍及各地"，出处同上。

[37]"以便让葡萄酒酿造技艺传到中国内地"，出自作者 2014 年 7 月 1 日对波尔多葡萄酒行业协会总经理法比安・博瓦的访谈。

[38]"波尔多葡萄酒行业协会的一些成员怀疑"，出处同上。

[39]"除了已经得到的东西以外，他们没有得到任何新东西"，出自作者 2015 年 1 月 27 日对拉古杰酒商集团首席执行官伊曼纽尔・马丁的访谈。

[40]"今年没有购物清单，没有经营分析，没什么事儿"，参叶诗乐，经营信息更新，香港，2014 年 3 月。

[41]"达到了超过 7.42 亿瓶，价值 58.4 亿美元，被运往世界各地"，出自波尔多葡萄酒行业协会。

[42]"香港和内地的总和仍然占据了波尔多总出口量的 1/4"，出处同上。

[43]"葡萄生长季开始的 5 月阴冷潮湿"，葡萄开花过程进行不正常的情况被称为"坐果不良（poor fruit set）"。所有的花朵或者一些花朵会受到影响；一些花朵可能无法坐果，而另一些则结出小的、青的、不会成熟的果实。

[44]"总经理菲利普・达鲁温召集全体员工"，出自作者 2014 年 9 月 26 日在达玛雅克酒堡（Château d'Armailhac）的一次午宴上对菲利普罗斯柴尔德男爵酒庄酒堡酒业（Châteaux Wines）执行董事菲利普・达鲁温的访谈。

[45]"我尝过的绝大多数酒都没有生青味"，出自克里斯多夫・雷布尔・萨尔兹 2014 年 3 月 27 日给作者的电子邮件。

[46]“最好的酒有非常宜人的香气、优雅度、新鲜度和有吸引力的、线性的口味”，参贾尔斯·库珀（Giles Cooper），“2013 年波尔多期酒首日”，波尔多指数博客，2014 年 4 月 1 日。

[47]“我们买了太多 2010 年的酒”，出自作者 2014 年 2 月 12 日对厦门建发酒业董事长杨文华的访谈。

[48]“从 2006 年到 2013 年，卡斯特在中国销售了数百万瓶葡萄酒”，出处同上。

[49]“我们的计划是直接销售给终端客户”，出处同上。

[50]“厦门建发酒业所需要的”，出处同上。

[51]“酒商们总是在担心他们的利润”，出自作者 2015 年 2 月 15 日对联康酒业首席执行官杨文华的访谈。

[52]“中国的‘新常态’：减缓发展，加深改革，减少腐败”，参《习近平在两会的聚光灯下》，《中国日报》，2015 年 3 月 15 日。

[53]“通过鼓励群众创业、创新，培育新的增长引擎”，参《聚焦中国：两会论点全面网罗》，中华人民共和国全国人民代表大会，2015 年 3 月 3 日，网址：http://www.npc.gov.cn/englishnpc/Special_12_3/2015-03/03/content_1907901.htm.

[54]“他对为中国人工作的前景寄予了厚望”，出自作者 2013 年 10 月 17 日对阿尔萨克酒堡所有人及酒庄旅游园区前所有人菲利普·拉乌的访谈。

[55]“而他的另一个大客户”，出自作者 2015 年 5 月 21 日对菲利普·拉乌的访谈。王全通过他的公司河北鑫达集团收购了酒堡，并将他的儿子王松伟列为了所有人。

[56]“在事业的巅峰期”，出自作者 2015 年 2 月 10 日对菲利普·巴比隆和娜塔莉·卡斯塔格诺的访谈。

[57]“他的法国酒庄生产的酒现在绝大部分都以散装酒的形式卖给酒商们”，出自作者 2015 年 2 月 15 日对波尔多酒商中国出口经理的访谈。

[58]“重大违法乱纪”，参苏珊娜·木塔西奇，《中国反腐调查锁定收购

波尔多酒庄的企业》,《葡萄酒观察家》, 2014 年 7 月 1 日。

[59]“另一位中国的钢铁大亨”,出自作者 2015 年 1 月 27 日对波尔多酒商的访谈,他在作者在场的情况下,向一位最近与这位大亨有过交易的中介确认了这些信息。

[60]“在法国,2013 年由非法金融资本流动信息收集和处理小组最先报道的洗钱案被转到了波尔多”,作者在 2015 年 2 月 20 日致电向小组确认了上述消息。这是正常程序。

[61]“当第三届大连国际葡萄酒美食节于 2014 年 7 月开幕”,出自作者 2014 年 1 月 23 日对波尔多工商协会国际旅游发展部副经理蒂埃里·夏邦杰的访谈。

[62]“波尔多的出口总值又下降了 17%”,出自波尔多葡萄酒行业协会。

[63]“现在,高级葡萄酒市场已经完全陷入僵局。价格已经崩溃”,参苏珊娜·木塔西奇,《波尔多能否反弹?》,《葡萄酒观察家》,2014 年 11 月 14 日。

[64]“我们每天卖出、运出的都是入门级的”,出处同上。

[65]“2014 年从法国进口的葡萄酒的数量”,出自波尔多葡萄酒行业协会。

[66]“中国拥有亚洲绝大部分适宜种植酿酒葡萄的地区”,参斯坦尼斯·巴斯昆,《中国的葡萄种植农业气候潜力研究》,[勃艮第大学(University of Burgundy)2012 年硕士学位论文,蒙波利埃国际高等农学研究中心(Montpellier SupAgro),巴黎生命、食品、环境技术研究所(Paris Institute of Technology for Life, Food and Environmental Studies)]

[67]“甘肃省南部位于宁夏正南方的一小条地带”,出处同上。

[68]“弗留利—威尼斯—朱利亚产区”,巴斯昆还发现有着严寒酷暑的新疆维吾尔自治区最像西班牙的拉曼恰(La Mancha)或葡萄牙出产波特酒的杜罗河产区(Douro)。出自作者 2014 年 3 月 6 日对农艺工程顾问斯坦尼斯·巴斯昆的访谈。

[69]“这些区域不在渤海湾的烟台或蓬莱”,出处同上。

［70］“中国的其他与欧洲葡萄酒气候不相符合的地区也可能生产出葡萄酒”，出处同上。

结语　香格里拉

作者对以下人员的采访及邮件交流提供了本章的背景信息：农艺工程师斯坦尼斯·巴斯昆，酿酒顾问、罗斯柴尔德男爵中信酒业前技术总监热拉尔·科林，路易·威登—酩悦·轩尼诗集团酒庄与葡萄酒，酒庄经理马克桑斯·杜鲁，Oenotec Pty 首席执行官，香桐酒庄（Domaine Chandon Australia）、曼达岬酒庄（Cape Mentelle）、云雾之湾酒庄（Cloudy Bay）前首席执行官托尼·乔丹博士，本质公司首席执行官菲利普·巴比隆，欧洲委员会贸易总司部门负责人卡罗·平托，路易·威登—酩悦·轩尼诗集团酒庄与葡萄酒首席执行官让–古洛梅·普拉斯，罗斯柴尔德男爵中信酒业技术总监奥利维尔·李舒，布鲁塞尔香港经济贸易办事处资讯官琳达·桑斯伯里，罗斯柴尔德男爵拉菲集团董事长兼总裁克里斯多夫·赛林，宁夏夏桐酒庄总经理沈旸，傲龙云谷运营执行公关经理王妮可（音译，Nicole Wang），联康酒业董事长杨文华，葡达酒业中国经理周静（音译，Zhou Jing）。

［1］“当地的伐木业在1998年的洪灾中毁于一旦”，参马克·詹金斯（Mark Jenkins），《并流》，《国家地理》（*National Geographic*），2009年5月。

［2］“为了在旅游业之外使经济结构多元化”，出自作者2015年3月25日对Oenotec Pty 首席执行官，香桐酒庄（Domaine Chandon Australia）、曼达岬酒庄（Cape Mentelle）、云雾之湾酒庄（Cloudy Bay）前首席执行官托尼·乔丹博士的访谈。

［3］“香格里拉垄断了”，参简西斯·罗宾逊（Jancis Robinson）和尼古拉斯·兰德（Nicholas Lander），《在中国云南寻找香格里拉》，《金融时报》，2014年6月20日。太阳魂酒业（Sunspirit Wines）在2007年注资474

万美元建立了酒庄，参肖相宜（音译，Xiao Xiangyi）和李英青（音译，Li Yingqing），“雄心壮志”，《中国日报》，2012 年 8 月 31 日。

［4］“他们现在依赖于出售葡萄的收入来购买家庭的食物”，参布莱顿·盖里普（Brendan Galipeau），《西藏地区葡萄酒业发展威胁食品安全》，东临东南亚博客（East by Southeast），2013 年 10 月 24 日。

［5］“他问我”，出自作者 2013 年 11 月 13 日在上海国际酒类展览会（ProWein）上对北京农学院副教授李德美的访谈。

［6］“这些葡萄似乎是一个耐寒、抗病的杂交品种”，出自作者 2015 年 3 月 25 日对托尼·乔丹博士的访谈。其他信息来自乌亚莫兹、哈定和罗宾逊的《酿酒葡萄》。

［7］“教堂的酒庄出产的酒不错”，出自作者 2014 年 1 月 7 日对热拉尔·科林的访谈。

［8］“酩悦·轩尼诗和香格里拉酒业成立了合资企业”，金六福集团于 1996 年在北京成立。2006 年更名为华泽集团。路易·威登—酩悦·轩尼诗集团和华泽集团的葡萄酒合资企业成立于 2012 年。参特瑞尔·悦·琼斯（Terril Yue Jones），“酩悦·轩尼诗希望在中国酿出顶级红酒”，路透社，2012 年 2 月 23 日。

［9］“大约 75 英亩的土地的 50 年租约”，出自路易·威登—酩悦·轩尼诗集团酒庄与葡萄酒首席执行官让 – 古洛梅·普拉斯 2015 年 2 月 23 日给作者的电子邮件；及作者 2015 年 3 月 25 日对托尼·乔丹博士的访谈。

［10］“他从未想象过自己会在这么惊人的地方酿酒”，参苏珊娜·木塔西奇，《让 – 古洛梅·普拉斯为何离开爱士图尔？》，《葡萄酒观察家》，2013 年 4 月 3 日。

［11］“会像酿造波尔多的一级酒庄酒那样酿造”，出处同上。

［12］“拉菲很出色，但我认为爱士图尔略胜一筹”，出自让 – 古洛梅·普拉斯 2015 年 2 月 23 日给作者的电子邮件。

［13］“他曾在贝纳德·马格列命途多舛的青岛酒庄工作过”，出自作者 2014年1月26日对罗斯柴尔德男爵中信酒业技术总监奥利维尔·李舒的访谈。

[14]“还有他仅仅在教科书里读到过的白腐病”，出处同上。

[15]“现在我们使用的是小容器”，出自克里斯多夫 · 赛林 2015 年 2 月 16 日给作者的电子邮件。

[16]“不错”，出自克里斯多夫 · 赛林 2015 年 2 月 16 日给作者的电子邮件。这个评价与赛林 2014 年 5 月在意大利佛罗伦萨的葡萄酒大师研讨会上的如出一辙：“去年是第一年，酒不错，但还不好，与当地喝的不错的酒相比还是不错。”参派翠克 · 施密特，《第一年的拉菲“不错”》，《酒饮商务》，2014 年 7 月 2 日。

[17]“高价收购，卖不出去”，参福尧贸易经理叶诗乐，经营信息更新，香港，2015 年 3 月。

[18]“这些人每月的税前收入大约是 700 美元”，参苏瑞（音译，Rui Su）和周全（音译，Chuan Zhou），《2014 中国互联网和社交媒体》（*China Internet and Social Media 2014*），伦敦：酒智，2014 年 6 月。

[19]“香港政府已经就葡萄酒相关行业领域的合作与全球 14 个出产葡萄酒的国家和地区签订了《谅解备忘录》：从 2008 年 8 月起，香港与澳大利亚、智利、法国（包括波尔多和勃艮第）、德国、匈牙利、意大利、新西兰、葡萄牙、西班牙和美国（包括俄勒冈和华盛顿州）签订了《谅解备忘录》。出自布鲁塞尔香港经济贸易办事处资讯官琳达 · 桑斯伯里 2015 年 3 月 27 日给作者的电子邮件，加上几年间的大量邮件。

[20]“2014 年香港的葡萄酒进口总值是 10.9 亿美元”，出自香港特别行政区政府商务及经济发展局，网址：www.cedb.gov.hk.

[21]“张裕期望在 2015 年购买第一座海外酒庄，并计划购买另外九座”，参罗伯特 · 约瑟夫（Robert Joseph），《销售大增长》，梅林格《国际葡萄酒贸易杂志》，2015 年 2 月。

[22]“想加入这场游戏吗？你可能会赢，也可能会输”，出自作者 2014 年 1 月 8 日对克里斯多夫 · 雷布尔 · 萨尔兹的访谈。